Clara Viebig

Kinder der Eifel

RHEIN
MOSEL
VERLAG

4. Auflage 2022
RHEIN-MOSEL-VERLAG
Brandenburg 17 D-56856 Zell/Mosel
Tel. 06542/5151 Fax 06542/61158
www.rhein-mosel-verlag.de

ISBN 978-3-89801-117-4
Ausstattung: Cornelia Czerny
Umschlagaquarell: Regina Melsheimer
Endkorrektur: Dr. Charlotte Houben

Der Text entspricht, außer geringfügigen orthographischen Korrekturen, dem der 20. Auflage von 1919, verlegt bei Egon Fleischel & Co, Berlin.

Clara Viebig

Kinder der Eifel

Novellen

RHEIN-MOSEL-VERLAG

Inhalt:

Simson und Delila

Auf der Landstraße von Manderscheid nach Kyllburg, eine halbe Stunde von der Neumühle im Grund, knarrt langsam ein Wagen bergan.

Es ist heiß, Hochsommer.

Auf dem Rücken des Pferdes kleben Schmeißfliegen, sie bohren sich ordentlich in das braune Fell ein. Das geplagte Tier schlägt ungebärdig nach rechts und links und wirft den langen Schweif über die Stränge.

»Hott – Harrüh!« Der verschlafene Fuhrmann ist abgestiegen und fuchtelt nun mit der Peitsche durch die Luft. »Harrüh, Brauner! Vermaledeites Schmeißzeug! Jeß, es dat en Hitz!«

»Jao, jao!« Sein Begleiter, ein Eifeler Bäuerlein im blauen Leinenkittel, die Hotte auf dem Rücken, wischt sich mit der flachen Hand den Schweiß ab, der ihm, mit Staub vermengt, grau und langsam übers Gesicht sickert. »Waor maacht Ihr heit, Mittler? Noach rum nach Kyllburg? Dat es en heiß Dour for Eier Peerd!«

»Hoa, hoa!« Der Kutscher ist, ohne zu antworten, plötzlich gesprungen und hat den Braunen fester am Zügel gepackt. »Willste ruhig giehn, dau Beest, wat michste for Fisematenten?!«

Das Pferd hat einen Satz zur Seite getan, daß die schweren Säcke auf dem Wagen durcheinanderfallen, als seien sie Bälle, und das Mehl, mit dem sie gefüllt sind, wie Puder durch alle Poren der groben Leinwand stäubt.

»Brr, Alder, brr!« Mit Anstrengung zerrt der Fuhrmann das Gefährt vom Rand der Straße zurück, denn steil geht's zur Rechten hinunter; man sieht in ein Meer von grünen, breitästigen Wipfeln, ohne Weg und Pfad zieht sich ein Gewirr von Buchen und Tannen hinan.

Dort hat's gerauscht. Aber kein Hase, kein Reh – ein großer, breitschultriger Mann in Förstertracht steht plötzlich auf der Straße und lacht, daß es durch die stille Mittagsluft dröhnt.

»Seht Ihr, Mittler, dat kömmt dervon, wenn mer sich verschwätzt und net Obacht giebt! Net viel gefehlt und der Gaul hätt' probiert, wie et da unten is – Schlafmützen, paßt doch auf! Wenn Ihr im Winter Holz stehlt, könnt Ihr de Augen besser aufsperren!«

»Dän Hähr Fechter!« Die beiden reißen die Mützen vom Kopf: »Guden Dag, Hähr Fechter!«

Der Angeredete rührt lässig mit der Hand an den Jägerhut, zieht den Riemen der Flinte fester an und schreitet ohne weitern Gruß mit starken Schritten über die Straße; jenseits im Gebüsch verschwindet er.

Der Fuhrmann ballt die Faust hinter ihm drein: »Dau Schinner – dau Schinnaos! E su de Leit zo erschrecken –« Und dann das Pferd klopfend: »Ruhig, Alder, ruhig!«

»Jao, jao, e su es hän!« Das Bäuerlein seufzt und nickt kummervoll mit dem Kopf: »Uns Könner därfen net mieh in de Wald giehn, for Beeren zo sochen; dän alde Fraleiten, die Streisel raffen, schmeißt hän de Hotten om on om, se kennten wat Onrechs drein verstoch haon! Mer darf och ke bißche Gras mieh for de Ziegen afschnieden – on su es hän alleweil, alleweil kujoneren! Unsen alden Hähr Fechter, dän waor anners – jao, jao, e su en Kreiz!«

»Laoßt sin.« Der Fuhrmann legte dem Seufzenden die Hand auf die Schulter: »Laoßt nor sin, dän Pantenburg, dän krit sin Afzahlung, su waohr ech Johann Mittler heeßen – dat Söhnche, dat Söhnche, dat gitt naoch ebbes! E su ne Jong han ech noach net gesiehn! De gans Dag is hän im Wald; statts in de Schul zo giehn, strawätzt hän erum, kein Boom es em zo heih. Sei'm Vatter stritzt hän de Hasen für der Naos fort on schenkt se de arme Leit; dän Hubert kann ald dat Schießen so gud als dän Alden sälwer, on e su forsch es hän – on e su – ech weeß net wie! De Mädercher kucken als noach em, on hän es noach net gefirmt. Aogen haot hän e su schwarz wie Vogelkierschen. Letzt haon ech em gesiehn ze Himmerod on ze Großlittgen, hän es öweral bekannt. Mit sei'm Vatter duht hän sech net verdraogen; dän haot em ald su geschlaon, dat hän net mieh stiehn kunnt, äwer dä Jong es net zo ännern. Dat es en Mosjeh! Aewer mer haot hän doch e su gären – et soll mech wunnern – dat gitt noach ebbes – hoa, harrüh!«

Man war auf der Höhe, der Weg teilte sich in zwei Straßen. Geradeaus die breite Chaussee, zu beiden Seiten von Hochwald gesäumt, führte nach Kyllburg; links stand ein Wegweiser: »Abtei Himmerod« und darunter in kleinerer Schrift: »Forsthaus«.

»Lao wohnt hän«, sagte der Fuhrmann und wies mit dem Peitschenstiel hinüber zu dem Tannenbestand, der sich tiefdunkel nach links erstreckte.

»Jao, jao.« Der andere nickte. Dann ging's mit Hott und Harrüh die breite Straße entlang. Noch knarrte der Wagen, noch knallte die Peitsche, dann war's ganz still im mittäglichen Wald.

* * *

Die Wipfel der hohen Tannen stehen in Glut getaucht, wie goldene Tränen sickert Harz am Stamm nieder; auf dem Fußpfad aber, der sich unter den breiten Behängen durch smaragdgrünes Moos schlängelt, ist kühlste Dämmerung. Eidechsen huschen über den Weg, ein Eichkater lugt mit klugen Augen vom Ast. Kein Menschenlaut, kein Hüttenrauch, auch kein Vogellied; Singvögel sind selten im Eifelland, nur die bräunlichen Häher mit leuchtend hellblauen Flügelbinden jagen einander mit mißtönendem Schrei um die Stämme.

Eine große Einsamkeit!

Schier endlos scheint der Kunowald, der sich von Manderscheid nach Himmerod und weiter gen Wittlich zieht – Buchen, Eichen, Tannen, vielhundertjährige! Bäume, Bäume – nichts als Bäume. Und Hügel, Hügel, rundgewölbte Eifelhügel, wie Kuppen auf das Hochplateau gesetzt. Das Auge verliert sich im Gewirr von duftig blauen Schluchten und waldigen Bergrücken; hin und wieder ein Stück Heideland, mit rötlichem Teppich gedeckt.

Nichts rührt sich, das Wild hält sich versteckt, die Tannen strecken die breiten Äste ab, keine Nadel fällt.

Horch, eine Kinderstimme! Sie singt:

»Heija, bombaija
Wann annere Könner spiele giehn,
Moß ech bei de Wiege stiehn.
De Wieg' gieht nor:
Rube – de – bub, rube – de – bub –«

»Ha, ha – ha, ha, ha!«

Der Gesang hatte geendet, ein lustiges Lachen folgte, hell und übermütig klang es durch die Stille. Dann rief eine Knabenstimme: »Noch ehs, Suß, sing noch ehs!«

Der Gesang hub wieder an:

»De Wieg' gieht vor:
Rube – de – bub, rube – de – bub –«

»Rube – de – bub!« Beide Stimmen nahmen den Refrain auf; dazwischen ein Lachen, als wollten die Kehlen ersticken.

Schräg blinzelten die Sonnenstrahlen hinter die dichte Wand von jungen Tannen. Dort in der kleinen Mulde, halbverdeckt von riesigen Farnwedeln, saß ein Mädchen, ein schlankes, halbwüchsiges Ding. Der grobe Rock hing ihr zerfetzt um die braunen, mageren Beine, den wildsträhnigen Kopf hatte sie an einen Stamm zurückgelehnt, grüngoldene Lichter huschten über das lachende Gesicht. Sie wiegte sich hin und her, daß der Bube in ihrem Schoß sacht geschaukelt wurde; seinen zerzausten Lockenkopf hielt sie in den Armen.

»Rube – de – bub, rube – de – bub – pardauz!« Sie warf die Beine plötzlich heftig auf die Seite, daß der Knabe von ihrem Schoß zur Erde kollerte; im Nu saß er wieder aufrecht und riß die Lachende an sich.

»Rube – de – bub!« Er faßte sie um den Hals und zog ihr Gesicht an das seine.

»Rube – de – bub!« Sie hielten sich umschlungen, und hin und her wiegend, küßten sie sich. Immer wilder wurde das Wiegen, immer stürmischer das Küssen, sie lachten wie die Tollen. Der Schweiß lief ihnen über die glühenden Gesichter – nun hatte es ein Ende, sie konnten nicht mehr. Der Bube ließ das Mädchen fahren und warf sich mit einem tiefen Seufzer der Länge nach ins Gras: »Ah!« Er verschränkte die Arme unterm Kopf und starrte mit den schwarzen Augen hinauf zum tiefblauen Himmel.

»Suß, erzähl noach ebbes!«

»Ech weeß neist mieh!«

»Willste mer gleich ebbes erzählen – willste! Suß, dau frech Dingen, ech kößen dech sons mausdud!«

»Ne-e, ne – ha, ha!« Ihr Rock flog schon um den nächsten Stamm. »Feng mech, Hubert, feng mech!« Die nackten braunen Füße huschten durchs Gras, die wilden Haare wehten ihm dicht vorm Gesicht – nun war sie weg, er ihr nach, zwischen den Tannen durch ging die Jagd. »Feng mech, Hubert, dau kriehst e Kußchen!«

Husch, die Farnwedel knickten – nun war sie hier – nun dort! Hinter jenem Stamm blitzten ihn ihre kecken Augen an – da – ihr Rock hing fest – mit einem Jubelschrei sprang er auf sie los:

»Halali!« Schon streckte er die Arme aus – plötzlich wurde ihr lachender Blick scheu, sie hob warnend die Hand – ein Ruck, ein paar Fetzen hingen am Gestrüpp, sie selbst war im Buschwerk verschwunden. Vor dem Knaben stand die hohe Gestalt des Försters.

»Marsch fort, nach Haus, Rumtreiber! Wer war das Mädchen, das eben fortlief?« Die Stimme des Vaters grollte, er packte den Sohn am Kragen und stieß ihn vor sich her. »Wer war das? Sag!« Die kräftige Faust schüttelte den Buben. »Willste et gleich sagen?«

»Nein!« Der Knabe stieß es zwischen den Zähnen hervor.

»So, du Strolch, denkste, ich weiß et net? Ich sag' der, treff' ich dich noch emal mit der Susanna Endenich, ich schlag' der alle Knochen im Leib entzwei un ihr auch. Dat sollt' mer fehlen, mein Jung sich mit dem Bettelmensch herumtreiben – haste mich verstanden?«

Der Bube senkte den Kopf, eine tiefe Röte war ihm langsam in die Stirn gestiegen, seine niedergeschlagenen Augenlider zuckten, aber er sagte nichts.

»Haste mich verstanden? Antwort!« Ein ermunternder Puff traf den Knaben in den Rücken

»Ne – de Susanna Endenich is ke Bettelmensch!«

»Kein Bettelmensch?« Der Vater lachte rauh. »Hör einer! Wer hat kein Brot im Dorf, wem fällt das Dach überm Kopf zusammen, wer geht in den Wald und stiehlt Holz? Da heißt es gut: mer suchen Besenreis! Wer legt Schlingen für de Hasen? Wer läuft in Lumpen? No, sag!«

»Se sein arm!«

»Arm – ha, ha – arm?! Bettelpackasch sind se all zusammen, der alte Endenich, sein Madam samt der kleinen Brut – dat hat jetzt en End! Hubert, ich sag' der in allem Ernst, du gehst mer net mehr zum Besenbinder Endenich – und dat Mädchen läßte laufen, sonst –.« Der Förster mäßigte plötzlich die erhobene Stimme: »Gut, daß de zu Micheli gefirmt wirst, ich bring' dich rum nach Wittlich zu Kaufmann Kortz in de Lehr – dann hat die Lumperei überhaupt en End!«

»Mech – mech?« Der Sohn hob den Kopf, wie Todesangst flog es über sein Gesicht. »In de Lehr – in de Stadt – fort aus em Wald?!« Er atmete tief, mit einer heftigen Bewegung griff er nach der Hand des Vaters. »Net in de Stadt, net in de Stadt – ech giehn net daor! Ech will net an Kortzen!« Des Knaben Lippen zitterten, er preßte seine beiden Hände fest um die schwielige Faust. »Ech duhn ales dir zo lief, nor laoß mech hei, laoß mech Fechter gänn!«

»Nix da!« Der Mann machte sich unsanft los. »Fürderhand bin ich das, ich allein; en unnützen Brotfresser brauch' ich net im Haus. Was da, Förster?! Du denkst wohl, das is weiter nix als im Wald erum ze lungern? Du wärst der rechte, da hätten die Holzdieb alle Tag Kirmes un mit den Wildrern wärste gut Freund – ne, mein Sohn, du gehst nach Wittlich, Kortz wird dir schon Conduiten lehren bei de Siropfässer – punktum, sag nix mehr – punktum!«

Das letzte Punktum dröhnte durch den Wald, wie ein Echo hallte es aus den Tannen wider. Vor des Knaben Augen schwankten die grünen Bäume hin und her, sie winkten ihm. Wie war die Sonne so golden, die Luft so köstlich! Seine Brust dehnte sich, als wollte sie zerspringen – und das alles lassen? Nie, nie! Sein Fuß stampfte heftig den Boden, seine Augen blitzten, er stemmte beide Fäuste in die Seiten und warf den Kopf zurück. So stand er dem Vater gegenüber.

»Nie – ech giehn net an Kortzen, ech bleiwen im Wald – schlao mech dud!«

»Du gehst net? No wart – heilig Kreuzdonnerwetter, verfluchtes Luder!« Die Ader auf der Stirn des Försters schwoll, der Jähzorn übermannte ihn; er stieß den Sohn, daß der zur Erde taumelte, er trat ihn mit dem Fuß in die Seite, er drückte ihn mit dem Knie nieder und zerrte ungestüm am Riemen seiner Büchse, der wie gemacht war, dem Widerspenstigen eins aufzuzählen. Der Junge, die Zähne aufeinandergebissen, gab keinen Laut von sich, der Schweiß perlte ihm auf der Stirn, er war totenbleich. Schon schwang der Vater den Riemen – da – ein blitzschnelles Sichumwenden, ein Kollern über den Boden – die geschmeidige Gestalt rollte den dichten Gebüschen am Abhang zu – nun richtete sie sich auf die Füße – ein Rieseln, ein Rutschen im Schiefergeröll – ein Rascheln im Laub – ein Brechen von Ästen – fort war sie!

Der Förster stand allein. Mit wutverzerrtem Gesicht, auf der Stirn die Ader wie ein glühender Streifen, starrte er dem Flüchtling nach: Das war zu viel! Das sollte er büßen!

* * *

Über acht Tage waren es, seit Hubert Pantenburg nicht heimgekommen. In der Försterei war's stiller denn je zuvor. Wie ausgestorben lag das weißgetünchte Haus am Waldrand, an der Fahrstraße, die über Kloster Himmerod nach den Dörfern Großlittgen und Eisenschmidt führt. In früherer Zeit war es hier belebter, da rollte zweimal täglich die Post vorüber, der Postillion blies das Horn, Fremde stiegen aus, um den Waldpfad ins Salmtal hinunter zu wandern und die Ruinen der Abtei Himmerod anzustaunen. Jetzt hat der Postverkehr einen andern Weg genommen, nur wenige Fußgänger, noch weniger Wagen kommen vorüber. Die Frau Försterin hatte weiter nichts zu sehen als die Ebereschenbäume zur Seite der Straße mit ihrer Last brennend roter Beeren.

Sie saß hinter den Scheiben und nähte, den sauber gescheitelten Kopf tief auf die Arbeit geneigt. Nun ließ sie die Hände mitsamt dem Stück Weißzeug in den Schoß sinken, sie seufzte tief, und eine Flut brennender Tränen schoß ihr jäh über die Backen. Erschrocken blickte sie um sich – Gott sei Dank, er hatte es nicht gesehen! Verstohlen wischte sie die Tränen ab und hielt sich die Näherei dicht vor die Augen.

»Heulste schon wieder?« Wie spöttisch und hart die Stimme des Försters klang! Er saß am Tisch, ein großes liniiertes Eintragebuch vor sich. Nun legte er die Feder so unsanft nieder, daß sie spritzte und ein Regen schwarzer Perlchen über das Papier sprühte. »Daß de Weiber alleweil flennen müssen – spar dein' Tränen for was Besseres – dän frechen Lümmel wird schon heimkommen, wann ihn der Hunger treibt!«

»Ach Jesses, Willem, red net so!« Die Frau wandte das leidvolle Gesicht ihrem Mann zu. »Red net e so! Du has ja selber Angst!«

»Ich?!« Pantenburg sprang auf, daß der Stuhl hinter ihm zu Boden polterte. »Mag der – der Rumtreiber im Wald liegen un verfaulen, ich rühr' kein Finger, un kommt er heim« – er griff sich heftig in den langen schwarzen Bart, und ein drohendes Licht flammte in seinen tiefliegenden Aufgen auf – »dann – dann –«

»Willem, Mann«, – Annamargret Pantenburg legte ihre verarbeitete Hand auf den Arm des Zornigen – »sei gut – kuck, ich vergehen vor Angst!« Sie brach in ein schmerzliches Weinen aus.

Der Mann brummte etwas Unverständliches und schob mit einem rauhen Griff ihre Hand von seinem Arm. Sie faßte wieder danach, ihre Stimme klang flehend: »Willem! Et is unsen Einzigen, denk dadran! Du bis auch emal jung gewest! Er hat was von dir – aber er hat e so en weich Herz, en Herz wie Butter, ich kennen et – wann dän Jung sich en Leids antut – Willem, da begrab mich nur gleich, ich mag nimmeh leben!« Sie warf die Arme über den Tisch und den Kopf darauf, ein jammervolles Schluchzen erschütterte ihre schmächtige Gestalt.

Mit starken Schritten ging der Förster in der kleinen Stube auf und nieder, sein düsterer Blick traf die Weinende. Ja, da lag sie über dem Tisch, das gebrechliche Weib, ein Schatten von dem, was sie einst gewesen! Vor des Mannes Gedanken tauchte das frische, blonde Mädchen auf, das er vor sechzehn Jahren gefreit – noch gar nicht so lang her und die abgezehrte Heulliese daraus geworden! Er zuckte die Achseln und legte dann die Faust hörbar auf den Tisch: »Jetzt mach en End, Frau! Ich versprech der, kömmt den Hubert heut oder morgen heim, ich tu ihm nix.«

Die Weinende antwortete nicht – eine Pause – dann fuhr er fort und versuchte seiner Stimme einen versöhnlichen Klang zu geben: »Annamargret, was meinst du, wenn mer de dreitausend Taler, die du zu Wittlich hast, auf meinen Namen einschreiben ließen! Et wär' sichrer – ich bin bang, wann den Hubert in Wittlich is un Wind dervon kriegt, der Jung wär' imstand, ließ se sich auszahlen un macht da dermit nach Amerika. Et is klüger, Frau, se schreiben das Geld auf mich, da kann nix passieren – was sagste, hm?«

»Ne, ne«, – die Frau richtete sich auf und strich mit den zitternden Händen die zerstörten Haare glatt – »dat Geld is dem Hubert seins –«

»No, natürlich«, unterbrach sie der Mann hastig, »das versteht sich. Ich mein nur wegen der Sicherheit –«

»Ne, laß nur, das Geld is ganz gut e so eingeschrieben, ich will nix ändern.«

»Wie de willst – Weiber sind allemal dumm!« rief der Förster grob und griff nach der Türklinke; schon im Hinausgehen wandte er sich noch einmal um: »Also, wann dein Hubert heut oder morgen kömmt, soll et vergessen sein, aber sonst –.« Er machte eine bezeichnende Handbewegung und warf krachend die Tür hinter sich ins Schloß.

Die Frau war allein. Sie sank auf den nächsten Stuhl und faltete die Hände ineinander, mit brünstigem Flehen richtete sich ihr Auge nach oben: »O, du mein Heiland, mit deinen blutigen Wunden, du süßes Herz Jesu, erbarm dich mein um deiner hochgebenedeiten Mutter willen! Meine Brust ist zerrissen, als seien sieben Schwerter drein – o Jesus, Maria, Josef, mein Kind, mein Kind! Wo is er, was tut er? Ich such' ihn mit Tränen. Maria, Muttergottes, laß du ihn mich finden! Ich gelob' der eine Wallfahrt nach Kloster Buchholz, ich geloben der zwei Wachskerzen so dick wie mein Arm – Hubert, Hubert, wo biste? Komm zu mir!« Sie streckte sehnsüchtig die Arme aus. »O, du mein Schmerzenskind, komm wieder, komm zu deiner armen Mutter! Hubert, Hubert!« Die ausgestreckten Arme fielen ihr schlaff herunter, sie sank in sich zusammen; so saß sie lange.

Nichts regte sich im Zimmer, nur die Uhr tickte, an der Scheibe summte eine verflogene Biene. Graue Schatten krochen die Wände entlang, es ward dämmerig. Wieder ein Abend da – und er kam nicht!

* * *

Das Abendessen im Forsthaus war vorbei, schweigend hatten sich die Eheleute gegenübergesessen.

Der Mann hatte wacker zugelangt, der Frau quollen die Bissen im Munde.

Nun waren Suppe und Kartoffeln abgetragen, der Förster saß ihm Lehnstuhl, das Kreisblatt vor sich, und schmauchte; die Stube war mit blauem Dunst gefüllt.

In der Küche wusch die Försterin die Schüsseln, sehnsüchtig glitt ihr Blick durch das kleine Fenster; es schaute hinaus in den Wald, der sich hier unmittelbar an die Rückseite des Hauses drängt. Da drinnen war er wohl. »O Hubert!« – Ein leises Pochen an der Scheibe ließ sie zusammenschrecken – war das ein Vogel, der vorüberstreifte? Ein Rascheln, ein Knistern draußen. Sie näherte ihr Gesicht dem Fenster und schreckte zurück: zwei glänzende Augen hatten in die ihren geschaut, zwei Reihen blendender Zähne sie angelacht. Wer war das?

Sie öffnete, eine leichte Gestalt schwang sich aufs Fensterbrett; im Mondlicht, das zitternd hereinbrach, sah sie in ein sommersprossiges, keckes Mädchengesicht – war das nicht die wilde Suß aus Großlittgen, dem Besenbinder Endenich seine?

»Pst, pst!« Das Kind schwang sich vollends hinein und faßte nach der Hand der Frau: »Kummt, Eier Hubert es hei, hän will Eich sprechen!«

»Mein Hubert – wo – wo?!« Die Försterin riß die Schürze herunter, wie verwirrt fuhr sie sich am Leibe auf und nieder. »Kind, wo is hän, wo?«

»Kutt nor!« Die Kleine wies nach der Küchentür, hastig schob die Frau den Riegel zurück; sie standen draußen auf dem schmalen Höfchen, zwischen Wald und Haus. Im Stall grunzte das Schwein, die Ziegen meckerten dumpf – die Försterin blieb stehen und sah sich zitternd um. Wenn er es merkte!

»Kutt nor, mer giehn eloa eröwer«, drängte das Mädchen und zeigte auf den kunstlosen Stangenzaun. Wie eine Katze kroch es hinüber, schwerfälliger folgte die Frau.

Nun standen sie im Wald – Gott sei Dank, drüben im Haus war alles ruhig! In der Küche brannte die Lampe im offenen Fenster, sie flackerte ein wenig im Zugwind. Welch eine Nacht! Der Himmel voll unzähliger Sterne, wie große, leuchtende Augen blickten sie nieder, und der Mond, als volle, runde Scheibe, goß ein wunderbares, blauzitterndes Licht über die Erde. Selbst im dicksten Wald war's nicht ganz dunkel, deutlich erkennbar huschte die Gestalt des Mädchens den schmalen Fußpfad entlang; die Försterin folgte, die Hände auf das klopfende Herz gedrückt. In den Büschen rauschte allerlei Getier, ein Kauz rief vom nächsten Baum: »Kiwitt – kiwitt!« Suß lachte und antwortete leise, halb rufend, halb singend: »Komm met – komm met!« Dann sprang sie weiter.

Jetzt waren sie eine Viertelstunde gegangen, lautlos, ohne ein Wort miteinander zu reden; die Försterin kannte den Schleichweg nicht. Plötzlich blieb das Mädchen stehen. Eine Lichtung im Wald – strahlendes Mondlicht über dem Rasengrund – mitten darauf, wie ein Zauberspuk, die Ruinen der Abtei Himmerod! Mit einem »Ah!« hielt die Frau den Schritt an, selbst das sorgende Mutterherz vergaß für Augenblicke seine Ungeduld.

»Gel, dat es scheen?« Suß wies mit einer stolzen Gebärde auf den Wunderbau. »Dat haot Ihr noach net e su gesiehn, Madam? Jao, wann dän Hubert on ech Geld haon, dann kaafe mer ons dat Klösterche vom heiligen Bernhard, äwer mer maache en Schloß daodraus on dän Wald wächst ringsom! Hui!« Sie stieß einen lustigen Pfiff aus und hüpfte von einem Bein auf's andere, wie ein Kobold tanzte sie im Mondenschein.

Frau Annamargret schlug ein Kreuz: »Heilige Muttergottes, bewahr du meinen Hubert an Leib und Seel!« Fast widerwillig folgte sie dem Mädchen.

Immer massiger tauchten die Ruinen auf, ungeheuer groß lagen sie im verklärenden Schimmer; sie waren der Försterin noch nie so erschienen. Da war das Riesenportal, frei, ohne jede Stütze stand es im Rasen; über der Tür die Steinurne, daraus ein flammendes Herz lodert, über den Wappenschilden zur Rechten und Linken statt des Kreuzes kecke Tannenbäumchen. Aus den Ritzen und Fugen der Quadern lange Weidenzweige, wie wehendes Haar. An jedem Blatt, an jedem Hälmchen silberne Tautropfen gleich tausend Juwelen. Fernab rauschte die Salm – ringsum der Wald, eine dunkle Riesenmauer – als Dach über allem der Himmel, groß und weit.

»Jao, da sitzt hän als en Frech im Keller on laustert!« Das Mädchen kicherte in sich hinein und faßte die Hand der Frau: »Ech moß Eich eweil föhren!«

Es ging durchs Portal rechts ab, hohes Gras reichte den vorsichtig Schreitenden fast bis zum Knie – jetzt ein paar Trümmerhaufen – Schutt, Geröll – man rutschte, man kletterte – und nun hohe Steinbogen, ein langer, wohlerhaltener Gang, durch dessen schöne gotische Fensterhöhlen das Mondlicht flutete und der Nachtwind säuselte. Die Försterin schauerte, bis hierher war sie sonst nie geraten.

»Wo sind wir?« Sie erschrak vor der eigenen Stimme, die unheimlich von den Bögen widerhallte. »Was is das?«

»Dän Kreizgang«, sagte die Führerin gleichmütig. »On nau böckt Eich, eweil haot et en End, wir mössen nau ebbes krabbeln!« Niedergleitend zog sie die Försterin vor ein Loch in der Wand, unheimliche Finsternis gähnte ihnen entgegen, eine schaurig kalte Luft strömte heraus.

»O Jesses!« Frau Annamargret schauderte zurück. »Da drin is den Hubert?«

»Jao, jao – Ihr haot keen Angst nedig, hän duht schlaofen, sunst wär' hän als hei!« Die Kleine kauerte auf die Füße und duckte sich, sie riß die Zögernde mit hinab. Ein Rutschen und Rieseln von Erde und Steinchen – ein Wirbel von Staub. »Wuptich!« lachte Suß. Unten waren sie. Wenige tastende Schritte im Dunkel, zur Seite stieß man an rauhe Wände, es roch nach Moder und Schimmel – jetzt hob sich das Gewölbe, sie standen in einem weiten, luftigen Keller. Ein Feuer brannte in der Mitte, daneben auf Moos und Heu lag eine Gestalt am Boden.

Das war er! Mit pochendem Herzen stürzte die Mutter vorwärts – da lag ihr Junge, den hübschen Krauskopf behaglich ins Heu geschmiegt, und schlief so sanft und fest wie daheim in seinem Bett. Die Röte der Gesundheit glühte ihm auf den Wangen, die vollen Lippen spitzten sich vergnügt, die kräftige Brust hob und senkte sich gleichmäßig.

»Hubert!« Es zitterte etwas Unbeschreibliches durch das Mutterherz – halb Schreck, halb Freude – sie fiel neben dem Schläfer auf die Knie: »Hubert!«

Der Knabe öffnete sofort die Augen, sie glänzten freudig; mit einem Laut des Entzückens schlang er beide Arme um die Kniende und drückte seinen Kopf an ihre Brust: »Modder, mei Modder!«

Mit zitternden Händen streichelte Annamargret Pantenburg die verwilderten Locken ihres Sohnes, dann schob sie ihn sanft von sich: »O Hubert, wat machste uns for en Kummer!«

»Uns?! Nä, Modder, dir! O, mei Modder, ech sein e su bang naoch der gewest – mein Modder!« Heiße Küsse brannten auf ihren Lippen, ihren Wangen, ihren Augen; dann richtete sich der Knabe plötzlich auf und sah ihr halb bittend, halb trotzig ins Gesicht: »Aewer, Modder, dau durfs mech net verraoden, dau durfs em net saon, wuh ech sein! Ech kommen nimmeh häm.«

»Hubert, Hubert!« Entsetzt hob sie die Hände: »Böses Kind, red net e so dumm Zeug! Was willste hier, was soll aus dir werden?«

»Noa, ebbes sehr Scheenes!« Er lachte sorglos, »en Jäger, Modder!« Dann verfinsterte sich seine Miene: »Hän haot gesaot, ech mößt nach Wittlich an Kortzen – ech kann net, ech kann net, ech ersticken hinner der Thek!« Der Junge griff sich nach dem Hals, als würge ihn dort etwas, seine Augen bekamen einen wilden, geängsteten Ausdruck wie ein Tier, das man in die Enge treibt. »Ech kommen nimmeh häm, hörste, ech kommen nimmeh häm!« Eine unbeugsame Entschlossenheit brannte in seinen Augen, fast männlich stark klang seine Stimme: »Ne, nimmeh! On wann ihr mech haalen duht, ech laafen doch widder weg.«

Annamargret Pentenburg sagte gar nichts; ihre Lippen bewegten sich nur, als murmelten sie die letzten Worte mit, ihr Blick hing unverwandt an dem Gesicht des Sohnes. Er gab diesen Blick zurück, trotzig, herausfordernd, ein noch tieferes Rot färbte seine frischen Wangen. Plötzlich zuckte er, die Mutter sank in sich zusammen und drückte wimmernd ihr Gesicht in die Hände: »Da begrab mich erst, Hubert – dann kannste gehn!«

»Modder!« Er griff nach ihren Händen und zog sie herunter, seine Augen füllten sich jählings mit Tränen: »Modder, Modder, hör uf, ech kaonn dech net weine siehn – Modder – lief goldig Modderche!«

»O, Hubert, du bis mein Einziges auf der Welt, was hab' ich denn sonst? Alle Sonne geht weg mit dir, un ich bin wie im Grab. Hubert, du brichst mir et Herz! Hubert, kommt heim, sei gut, vertrag dich mit em Vater – mein Jung – mein Hubert, hör, was dein arme Mutter dich bitt!«

Sie streckte flehend die Hände aus, der Knabe schluchzte laut; über sein Gesicht jagten sich die wechselnden Empfindungen – Liebe, Furcht, Trotz, Verlangen – aber die Liebe siegte.

»Modder« – stockend kam es ihm von den Lippen – »werd dän Fechter mech schlaon?«

»Nein, nein!«

»Gewiß net?«

»Ne, ne, gewiß un wahrhaftig net!«

»Modder, äwer an Kortzen –«

»Laß jetzt Kortzen!«

»Aewer an Kortzen giehn ech net, ech giehn net!«

Er zitterte.

»Ne, ne, du sollst ja net, es findt sich alles! Komm nur nach Haus – o, du mein Jung, was hab' ich für Kummer um dich!« Sie zog ihn an sich; halb widerstrebend, halb sehnsüchtig folgte er, wie betäubt lehnte sein Kopf an ihrer Schulter. Sie küßte ihm die geschlossenen Augenlider und machte das Zeichen des Kreuzes über ihn, dann strich sie ihm zärtlich mit sanfter Hand die wilden Locken aus der Stirn; Moos und Heu hafteten drin. »Mein Hubert, wie siehste aus – so schmutzig – das Wams zerrissen – mein armer Jung, wart nur, ze Haus tuste dich rein an, ich leg' der dein Sonntagszeug an 't Bett, derweile flick' ich das andre – mein gutes Kind – un denk der, Hubert, wie wird sich der Waldes freun un de Diana! Die Hund haben net fressen mögen, seit du fort warst – gelt, Hubert, du freust dich?« Die

Försterin sprach hastig, ohne Atem, dazwischen murmelte sie Liebesworte, unablässig streichelte ihre Hand seine Backe.

»Laoß, Modder!« Er machte sich frei und schritt dem Ausgang zu. »Komm!«

Eilig folgte Frau Annamargret und drängte sich dicht hinter den Sohn, plötzlich wandte dieser, wie suchend, den Kopf, seine Augen spähten in die dunklen Winkel des Kellers: »Suß!« Er streckte die Hand aus: »Suß, wuh biste? Adjüs!« Keine Antwort. Unruhig blickte er umher: »Modder, woar es dat Suß gangen?«

Die Försterin schüttelte den Kopf: »Ich weiß net, ich hab' net auf sie geacht. Komm jetzt, komm!«

»Ne, ech moß et noach siehn. Suß, Suß!« Laut hallte der Ruf von den Wänden wider. »Es is net mieh hei!« Hubert ließ enttäuscht den Kopf sinken, dann folgte er der Mutter.

Kaum hatten die beiden das Gewölbe verlassen, so regte sich's dort am Boden, im entferntesten Winkel. Hinter einem bröckligen Mauerrest kroch das Mädchen vor; es sprang zum Feuer und stieß die Brände auseinander, daß sie, Funken sprühend, verlöschten.

»Dän – dän –« Suß knirschte mit den Zähnen, ihre Augen schielten böse. »Hän haot ke Korasch net – dän Schmachtlappes – dän –« Sie faßte mit beiden Fäusten in ihre wilden Haare und riß sich wütend daran; in ihrem Gesicht zuckte es, als wollte sie weinen, gleich darauf lachte sie schadenfroh und krallte mit gespreizten Fingern in die Luft: »Hän kömmt widder!« Triumphierend nickte ihr Kopf, dann tastete sie sich beim letzten Verglimmen des Feuers zum Keller hinaus.

* * *

Hubert Pantenburg war zu Gnaden angenommen.

Was die Flüche des Vaters nicht vermocht, vermochten die Tränen der Mutter. Frau Annamargret ließ nicht nach. Alle Abend trat sie an's Bett des Sohnes und flüsterte: »Mein Hubert, gelt, du bis gut, du tust dem Vater den Willen?« Am Morgen saß sie schon wieder da. »Mein Hubert, gelt, du tust deiner Mutter was zulieb?«

Kortzen und Kortzen und wieder Kortzen! Sie bettelte und weinte.

Die Seele des Knaben ward wund und müd. Er mochte kaum mehr in den Wald; er saß unter den Ebereschenbäumen an der Straße und sah mit brennenden Augen den Schwalben zu, wie sie sich auf den Telegraphendrähten sammelten. Die kamen von weit her, vom Rhein, aus den Tälern der Mosel; sie zogen über die Eifel auf ihrem Flug, sie enteilten in andere Länder. Die roten Ebereschen fielen, matt vom Reif, nieder auf die kotige Straße, der Wind zauste die Blätter – Herbst.

Hubert Pantenburg kannte sich selbst nicht mehr. Nun war er gefirmt, nun war er ein erwachsener Mensch, sagte der Kaplan; und doch hätte er weinen mögen wie ein Kind. Da kollerte ein braunes Blatt über den Weg, der Wind trieb es dem Walde zu – ja, ach ja, dahin hätte er auch gemocht! Nun kam ein zweiter Windstoß – das braune Blatt ward zurückgetrieben, hin wirbelte es, die Chaussee entlang, über die schmutzige, öde Landstraße.

* * *

»Unsen Hubert ist so verändert«, klagte die Försterin. Zitternd stand sie zwischen Vater und Sohn, bewachte jedes Wort, belauerte jede Miene; unzählige Gebete stiegen zur Muttergottes empor.

»Ich werd ihn schon kleinkriegen; siehste, er gibt als nach«, sagte der Förster triumphierend und scheitelte mit der Rechten den krausen schwarzen Bart.

Die Eheleute waren miteinander in der Schlafkammer; das Lämpchen brannte matt unterm Spiegel, vor dem Annamargret stand und die Nadeln zur Nacht aus den Flechten zog. Der Mann lag bereits im Bett, sein dunkler Kopf hob sich wie ein Fleck von den blau und weiß karierten Bezügen; mit halbgeschlossenen Augen folgte er den Bewegungen der Frau. Sie hatte reiches Haar von einem sanften, fahlen Blond; nun ihr die langen Zöpfe über den Rücken hingen, sah sie mit der schmächtigen Gestalt fast aus wie ein junges Mädchen. Das Lampenlicht flackerte über ihre milchweißen Arme.

Der Mann im Bett machte eine Bewegung, er richtete sich halb auf – draußen pfiff der Herbstwind und rüttelte an den Läden – solch eine Nacht war's gewesen, als er mit seinem jungen Weib zum ersten Mal im Forsthaus schlief! Damals hatte sie ihm am Halse gehangen, mit schüchternen Lippen seine Küsse erwidert – damals – ja, da war der vermaledeite Bengel nicht, mit dem sie tat wie eine Verrückte! Seit der Bub in der Wiege gelegen, war's aus. Früh verwelkt, unlustig zu ehelicher Zärtlichkeit, hatte sie nur Gefühl für den. Und ihr Geld?! Warum hatte er sie eigentlich geheiratet? Ein zynisches Lächeln glitt über sein Gesicht – es gab hübschere Mädchen mit heißeren Sinnen! Ja, ihr Geld, das hatte sie dem Bengel verschrieben, der ihm täglich das Blut in Wallung brachte, der alle Anlagen zum Strolch in sich trug! Förster Pantenburg war ehrgeizig, er hielt auf Reputation wie keiner. Der Sohn, der wie ein Zigeuner draußen herumlungerte, der mit des Besenbinders Tochter Freundschaft hielt, ging ihm gegen die Ehre – das mußte geändert werden! Und das Geld? Starb sie, so ging er, der Mann, leer aus. Donnerkreuz; das mußte geändert werden!

»Annamargret!«

Die Frau vorm Spiegel fuhr zusammen, sie hatte die Zöpfe gestrählt, dabei mit allen Sinnen gelauscht, ob droben auf der Bodenkammer nicht wieder die Füße des Sohnes ruhelos hin und her wanderten.

»O Jesses, er is e so verändert«, seufzte sie.

»Wer?«

»Nun, den Hubert! Ach, Willem«, fuhr sie mit plötzlichem Entschluß fort und drehte sich dem Bett zu, »Willem, gib doch den Gedanken mit Kortzen auf! Et bricht mir 't Herz, wenn ich mei'm Kind immer zureden muß un seh' doch, ich stoß' ihn aus aller Freud – gieb doch den Gedanken mit Kortzen auf, ich bitt' dich hundertmal!«

»Annamargret« – der Förster dämpfte seine Stimme zu einer ungewohnten Weichheit – »komm emal her!«

Verwundert folgte sie; er zog sie mit dem starken Arm näher heran zu sich auf den Bettrand.

»Was du for schönes Haar hast!« Er strich ihr mit der freien Hand über den glatten Scheitel und den Rücken hinunter. Verwirrt wollte sie aufstehen, eine tiefe Röte stieg in ihr bleiches Gesicht – das war so ungewohnt!

Der Mann zog sie wieder nieder, jetzt legte er gar den Arm um ihren Leib.

»Annamargret, is denn der Jung alles un alles, machste dir denn gar nix mehr aus mir? Es hat doch en Zeit gegeben, da war dir der Förster Willem net gleichgiltig – weißte, es war en Abend wie heut, da haben wir hier zum ersten Mal – hier am selbigen Platz –« Er faßte sie fester um den Leib und sah ihr mit einem Lächeln in die Augen, das ihr das Blut von neuem in die Wangen trieb. Sie atmete beklommen. »Gelt, Frau, du hast et auch net vergessen?!«

»Ich – ich –« Sie stotterte, sie schlug die Augen nieder – wie war er nur heut? Trunken war er nicht – aber sonst so grob, heut so freundlich?!

»Komm, Alte!« Er gab ihr einen herzhaften Kuß; sie bebte unter der ungewohnten Zärtlichkeit. »Siehste, laß den Jung nur erst zu Wittlich sein, dann sind wir wieder allein, dann ist's wie zu Anfang. Wann ich net ewig gereizt werd', bin ich en ganz traitabler Mann, du sollst et sehen, Annamargret!«

»Ach, Willem!« – seine Freundlichkeit gab ihr Mut – »ich tu' ja, was du willst, ich red' dem Hubert Tag und Nacht zu; aber et is mir e so schrecklich – laß den Jung doch Förster werden, weswegen denn net?« Sie faßte bittend seine Hand.

»Das verstehste net!« Pantenburgs Gesicht verfinsterte sich, aber die Stimme behielt den überredenden Klang – so redet einer einem Tier zu, wenn es aus der Hand fressen soll und mag nicht. »Glaub nur, ich durchschau den Hubert klarer wie du. Er hat den Hang zum Lungern; un der Wald is sein Unglück. Der is net gemacht, den Holzdieben auf die Finger zu passen un den Wilddieben eins aufzubrennen, der macht selber mit. Er muß weg, et is Ehrensach for mich!«

»Ach, den armen Jung!« Die Frau weinte.

›Heulliese!‹ schwebte es auf den Lippen des Mannes, aber er bezwang sich. »Ho, ho, wein doch net!« Mit der muskulösen Hand fuhr er ihr übers Gesicht und preßte dann ihren Kopf fest an seine Brust, unwiderstehlich fest; sie konnte sich nicht mehr aufrichten. Wie ein geknickter Weidenzweig hing ihm das Weib in den Armen. Er flüsterte ihr was ins Ohr – sie zitterte – sie schauerte.

Am Morgen war es beschlossene Sache, in acht Tagen kam Hubert nach Wittlich. Frau Annamargret wagte den Blick nicht aufzuschlagen; sie kam sich vor wie der eine, der den Heiland verraten hat.

* * *

Es war der letzte Tag vor der Abreise. Hubert Pantenburg schlenderte den so oft gegangenen Weg nach Großlittgen. Er blieb viel stehen und sah sich um. Da waren der Wald und die Berge, da war die Abtei mit ihrem Schlupfwinkel – Nebel drüber und blasser Himmel. Hubert wanderte mit finsterem Gesicht. Gestern zum letzten, hatte es noch einen Tanz mit dem Förster gegeben. ›Vater‹ sagte der Knabe nie. Beim Mittagessen war's, Mutter und Sohn saßen schon wartend am Tisch; rauh lachend war Pantenburg eingetreten und hatte die Tür hinter sich zuknallen lassen: »Den haben mer!«

»Wen?« fragte die Försterin, halberschreckt.

»No, den Stehler, den Endenich! Hab' ich doch den Kerl ertappt, wie er oben am Kaisergarten mit der hochbepackten Schiebkarr voll Laub daherkömmt! Die Sach schien mir gleich verdächtig, ich schmeiß' em den Krempel um – richtig, liegt drunter Klafterholz un en junger Has'! Der Kerl war wie vom Donner gerührt, auf den Knien hat er gelegen un geheult – das feige Luder! Zahlen kann er die Buß net – no, das Holzstehlen und den Jagdfrevel wollen wer ihm schon eintränken. Der verfluchten Wirtschaft muß mer en End machen. Auf das Gewinsel von ›krankem Weib, hungrigen Kindern, kein Brot, keine Arbeit‹ kann unsereins bei Ehr un Pflicht net hören – mer kennt die Packasch!«

Unruhig war die Försterin auf ihrem Stuhl hin und her gerutscht; sie sah, wie eine dunkle Röte dem Sohn ins Gesicht stieg.

»Dat is grausam«, sagte Hubert plötzlich und sprang auf.

»Was?!«

»Du bis grausam – de Leit haon recht, wann se ›Schinner‹ for dech saon!«

»Hubert – Hubert!« Die Mutter versuchte dem Knaben den Mund zuzuhalten. Er machte sich unsanft frei.

»Schinner!« Seine Augen sprühten. Wie zwei Kampfhähne standen sich Vater und Sohn gegenüber; der Förster war auch aufgesprungen. Seine mächtige Hand langte über den Tisch – klatsch – eine Ohrfeige fiel – klatsch – noch eine! Mit einem verächtlichen: »Du Biwak!« drehte der Mann sich um und verließ die Stube.

Mit geballten Fäusten stand der Knabe. Er wollte ihm nachstürzen, seine Zähne bissen sich aufeinander, er zitterte vor Wut; die Mutter hing sich an ihn. –

Ja, so war es gewesen! Das war gestern, und heute schritt Hubert nach Großlittgen zum Haus des Besenbinders. Suß hatte er lange nicht gesehen. Sie lief vor ihm fort, sie war ihm böse. Einmal hatte er sie getroffen, wie sie am Wegrain saß und Äpfel schmauste.

»Gelt, scheene Äppel?« hatte sie gesagt und mit den festen Zähnen in einen hineingebissen, daß es knackte. »Ech haon dech eweil net mieh nedig; Schommers Hanni, dän es mieh naoch menem Ehs – on Äppel haot dän!« Sie hatte sich lachend auf den Leib geklopft und ihn herausfordernd angesehen. In eifersüchtiger Wut hatte er ihr den Apfel aus der Hand geschlagen und ihren Arm hin und her gerüttelt. Sie war ihm entwischt, sie war davongerannt wie der Wind, er hörte sie noch schreien: »Bleiw mer daodannen, dau Schmachtlappes – dau Schmachtlappes!«

Heut wollte er ihr doch Lebewohl sagen. In Huberts Seele war eine große Traurigkeit, ein dumpfer Druck legte sich ihm auf die Stirn. Nun war er an des Besenbinders Hütte, sie lag abseits vom Dorf, ein verfallenes, elendes Steinhäuschen mit einem tiefhängenden dunkelgrünen Moosdach darüber. Er stieß die Tür auf, drinnen war es halbdunkel; durch das blinde, spinnverwebte Fensterchen fiel ungenügend Licht. Der eine Raum war alles in allem – Koch-, Schlaf- und Wohnstätte.

Ein elendes, aber nicht häßliches Weib stand an dem rohen Steinherd und fachte mit dürrem Reisig eine spärliche Flamme an. Bei dem Anblick des jungen Burschen ließ sie das Gestrüpp fallen und brach mit heiserer Stimme in Verwünschungen und Klagen aus:

»Dän Schinner, dat Schinnaos! Unsen Vadder haon de Schandarmen gestern Awend afgenommen, Gott weeß, wanneh hän widderkemmt – o, ech arm Dier!« Sie spuckte aus. »Soll em de Kränk in de Bein faohren, däm Fechter, däm Schinner! Wat soll ech duhn?! De Könner schreien for Brud, ech sälwer sein e su elendig« – sie hustete erbärmlich – »ech kann neist mieh verdeenen! Ech haon als esu vill gekrisch – Jeßmariejesup – ech arm Dier – o Jemmich, Jemmich!«

Sie rang die Hände und weinte bitterlich; ein Klagegeheul antwortete. In allen Winkeln wurde es lebendig, mit unheimlicher Geschwindigkeit kamen zwei größere Kinder angestürzt: »Modder, zo äßen, Modder!« Auf krummen Beinen kam ein drittes, ein viertes kroch auf allen vieren heran. »Modder, zo äßen, Modder!«

Das war ein Geschrei, ein Zerren an den Falten des armseligen Rocks, ein Geheul, ein Gestank nach Lumpen und Elend – Hubert schüttelte sich, sein Herz krampfte sich zusammen. Er zog den Taler aus dem Sack, den ihm die Mutter als Taschengeld zugesteckt, und legte ihn auf den Herdrand; schüchtern fragte er: »Is dat Suß net derhäm?«

»O, dat Mensch, de Dussel« – Frau Endenich schüttelte drohend den Arm – »ech waaß net, woar et gangen is!«

»Adjüs!« Hubert drückte sich zur Tür hinaus. –

»Pst – dau!«

Er horchte auf – neben ihm, an der halbverfallenen Hauswand lehnte die Suß, die Arme untergeschlagen; mit trägen Augen blinzelte sie in's Licht.

»Suß, ech giehn fort – morjen. Adjüs!« Er hielt ihr die Hand hin. Sie sah ihn einen Augenblick starr an, dann hielt sie ihre gespreizten Finger an die Nase und streckte ihm lang die Zunge heraus.

»Bäh!« Sie sprang ins Haus und klatschte die Tür zu.

* * *

Zu Trier in der Meerkatzkaserne war sonntägliche Nachmittagsruhe, die Treppen und Flure wie ausgestorben.

Leise durch die Zähne pfeifend, rekelten sich ein paar Soldaten in Drillichjacken zum Fenster heraus. Draußen auf der Straße war nicht viel zu sehen, ein paar Kinder spielten; kein hübsches Mädchen ging vorüber – alles ausgeflogen, was Unterröcke trug. Sommersonnenschein prallte auf die Pflastersteine.

Laut gähnend streckte der eine in Drillich die Arme empor:

»Jesses, wie langweilig! Kein Urlaub, nix ze amüsieren, nix ze poussieren – mer möcht' gleich der Meerkatz überm Kasernentor eins auf de Schnauz geben – da soll doch einer! Nich emal en Droppen ze drinken hat mer – un jetzt geht dat verfluchte Gebimmel los – sechs Uhr!«

Vom nahen Dom fingen die Glocken an zu läuten, ernst und feierlich dröhnten die Klänge über die schmale Domgasse, über's bischöfliche Palais, herüber zur Kaserne und dem staubigen Exerzierplatz dahinter. Die Glocken der Liebfrauenkirche fielen melodisch ein.

»Bim – bam – bum«, brummten die Soldaten mit. Sie hingen mit halbem Leib über der Fensterbrüstung, sie lachten; nach jedem ›Bim – bam – bum‹ spuckten sie hinunter auf's Pflaster. Das war ein großes Sonntagsvergnügen.

»Pst!« Unten knarrten die Torflügel, es ging einer weg. »Pst! Adieu, Pantenburg, viel Pläsier!«

Der schlanke Mensch unten auf dem Pflaster sah herauf, er legte die Hand an die Mütze, dann schritt er mit elastischem Schritt der nächsten Straße zu. Die Sonne blitzte auf seinen spiegelblanken Knöpfen, die Uniform warf keine Falten in dem schmalen Rücken, über der breit gewölbten Brust; der Säbelgurt war fest zusammengezogen.

»En Staatskerl, der Pantenburg«, meinten die beiden im Fenster. Der eine spie kräftig aufs Pflaster: »Donnerwetter, hat der en Glück bei die Mädcher, an jedem Rockschlip eine!«

Hubert Pantenburg schritt die Domgasse hinunter, den nächsten Weg, quer durch die alte Stadt, der Mosel zu; es drängte ihn hinaus in's Freie. Je näher er dem Fluß kam, desto mehr Spaziergänger begegneten ihm; geputzte Mädchen schielten ihn von der Seite an, als er vorüberschritt, den dunkelblonden Schnurrbart keck aufgedreht, die Augen blitzend vor Lebenslust.

Es behagte Hubert Pantenburg bei den Soldaten; nach den zwei entsetzlichen Jahren zu Wittlich, nach dem ebenso entsetzlichen Jahr in Bernkastel und dem noch gräßlichern zu Prüm dünkte ihm diese Abwechslung ein Paradies. Nun war seine Dienstzeit bald um, im Herbst kam er los. Seine Vorgesetzten hatten ihm zwar den Vorschlag gemacht, beim Militär zu bleiben – aber nein, das wollte er doch nicht! Immer Drill und Drill und Drill – nein, beileibe nicht! Frei sein war die Parole, frei werden um jeden Preis.

Die arme Mutter daheim kränkelte, der Doktor sprach von Abzehrung – wie lange noch, dann würde er sie begraben, und dann hielt ihn nichts mehr. Er ließ sich sein mütterliches Erbteil auszahlen, und dann fort damit nach Amerika, in die Prärie, in den Urwald, als Farmer, als Jäger, wer weiß was! Das war dann ein Leben! Die Lippen des jungen Mannes öffneten sich, seine Nasenflügel blähten sich wie die Nüstern eines edlen Renners. Freilich, die Heimat war's nicht, keine Eifelberge, keine Eifelluft!

Mit einem Seufzer ließ sich Hubert auf eine Bank im Grünen fallen; er war nun in den Anlagen, die sich außerhalb der Stadt der Mosel zuziehen. Die roten Felsen des gegenüberliegenden Ufers lugten über das niedere Gebüsch der nächsten Umgebung, dahinter stiegen blaue Berghöhen auf, fern und duftig; zerstreut glitt sein Blick über die schöne Landschaft. Er kramte in seiner Tasche und brachte einen zerknitterten Brief zum Vorschein; mit gerunzelter Stirn las er:

›Teurer Hubert! Vergißt Du mich auch nicht bei die Soldaten? Ich denke an Dich alle Tag. Ich habe mein schwarzseiden Kleid wie neu mache lassen, die Schneiderin hat drei Tag dran gesessen. Auch einen weißen Hut mit einer langen Feder hab' ich mir gekauft. Jetzt ist Deine Zeit beim Militär bald um, sowie Du kömmst, fahren wir zu Deinen Eltern. Dein Vater hat mich gestern besucht, er ist sehr zufrieden, daß Du mich kriegst, und sagt, Deine Mutter wär auch e so froh, das glaub' ich wohl. Meine Papieren sind in Ordnung, teurer Hubert, sowie Du kömmst, können wir Hochzeit machen. Die Hippethek hab' ich gekündigt; das Geld liegt parat, für einen Laden zu kaufen. Mein geliebter Hubert, ich kann die Zeit nicht erwarten, ich umarme Dich in Gedanken und küsse Dich tausendmal. Ich habe mich für Dich abnehmen lassen, anbei erhältst Du die Fotografie. Uns kann der Tod nur scheiden. Es grüßt Dich

Deine liebe Braut
verw. Frau Katharina Hoppe.‹

»O Jeß!« Der junge Mensch fuhr sich durch das kurze Haar, das sich trotz des militärischen Schnitts an den Schläfen und im Nacken kräuselte; mit einem verlegenen Gesicht starrte er auf die Photographie in seiner Hand. Eine hübsche Dreißigerin mit Grübchen in den Wangen und kleinen, verliebten Augen. Wie stattlich sie auf dem Sammetsessel dasaß! Der Photograph hatte ihr die eine Hand auf's Herz gelegt, mit der andern hielt sie ein Sträußchen künstlicher Blumen. Warum schüttelte sich der Gefreite nur, sprang auf und ging mit starken Schritten vor der Bank auf und nieder? Himmelkreuzelement, wie kam er da heraus?!

Zu Wittlich war's gewesen in den beiden ersten schrecklichen Jahren bei Kortz, da hatte die hübsche Witwe, die bei Kortzen den ersten Stock bewohnte, ihn oftmals hereingerufen und ihn mit Kaffee und Kuchen traktiert. Er ließ sich's schmecken. Als im dritten Jahr Hubert eine Stelle in Bernkastel annahm und Frau Katharina Hoppe Lebewohl sagte, warf sie ihm einen langen Blick unter halbgesenkten Lidern zu – der Junge war ein Jüngling geworden.

Ehe Hubert, zwei Jahre später, zum Militär abging, besuchte er seine Mutter; bei der Gelegenheit kam er durch Wittlich und stieß unversehens auf Frau Hoppe. Sie lief mit einem kleinen Schrei auf ihn zu, sie ließ nicht nach, er mußte in ihre Wohnung. Dort schleppte sie herbei, was sie Gutes besaß, und als der schöne Mensch das Glas erhob: »Auf Ihr Spezielles, junge Frau!« schlug sie ihm auf die Finger und lehnte sich an seine Schulter. Ihm ward beklommen. Die unmittelbare Nähe des Weibes stieg ihm zu Kopf, ihr warmer Atem wehte ihn an; halb fortgerissen, halb verwirrt drückte er einen leichten Kuß auf ihre gerötete Backe. Da – sie schlang die Arme um seinen Hals und sank ihm auf den Schoß.

»Donnerwetter!« Der Gefreite hemmte seine Schritte und ließ sich wieder auf der Bank nieder. »Is dat en Bredullich!« Nun hatte sie sich mit dem Vater in Verbindung gesetzt – natürlich, dem war's recht! Unheimlich freundlich war er gewesen, als der Sohn das letzte Mal vor sechs Wochen auf Urlaub daheim war; die Kämpfe der Knabenjahre schienen vergessen. Eine Strecke vor'm Haus war der Förster ihm schon begegnet.

»Hubert«, hatte er gesagt, »du mußt net erschrecken, wann du die Mutter siehst; se hat sich recht verändert. Der Doktor is net zufrieden. Wir tun ja alles, was er sagt; nix is mir zu teuer, aber keine Medizin schlägt an. Der Husten – der Husten!« Des Försters Gesicht hatte dabei einen wehleidigen Ausdruck angenommen, der nicht zum Blick seiner Augen paßte; die waren herumgeglitten, als spürten sie im Dickicht ein Wild. Der Sohn sah das nicht, er fühlte nur den Schrecken über die Krankheit der Mutter; zum ersten Mal in seinem Leben blickte er den Vater freundlich an, dann eilte er ins Haus.

O Gott, wie sah Frau Annamargret aus! Bebend wie Espenlaub stand sie in der Stubentür und reckte dem Sohn beide Arme entgegen; mit einem Laut, halb Seufzer, halb Jubelruf, sank sie an seine Brust: »Daß du nun da bist – daß du nun da bist!« Sie strich ihm über die Haare, mit feuchtkalten Händen nestelte sie an ihm herum, dann eilte sie geschäftig hin und her, ein Frühstück aufzutragen, vom Wandschrank zum Tisch und hinaus in die Küche; dort hörte er sie lang und pfeifend husten. Endlich saß sie ihm gegenüber; sie lächelte und hatte rote Backen vor Glück, aber die Augen waren matt und eingesunken, die magere Gestalt hing nur noch in den Kleidern.

Des Sohnes Herz krampfte sich zusammen, er streckte die Hand über den Tisch.

»Mei goldig Modderche«, sagte er. Da ging die Tür, der Förster kam schon zurück.

Geräuschvoll lachend hatte er seine Frau in die Wange gekniffen.

»Gelt, wie sie jetzt blüht, Hubert? Das macht alles die Freud über den Sohn – ja – ja – ich freu' mich ja auch – no, un wenn mer gar erst en Schwiegertochter kriegen! Brauchst net rot zu werden, Hubert, wir haben 't schon läuten hören, wenn du auch nix gesagt hast. Ich gratulier', die Witwe Hoppe is kein' schlechte Partie; auf 'm Geldsack sitzt se, un hübsch is se auch. Was der Jung for en Glück hat! No, Annemargret, Schwiegermutter! – was kaufste dir for en Hochzeitskleid?«

»So weit sind wir noch lang net!« hatte Hubert gesagt und war hastig aufgesprungen.

»No?« Der Förster zog die Brauen in die Höhe. »Keine Fisematenten, Jung! Denk dran, uns is die Braut recht und der Mutter machst du die größte Freud. Sie spricht Tag un Nacht dervon – gelt, Annemargret?« Er hatte die Frau angestoßen und dann ihren Kopf an sich gedrückt. Seine muskulöse Hand umspannte das zarte Genick, es sah aus, als wollt er's brechen. Der arme Kopf lag geduckt an seinem Rock. »Frau, so red doch – ja!«

»Ja«, sprach das Weib.

»Da hörst's, Hubert! Ja, das Gered geht alleweil. Nu wollen mir aber vergnügt sein! Wart, ich hol en Schoppen aus em Keller, den Glückspilz müsse mir doch begießen – ha, ha!«

So war es den ganzen Tag gegangen und den folgenden auch, der Vater überaus freundlich und immer zu Haus; erst am dritten Tag, dem letzten Urlaubstag, wurde er gegen Abend abgerufen. Da saßen Mutter und Sohn endlich einmal allein; sie auf ihrem Platz am Fenster, der große Mensch ihr zu Füßen auf dem niederen Holzschemel, wie einst als Knabe.

»Mutter«, hatte er angstvoll gesagt und ihre Hand ergriffen, die matt im Schoß ruhte, »sag, geschieht auch alles for dich? Du hust so!«

»O ja! Pantenburg macht oft nach Wittlich, un einmal is der Doktor auch selber hier gewesen – ein sehr lieber Herr. Er hat was zum Einnehmen verschrieben. Ich mein' auch, es hätt' mer als sehr gutgetan, aber Pantenburg meint, es hätt' gar nix genutzt. Da haben mir et net mehr mache lassen.«

»Aber sons, is er gut zu dir – is er gut?« Der Sohn drängte.

»Ja, ja, sehr gut!« Frau Annamargret sprach es hastig und lugte dabei scheu im Zimmer umher. Dann flüsterte sie: »Sag, Hubert, wie is et mit dir un der Frau in Wittlich? Pantenburg hat mer verzählt, daß du gar e so viel Liebschaften hättst – überall en Mädchen. Is das wahr?«

»Jeß, Mutter« – der Sohn vergrub die Finger in den krausen Haaren –, »die Mädcher sind eben – aber weißte, Mutter, so lieb wie dich hab' ich noch keine gehabt, das is was ganz andres!«

Die Frau lächelte schwach und strich ihm mit den kalten Fingern über die Backe, dann beugte sie sich nieder und legte ihre brennendheiße Stirn auf die seine.

»Hubert«, flüsterte sie fast unhörbar, »hüt dich! Wann keine Lieb' in der Eh' is – o – dann is et furchtbar!« Ein Schauer lief über sie hin, noch leiser, kaum verständlich, fuhr sie fort: »Ich – ich werd bald sterben, Hubert, ich bin sehr schwach und krank –«

»Mutter!«

»Ja, ich – doch hör, Hubert, der Vater – der Vater will, ich soll –« Ein furchtbarer Hustenanfall erstickte ihre Worte, sie keuchte und blutiger Schaum trat ihr auf die Lippen. Angstvoll hielt der Sohn sie im Arm und blickte ratlos um sich. Da ging die Tür. Der Förster trat rasch in's Zimmer; geschickt stützte er der Leidenden den Kopf, flößte ihr heiße Milch ein und trug, als der Anfall vorüber war, die vollständig Erschöpfte auf's Bett. Behutsam und sorgfältig war er mit ihr umgegangen; Hubert hatte ihm im Herzen manches abgebeten, und der Abschied am anderen Morgen war herzlicher ausgefallen, denn je zuvor. –

Ja, der Abschied! Noch heute im warmen Sonnenschein, auf der Bank im Grünen, fühlte Hubert Pantenburg ein gewisses

Frösteln. Mitten in aller Lebensfreudigkeit stieg ihm das Bild des Todes auf – die arme Mutter! Die Blicke des jungen Mannes trübten sich – wie mochte es ihr gehen? Sechs Monate waren seit dem Abschied vergangen. Besser war es gewiß nicht geworden, die Nachrichten kamen spärlich.

»Liebe Mutter!« sagte der Gefreite Pantenburg plötzlich laut vor sich hin, dann zerknüllte er mit einer heftigen Gebärde den Brief in seiner Hand »Ne, die heiraten ich net!«

Regungslos blieb er eine Weile sitzen und blickte unverwandt auf seine glänzende Stiefelspitze. Es war ganz still um ihn, kaum ein Windhauch regte die Blätter; ein wenig schwül war's, ein wenig beklommen. Die letzten Spaziergänger waren längst vorbei, alle hinüber zur andern Moselseite; die Anlagen wie ausgestorben.

Da – schlendernde Schritte! Ein Mädchen kam des Wegs. Sie streifte langsam längs des Gebüsches hin, mit den Händen schlenkerte sie lässig. Einen hurtigen Seitenblick warf sie auf die einsame Gestalt des Soldaten, und mit einem »Eckskusört!« setzte sie sich auf das andere Ende der Bank.

Der Gefreite faßte an die Mütze: »Bitte, Fräulein!« Dann schwiegen sie beide.

Es war so still wie zuvor. Kein Atemzug verriet die Nähe eines zweiten Menschen, die Bank ward nicht von der leisesten Bewegung erschüttert, und doch fühlte sich Hubert beengt, beobachtet. Ihm war, als seien fortwährend zwei Augen auf ihn gerichtet, als zöge ihn eine unsichtbare Gewalt zum anderen Ende der Bank. Der hohe Kragen würgte ihn – es war heiß!

Unmutig hob er den Kopf. Richtig, das Mädchen sah ihn unverwandt an! Ihre schmalen dunkelgrauen Augen hatten einen seltsamen Blick, nicht gerade frech, aber eindringlich. Hinter den langen, schön gebogenen Wimpern lagen sie wie blanke Steine. In die Stirn hing ihr ein Wulst hellbraunen Haares. Der junge Mann räusperte sich und zwirbelte seinen Schnurrbart – das Mädchen zog die Mundwinkel herab; wie eine Art Lachen war's, aber doch anders. Verhöhnte sie ihn, was?!

Das Blut stieg Hubert in die Schläfen, keck rückte er näher: »Fräulein, so allein! Gehn Sie net zu Tanz?«

Sie sah ihm einen Augenblick starr in die Augen, dann lachte sie ihm in's Gesicht. Er blickte sie verwundert an; sie lachte, daß sie sich schüttelte, den Oberkörper hintenübergeworfen. Beleidigt stand er auf: »Daß is mir zu dumm – adieu, Fräulein, lachen Sie for sich allein!«

Er schlug die Hacken zusammen, ohne sie noch eines Blickes zu würdigen. Aber plötzlich fühlte er sich am Rock gefaßt: »Hubert, dummer Jong, kuck mech nor an – kennste mech net mieh?« Sie war auch aufgesprungen; nun stand sie vor ihm, reckte sich auf den Zehen und zog ihn an dem Uniformknopf auf seiner Brust ganz dicht zu sich heran, so dicht, daß sich ihre beiden Gesichter fast berührten. »Dau Schmachtlappes«, sagte sie langsam, »kennste nau dat Suß?«

»Suß!« Wie ein Blitz durchfuhr es ihn. Ja, das war sie! Das war wieder wie daheim im Wald – er fühlte wieder den Eifelhauch, er hörte Tannen rauschen. »Suß, du frech Dingen!« sprach er glückselig. Er faßte nach ihrer Hand, sie schmiegte sich an ihn, dicht nebeneinander setzten sie sich auf die Bank. »Suß, wo kömmste her, was tuste hier?«

Sie gab ihm mit der Schulter einen kleinen Puff: »Noa, wenn ech nau saogen däht: ech kommen for Dech – wat?!« Sie lachte, daß man die zwei Reihen spitzer, gesunder Zähne sah, sie blitzten im Licht. »Ne, ne, dat brauchste net zo denken! Ech sein im Dienst; erscht waor ech zo Bitburg, seid em halwe Jaohr sein ech hei.«

»Un geht es dir gut?«

Sie zuckte die Achseln: »Ech haon e su e kle Malör gehatt derhäm – on dao –«

»Was for en Malör?« Er sah sie fragend an, sie hatte den Kopf auf die Seite gelegt und blinzelte ihm mit halbgeschlossenen Augen zu.

»Noa, ech will dech net befautelen, Hubert, ech waor for en Amm ze Bitburg gewest!«

»Was – was« – er stieß sie von sich – »laß de Dummerei!«

»Ech duhn dech net für en Naor haalen, bei Gott net, Hubert!« Sie fing plötzlich an zu weinen: »O Jesses, ech arm Dier!«

Sie schlug die Hände vors Gesicht; so sehr sie vorher das Lachen geschüttelt hatte, schüttelte sie nun das Weinen. Die Tränen tropften ihr zwischen den bräunlichen Fingern durch. Er rückte von ihr ab und starrte sie finster an. Wie durch einen Schleier, den ihm das rote, zornige Blut vor die Augen gelegt, sah er ihre Gestalt – sie wurde kleiner, jünger – das Gebüsch ringsum ward zum Waldrand – sie saß am Wegrain im zerlumpten Rock, mager, hungrig! Mit Zähnen wie ein junger Wolf biß sie in den rotbackigen Apfel, den ihre Hand hielt. »Gelt, scheene Äppel?« Und da tauchte die erbärmliche Hütte auf – den Vater führten die Gendarmen weg – am Herd stand die elende Mutter – die Geschwister schrien vor Hunger – aus allen Ecken grinste die Not.

Das heftige Schluchzen neben ihm gab dem jungen Menschen einen Stich durch's Herz. Er kaute unschlüssig an seinem Schnurrbart, langsam rückte er dem Mädchen wieder näher.

Sie fuhr fort zu weinen; der Strohhut mit dem krischroten Band war ihr in den Nacken geglitten, Hubert schob ihn ihr nach vorn, dabei berührte seine Hand ihr Haar. Wieder schoß es ihm durch alle Adern.

»Suß«, sagte er leise. Sie rührte sich nicht. »Suß!« Er versuchte ihr die Hände vom Gesicht zu ziehen, umsonst, ihre Finger hielten fest wie Klammern – plötzlich gaben sie nach, aber blitzgeschwind drückte sie ihr Gesicht gegen seine Schulter. Der Strohhut flog zur Erde, ihr Haar lag wie dunkles Gold auf seinem Uniformrock; er sah darauf nieder, auf den bräunlichen, festen Nacken, er fühlte die ganze kernige Fülle ihrer Gestalt an der Brust. Unwillkürlich, fast wider seinen Willen, schob sich sein Arm um die Taille des hellen, buntgeblümten Sommerkleides – das war keine Seide, wie bei der zu Wittlich, billiger Waschstoff, aber wie ließ er ihr!

Seine Hand drückte fester; sie legte beide Arme um seine Schultern, eine feurige Glut strömte in ihn über. Und nun begann sie sacht mit ihm hin und her zu wiegen.

»Wann annre Könner spiele giehn,
Moß ech bei der Wiege stiehn;
De Wieg' gieht nor:
Rube – de – bub, rube – de – bub –«

Ihre Stimme klang dumpf von seiner Brust zu ihm herauf, er mußte laut lachen. Als hätte sie nur darauf gewartet, so hob sie jetzt das Gesicht und sprang empor – keine Spur von Tränen mehr. Eine strahlende, ausgelassene Heiterkeit sprühte aus ihren Augen.

»Rube – de – bub, rube – de – bub!« Sie riß ihn an beiden Händen in die Höhe. »E su, nau küß mech, Hubert – ech küß dech sons mausdud!«

Das frische, lachende Gesicht hob sich ihm entgegen, es flimmerte ihm vor den Augen; er preßte seine Lippen auf ihren halbgeöffneten Mund – ein unersättlicher Durst überkam ihn. Noch ein Druck – sie ließ los und stieß ihn zurück: »E su, nau giehn mer danzen!«

* * *

Über der Mosel liegt Nacht; leise glucksen die Wellen ans Ufer.

In den kleinen Häusern diesseits des Stroms sind die Lichter erloschen, nur auf der Fähre am Fluß brennt die Laterne; wie ein Glühwurm glimmt sie durchs Dunkel, bald hüben, bald drüben. »Hol üwer!« johlte es immer wieder.

Sonntag abend gegen Mitternacht. Der Fährmann Heinrich hat viel zu tun; drüben zu Pallien ist Tanz. Das Dorf liegt still; wie dunkle Wächter nicken die Berge drüber hin; doch im Wirtshaus »Zur Moselblume« Licht, Musik. Sie tanzen!

Die Musikanten sitzen in einer Ecke, sie können kaum sehen vor Staub und Hitze. Die Fenster sind geöffnet, aber keine Spur von Kühlung weht herein. Die Sterne am Himmel haben sich verkrochen, kein Mondschein, eine Wand schwarzer Wolken im Westen, über den fernen Eifelbergen wetterleuchtet es.

Der Baß kratzt, die Violinen fiedeln; dunstiger Qualm schwebt im Saal. Schweiß steht auf der Stirn, die Augen blicken trüb, die Brust keucht, alle Pulse klopfen, die Paare wirbeln, die Kleider flattern – eins-zwei-drei, eins-zwei-drei – rechts herum – links herum – ha, die Lust!

Der Gefreite Pantenburg saß an einem der Tische, die längs der Wand stehen. Sein Rücken lehnte sich schwer gegen die Stuhllehne, die Beine hielt er von sich gestreckt. Das Seitengewehr hatte er abgeschnallt, es lag auf dem Tisch zwischen den zwei gefüllten Weingläsern und den geleerten Schoppenflaschen; auch Bierseidel standen dazwischen. Das hübsche Gesicht des jungen Mannes war aufgedunsen, er fühlte es selbst, er hatte genug – das wilde Tanzen das hastige Trinken – und doch! Mit vortretenden, gierigen Augen stierte er auf die Gestalt im hellen, buntgeblümten Kattunkleid, die sich jetzt inmitten des Saales im Wirbel drehte.

Sie erschien ihm schön. Wie ihre Wangen glühten, ihre Augen funkelten – wie sie jetzt lachte! Ihr Tänzer beugte sein Gesicht nah zu dem ihren, er schien ihr etwas Komisches zu sagen; mitten durch die Musik und das Gestampf hörte Hubert ihr schmetterndes Lachen. Alle Männer blickten nach ihr hin.

Eine eifersüchtige Wut überkam den Dasitzenden. Er sprang auf, das Paar wirbelte an ihm vorbei, er hielt sie am Kleide fest: »Suß!«

Sie tat, als höre sie nichts; sie wirbelte weiter, aber nur bis zur nächsten Ecke, dort verabschiedete sie ihren Tänzer. Sie trat zu ihm an den Tisch, legte die Hand auf seinen Ärmel und sah ihn von unten herauf mit einem lauernden Blick an: »Noa?!«

»Mer gehn jetzt«, sagte er kurz und faßte nach der Brusttasche, dort knisterte sein Urlaubszettel – bis zwölf, länger nicht. »Punkt zwölf muß ich in der Kasern sein!«

»Warom net gaor?« lachte sie und warf den Kopf zurück. »Eweil is et graod e su scheen! Ech giehn noach net.«

»Du gehst!« Er faßte kräftig ihr Handgelenk. Mit einem Ruck machte sie sich los und sah ihn an, als wollte sie ihm ins Gesicht springen.

»E ne!« Ihr Fuß stampfte den Boden. »Gieh dau, ech bleiwen hei; dän dao« – sie wies mit dem Daumen über die Schulter nach ihrem vorigen Tänzer – »dän danzt met mer de ganz' Nacht!«

»Suß!« Er biß sich auf die Lippen und sah sie zornig an.

Sie hielt seinen Blick aus, plötzlich senkte sie die Lider, hob die Hand und streichelte ihn sacht rechts und links über die Backen.

»Mein Hubert«, flüsterte sie zärtlich, »komm, danz met mer noach en eenzigmaol – dann giehn mir – komm!« Ihre Hand fühlte sich weich an, sie strich ihm über's Gesicht hin und her. Er stand und sagte kein Wort. »Komm, drink noch emaol, Hubert!« Er leerte das Glas auf einen Zug.

Das Mädchen lehnte sich schwer auf seinen Arm: »Komm!«

Er umschlang sie, die Musik setzte ein – Rheinländer. Er schwenkte die helle Gestalt, daß ihre Röcke flogen, er tanzte wild, ohne Pause den ganzen Tanz zu Ende. Vor seinen Blicken schwamm alles Licht wie ein rotes Meer, der Saal schwankte, aus weiter Ferne, dumpf, klangen Stimmen – er sah, er hörte, er fühlte nichts, nur sie – sie. Die Musik schwieg.

Zu Ende. Sie gingen.

Langsam schritten sie der Fähre zu, mit geöffneten Lippen sogen sie durstig die Nachtluft ein. Hubert ging wie im Traum, Suß hing an seinem Arm. Er schreckte zusammen, als sie nun sprach.

»Et licht'«, sagte sie und zeigte hinauf zum dunklen Himmel. Richtig, hinter den fernen Eifelbergen zuckte ein Blitz! Ganz von weitem dumpfes Grollen.

Schweigend stiegen sie in die Fähre; der Heinrich war solche Pärchen gewohnt, nur wunderte ihn die Uniform so spät bei Nacht. Lautlos, fast unmerklich, glitten sie über's Wasser; schwarz schwamm die Flut, kein Stern spiegelte sich drunten, nur der Widerschein der Laterne gaukelte wie ein Irrlicht. Die Luft war schwül, kein Windhauch drin. Das Haar klebte den beiden an der Stirn, als sie nun der Stadt zuschritten.

Wie sie durch die Porta Nigra, das alte römische Stadttor, traten, schlug eine Turmuhr. Pantenburg zuckte zusammen, er zählte – da war nicht viel zu zählen, ein einziger schwerer Schlag – eins! Herrgott! Eine augenblickliche Ernüchterung kam über ihn: der Urlaub – die Kaserne – ein Uhr – er rannte fast und ließ das Mädchen zurück. Die Simeonsstraße hinunter, über den Markt, vorbei am Dom, an der Liebfrauenkirche, durch die totstille Domgasse – querüber – jetzt, da war die Kaserne, alles dunkel drin! Vor dem Tore ging die Schildwache auf und ab.

Pantenburg stand regungslos, in den Schatten der Häuser gedrückt und starrte hinüber – Anschnauzen des Vorgesetzten – Necken der Kameraden – Urlaubsentziehung – Arrest – Arrest! – Alles schwirrte ihm durcheinander.

Da fühlte er sich am Ärmel gezupft, sie stand hinter ihm: »Wat nau?«

Er schüttelte ratlos den Kopf: »Ich weiß net!«

»Hubert«, flüsterte sie heißer und legte die Hand wie eine Klammer um seinen Arm, »mein Hubert, dau kömmst nimmeh in de Kasern', äwer am Morjen in aler Frieh, dann es dat Dohr offen – on eweil – eweil –« sie rieb die Backe an seiner Schulter; ihr rascher Atem ging hörbar.

Er beugte sich zu ihr nieder und küßte sie, ihre Arme strickten sich um seinen Hals: »Mein Hubert!« Was er sagte, war nicht zu verstehen, es ging unter in einem halbtrunkenen Murmeln.

Wie eine Katze, geschmeidig huschend, zog sie ihn um die Ecke.

* * *

In der Nacht hatte es gedonnert und geblitzt, ein starkes Gewitter war niedergegangen.

Auf dem Hof der Meerkatzkaserne, zwischen riesigen Tümpeln und Pfützen, stand die Mannschaft in Reih' und Glied zum Mittagsappell. Eine bleiche Sonne spiegelte sich in den Wasserlachen und huschte über die Gesichter der Leute.

»Jonas!« – »Hier!« – »Eberlein!« – »Hier!« – »Müller!« – »Hier!«

Der dicke Feldwebel rief auf und notierte mit wichtiger Miene in sein Taschenbuch, während Hauptmann von Dümchen mit starken Schritten die Front abging; das Schmutzwasser spritzte ihm an die Hosen, und die blankgewichsten Stiefel trübten sich. Jetzt blieb sein umherrollendes Auge auf dem rechten Flügel haften; dort stand der Gefreite Pantenburg. Der Blick wurde starr: »Gefreiter Pantenburg, treten Sie vor!«

Das bleiche Gesicht des Angeredeten wurde noch fahler; er trat vor, seine Haltung war nicht die ihm sonst eigene.

»Mensch, stehen Sie nicht so schlottrig!« Der Hauptmann nahm einen strengen Ton an: »Pantenburg, Sie haben den Urlaub überschritten! Sie haben sich bisher ordentlich geführt, in Anbetracht dessen ist Ihnen nur Urlaubsentziehung für sechs Wochen zuerkannt, im Wiederholungsfall drei Tage Arrest. Mensch, schämen Sie sich! Bleiben die ganze Nacht aus und stehlen sich am Morgen wie ein Dieb auf die Stube – pfui!« Dümchen spuckte aus. »Das ist ja eine ganz verfluchte Wirtschaft! Leider Gottes nimmt der Verfall der Sitten in allen Ständen zu, aber wer des Königs Rock trägt, sollte wenigstens allzeit seiner Pflicht eingedenk sein. Statt der Mannschaft mit gutem Beispiel voranzugehen, muß ich Sie hier öffentlich reißen – Pantenburg, Sie sind nicht wert, die Gefreitenknöpfe zu tragen – pfui!«

Hauptmann von Dümchen hatte sich in Wut geredet. Der Gefreite Pantenburg blickte ihn starr an, keine Muskel in dem todbleichen Cesicht regte sich.

Der Offizier wendete sich zur Seite: »Feldwebel, notieren Sie, der Gefreite Pantenburg bekommt sechs Wochen keinen Urlaub.« Er machte eine Handbewegung: »Lassen Sie wegtreten!«

»Weggetret'n!«

Die Soldaten machten stramm kehrt; ihre gleichgültig stumpfen Gesichter mit den runden Augen wendeten sich nach den Kasernenfenstern herum; nun setzten sich so und so viel schmutzbespritzte Hosenbeine in Bewegung. Es kribbelte wie ein Ameisenhaufen durcheinander, auf das Gebäude zu. Nun verschwand eine Drillichjacke nach der andern – da, eine schlanke Gestalt löste sich von dem Schwarm ab, stand einen Augenblick zögernd, drehte dann um und kam langsamen Schrittes zurück. Es war der Gefreite Pantenburg; er stand vor dem Feldwebel und sprach halblaut.

Herr von Dümchen hatte inzwischen, den übermäßig zugespitzten Schnurrbart zwirbelnd, bald den Himmel, bald seine Stiefelspitzen gemustert; er drehte den beiden anderen den Rücken zu. Nun räusperte sich der Feldwebel stark, der Hauptmann sah sich um, grenzenloses Erstaunen lag in seinem Blick: »Donnerwetter, was will denn der Pantenburg noch hier, habe ich nicht gesagt ›wegtreten‹? Was – was will der Kerl noch, Feldwebel?«

»Zu Befehl, Herr Hauptmann!« Bonekamp trat unruhig von einem Bein auf's andere und zwinkerte verlegen mit den wasserblauen Äuglein. »Verzeihen, Herr Hauptmann, der Mann sagt: seine Mutter wäre krank – Brief bekommen! Hm« – der Dicke trat näher zu dem Vorgesetzten und dämpfte die Stimme. »Er sagt: wird bald sterben – noch mal sehn! Er – er bittet um Urlaub, Herr Hauptmann!«

»Was, Urlaub? Jetzt Urlaub?! Der Kerl ist wohl verrückt? Pantenburg!« Der Gerufene stand in strammer Haltung, die Hände an der Hosennaht. »Was wollen Sie – Urlaub jetzt? Sie, Sie – Maul auf – was wollen Sie?!«

»Herr Hauptmann, ich bitte um drei Tage Urlaub!« Die Stimme des Soldaten war klanglos, ohne jede Modulation; man merkte es, sie kam aus zugeschnürter Kehle.

»Ä – ä – was, drei Tage?« Dem Hauptmann stieg die Röte ins Gesicht, er blickte sich einen Augenblick wie hilfesuchend nach dem Feldwebel um, aber der sah verlegen geradeaus.

Einen Augenblick war vollkommene Stille, man hörte nur zitterndes unterdrücktes Atemholen; es kam aus der breiten Brust des Gefreiten. Der bleiche Sonnenschein spielte nicht mehr auf den Pfützen, ein plötzlicher Windstoß jagte eine düstere Wolke über den Kasernenhof.

Jetzt schrie Dümchen los: »Unverschämtheit – Urlaub? – Haha! Sie sind besoffen, Kerl, besoffen!« Er winkte energisch mit der Hand: »Ab, wegtreten!«

Pantenburg rührte sich nicht, er stand wie angewurzelt. Mechanisch wiederholte er: »Drei Tage Urlaub. Ich bitte um Urlaub, meine Mutter ist todkrank. Herr Hauptmann« – die klanglose Stimme begann plötzlich zu zittern –, »drei Tage nur, Herr Hauptmann!« Es war, als wollte er die Hände falten, sein Kopf neigte sich näher zu dem des Vorgesetzten; wie ein ersticker Hauch kam es aus seinem Mund: »Lassen Sie mich gehen, Herr Hauptmann!«

Die Züge des jungen Menschen waren todblaß und schmerzlich verzogen. Über Dümchens Gesicht flog eine weichere Regung, da traf ihn der glühende Hauch aus dem Mund des andern; er fuhr zurück: »Pfui Teufel, Kerl, Sie stinken ja nach Schnaps

– reiner Fusel – ä, nichts wie Schwindel, kennen wir schon – die Geschichte mit der Mutter – Schwindel! Will sich draußen herumtreiben, nichts wie herumtreiben! Nichts da, kennt man schon – Schweinereien – besoffen, einfach besoffen!«

»Ich bin nicht betrunken, ich –«

»Ä was, Maul halten!« Der Hauptmann schrie, daß es über den Platz hallte und wandte sich wütend zum Gehen. An den nächstliegenden Fenstern der Kaserne tauchten verstohlen grinsende Gesichter auf und lugten neugierig herüber.

Der Gefreite stand noch immer, die Hände an der Hosennaht, aber sie ballten sich langsam zu Fäusten; ein Zittern lief über seine Gestalt, er schwankte wie ein vom Wind gerüttelter Baum. Seine Lippen preßten sich aufeinander, seine Augen funkelten. »Ich bin nicht betrunken, ich – Urlaub – Herr –«

»Schockschwerenot noch emal, Kerl!« Bonekamp drängte sich an ihn heran und raunte ihm aufgeregt zu: »Unglücksmensch, halt's Maul! Pantenburg!«

Der junge Mann hörte nicht, kräftig stieß er den Dicken von sich, mit ein paar mächtigen Schritten hatte er den Offizier eingeholt. Jetzt ging er neben dem her, im gleichen Tritt, das Gesicht verzerrt wie in peinigenden körperlichen Schmerzen. »Ich lüge nicht, Herr Hauptmann! Lassen Sie mich gehn! Urlaub – meine Mutter stirbt, sie stirbt! Urlaub – Urlaub – Ur – lau – – – !« Der keuchende Atem versagte ihm, er lallte wie ein Betrunkener.

»Besoffnes Schwein!« Der Hauptmann spuckte nach rechts und links. »Nichts da, Platz! Feldwebel, schaffen Sie den Kerl weg, oder –!« Er hob die Hand.

Pantenburg stieß einen unartikulierten Schrei aus und krümmte sich zusammen wie ein zum Sprung geduckter Tiger. »Urlaub !« Er schrie es laut.

Noch lauter schrie Dümchen: »Feldwebel, verhaften Sie den Mann – Gehorsamsverweigerung und Bedrohung. Ich werde species facti einreichen!«

Wie ein Vernichteter stand Pantenburg, die Arme fielen ihm schlaff am Leib herunter.

* * *

Es ging auf den Abend. Dumpfstöhnend saß Hubert Pantenburg in der Zelle des Arrestlokals. Er saß, die Knie heraufgezogen, das Gesicht in den Händen verborgen. So hockte er schon lange. Stunden waren vergangen, seit sie ihn hier hereingestoßen, seit sich die Zellentür kreischend hinter ihm geschlossen hatte.

Gegenüber an der weißgetünchten Wand krochen die Sonnenstrahlen immer tiefer, hoch oben an dem vergitterten Fenster wob eine Kreuzspinne emsig ihr Netz. Nichts zu sehen als vier kahle, weißgetünchte Wände mit allerlei gekritzelten Inschriften, die harte Pritsche und der armselige Mensch darauf.

Wie spät es sein mochte? Er wußte es nicht. Draußen rasselte es, man brachte ihm einen Napf dampfender Erbssuppe, Brot und einen Krug Wasser. Der Schließer setzte alles nieder und entfernte sich stumm, nach einem mitleidigen Seitenblick auf den Arrestanten. Dieser rührte sich nicht. In düsterem Brüten stierte er vor sich hin. Der Kopf war ihm betäubt, in irren Bildern jagten sich Vergangenheit und Zukunft, das Gestern, das Heut und das Morgen. Das Gestern!

Er hörte wieder die Tanzmusik, er hielt Suß in den Armen und wirbelte mit ihr durch den Saal, er fühlte, wie sie ihm am Halse hing, ihre Küsse ihn bis in's innerste Mark durchschauerten – jetzt war es Nacht – was für eine Nacht! Wie ein toller, heißer Traum fieberte sie ihm noch durch's Blut – jetzt war es Morgen, jetzt stand er am Fenster seiner Stube in der Kaserne – die Kameraden lachten und schwatzten um ihn her – er hielt einen Brief in der Hand und suchte ihn blöden Auges zu entziffern.

»Mein lieber Sohn«, stand es da schwarz auf weiß, mit zitternden, kaum leserlichen Buchstaben. »Komm bald!« ...

»Urlaub, Urlaub!« Der Gefangene schrie auf, daß es von den kahlen Wänden widerhallte; er schlug sich mit geballten Fäusten wütend vor die Stirn und rannte wie ein wildes Tier in der Zelle umher. Immer auf und ab, hin und wider. Recht – Gerechtigkeit – Freiheit – Freiheit!

Ermattet sank er endlich auf die Pritsche. Es wurde Abend; die weißen Wände überzogen sich mit grauen Schleiern, durch das Fensterchen wehte es kühler, kein Laut drang herein. In der stillen Zelle webte es in allen Ecken; ein geheimnisvolles Dämmern, ein

Gewoge von Grau und Schwarz. Von dem dunklen Hintergrund lösten sich Gestalten ab – sie strecken die Arme aus – sie lachen – sie weinen – sie winken – Suß – die Mutter ...

»Der arme Teufel schläft!«

Wer sprach das?! Der Schläfer fuhr auf. Vor ihm stand Feldwebel Bonekamp, eine Laterne in der Hand; das feiste, gutmütige Gesicht glänzte wie der Vollmond.

»Feldwebel, Sie?« Enttäuscht rieb sich Hubert die Augen, er hatte so schön geträumt. »Ah!« Er dehnte sich – da – plötzlich fiel ihm die ganze alte Last wieder auf die Seele, sein Gesicht verzog sich schmerzlich, er stöhnte.

»Ja, ja, Pantenburg«, sprach der Besucher und ließ sich neben dem Arrestanten auf die Pritsche fallen. »Uff, Donner un Doria, hart! Sagen Se nur, Mensch, was is Ihnen eingefallen?«

Der junge Mann antwortete nicht, stillschweigend zerrte er ein Papier aus der Tasche und reichte es dem Fragenden.

Feldwebel Bonekamp riß die buschigen Brauen in die Höhe, rückte die Laterne hin und her, bis ihm der Strahl aufs Blatt fiel, und buchstabierte dann mühsam:

›Mein lieber Sohn! Pantenburg will net an Dich schreiben, er sagt – Un‹ – »was?« – ›Uns-Unsinn. Aber ich fühl', daß ich sterben tu'. Ich kann net ru-ruhig sterben, bis ich Dich noch einmal gesehen hab'. Ich bitt' Dich tausendmal, ko-komm zu mir, so rasch wie's Du kannst. Ich hab eine so – so – gro-große Sehnsucht nach Dir, komm bald! M-Mein Hubert, es küßt Dich – Deine Mutter.‹

Bonekamp hatte stockend zu Ende gelesen, seine runden Augen zwinkerten und blickten verstohlen zur Seite. Da saß der Sohn, das Gesicht in die Hände gedrückt, stumm, ohne Regung.

Der Feldwebel schneuzte sich gewaltig.

»Pantenburg«, sagte er leise. Keine Antwort. Wieder ein dröhnendes Schneuzen, dann legte sich dem Arrestanten die breite Hand auf die Schulter: »Armer Junge!«

Mit einem unartikulierten Laut hob der das verstörte, schmutzbespritzte Gesicht, ein furchtbares Schluchzen brach aus seiner

Brust, schwer ließ er den Kopf an die Schulter des Feldwebels sinken: »Mutter – Mutter!«

Eine Weile war's ganz still in der Zelle, nur das Schluchzen des Arrestanten hörbar. Bonekamp wagte sich nicht zu rühren, steif und ängstlich saß er auf der Pritsche; er hätte sich gern geschneuzt, er konnte nur nicht, der Kopf des armen Jungen lag ihm an der Brust. Täppisch strich er ihm über die krausen Haare.

»No, no, Pantenburg, alter Kerl, so schlimm wird's ja nich sein – ho, ho!« – er klopfte ihn begütigend – »nur nich die Courasch verloren! De Mutter wird nich gleich abtreten. No, un was den Hauptmann anbelangt, der is innewendig doch en ganz guter Kerl – es wird nich so schlimm werden, mein Sohn! Bis ja sons immer en forscher Junge gewesen, da wird schon mal en Auge zugedrückt; mehr wie sechs Wochen Mittelarrest wird's kaum geben. Un siehste, mein Sohn, ich hab' doch auch en Wort mit dem Hauptmann zu reden. Heul dich aus, mein Junge, heul dich aus, das tut gut! Ho, ho!«

Der trübe Laternenschein flackerte über die elenden Wände, die beiden Gestalten auf der Pritsche, über das runde, rotglänzende Gesicht mit den zwinkernden, farblosen Wimpern nebst dem martialischen Schnurrbart, und über den jungen, tiefgebeugten Kopf. Als rechte ›Mutter der Kompagnie‹ legte Feldwebel Bonekamp den Arm um das verlorene Schaf seiner Herde und tröstete: »No, no, ho, ho!«

* * *

Drei Monate nach jenem Abend im Arrestlokal der Meerkatzkaserne schritt ein einsamer Wanderer auf das Haus des Försters Pantenburg zu. Es war der Sohn Hubert.

Bis Eisenschmitt war er mit der Post gefahren, von dort kam er über Großlittgen und Himmerod zu Fuß. Nur um Wittlich nicht zu berühren, hatte er den Umweg nicht gescheut; ihm graute vor der verliebten Witwe. Er sah bleich und mager aus, um den Ärmel seines grauen Rockes trug er eine Florbinde.

Die Mutter war tot. Sie war gestorben, zehn Tage nachdem er die letzten Zeilen von ihr empfangen; er saß damals im Arrest und konnte nicht zu ihr – o, diese Pein! Am zweiten Tag seiner Arretierung hatte er einen Brief an den Vater geschickt, von seinem Mißgeschick erzählt – das heißt, ohne Suß zu erwähnen, – und gebeten, der Mutter schonend davon Mitteilung zu machen; sowie er frei sei, würde er zu ihr eilen. Er hatte tief betrübt geschrieben, voll der innigsten Liebe; wie ein Sehnsuchtsschrei flossen ihm die Worte aus der Feder. Was war die Antwort?

Acht Tage später erhielt er die Todesanzeige. Ein kurzer Brief des Försters war beigefügt:

»Es hat Deine Mutter noch vor ihrem Tod schwer gekränkt, daß Du durch Deinen freventlichen Leichtsinn in Schande und Unehre geraten bist. Sie hat bittere Tränen über den ungeratenen Sohn vergossen; darnach aber hat sie den Gedanken an Dich abgetan und ist in meinen Armen sanft und gottselig entschlafen. Trotz Deiner schlechten Aufführung ist Deine vortreffliche Braut, Frau Katharina Hoppe, nach wie vor geneigt, Dir ihre Hand zu reichen.«

Mit Zähneknirschen hatte der Sohn den Brief zerrissen und die Fetzen umhergestreut. Die Fäuste hatte er geballt, Klagen und Verwünschungen ausgestoßen, dann war eine starre Gleichgültigkeit über ihn gekommen. Er aß, er trank, er schlief, er lachte sogar mit dem biederen Bonekamp, der ihn zuweilen aufsuchte.

Es erregte ihn kaum sonderlich, als der letzte Tag seiner Haft herangekommen. Den ihn freundlich begrüßenden Kameraden schüttelte er mechanisch die Hand; es wunderte ihn gar nicht, daß ihm zu Ehren am Abend auf der Stube eine heimliche Kneiperei veranstaltet wurde. Sie hatten ihn gern und wollten ihm ihre Freundschaft beweisen; darum schenkten sie ihm Wein, Bier und Schnaps ein. Er goß alles hinunter, er stieß an und wieder an; er wurde sinnlos betrunken.

Wie ein Automat brachte er seine letzte Dienstzeit zu. Selbst der Blick des gestrengen Hauptmanns von Dümchen streifte zuweilen milder das verdüsterte Gesicht des Gemeinen Pantenburg – die Gefreitenknöpfe waren dahin. Er verließ die Kaserne nur noch im Dienst; waren die Kameraden in den freien Stunden aus, dann stand er am Fenster und blickte wie verloren auf die Straße. Sehr oft, fast täglich, ging drüben auf der andern Seite ein Mädchen auf und ab, das unverwandt nach der Kaserne aufsah. Wenn sie ihn am Fenster erspähte, stand sie still, und ihre Blicke wurden brennend; er sah das wohl, er sah auch, daß sie winkte, aber er schüttelte langsam und verneinend den Kopf. Dann ging sie fort, mit einem bösen Ausdruck in den Augen.

So war das Ende der Dienstzeit herangekommen; ohne Bewegung nahm Hubert Pantenburg von den Kameraden Abschied, nur als er dem Feldwebel Bonekamp zum letzten Mal die Hand schüttelte, stieg ein freundlicheres Licht in seinen Augen auf.

»Ich danke Ihnen, Herr Feldwebel«, sagte er weich.

Bonekamp war gerührt, obgleich er wetterte und polterte wie kaum je: »Himmelkreuzwetter, Bombenelement, Junge, halt dich brav! Donner un Doria, Junge, vertrag dich mit deinem Vater – so en verfluchter Bengel! In drei Teufelsnamen, mach, daß de wegkommst!« Damit hatte er den jungen Mann an den Schultern zur Tür hinausgeschoben; Hubert hörte noch, als er schon draußen auf der Straße stand, das gewaltige Schneuzen und Prusten.

Jetzt war der Winter über's Land gekommen. Unten in Trier blühten zwar noch Astern in den Gärten, und die roten Felsen am Moselufer blickten warm und sonnenbeschienen; hier oben auf der Eifel war's schon kalt. Hubert rieb sich die Hände, der Hauch vor seinem Munde tanzte wie ein leichtes Wölkchen durch die Luft. Zwischen den Tannen hingen zerrissene Nebelfetzen, Buchen und Eichen waren ganz kahl, das Heidekraut raschelte braun und dürr.

Eine große Ruhe lag über der Landschaft, eine hehre Müdigkeit. Von weitem blickte der Mosenkopf mit seinem ausgebrannten Kratergipfel; wie ein schlafender Riese mit traumschwerem Haupt schaute er herunter auf die niedrigeren Berge. Hubert blieb stehen und sah zu ihm empor. So wie der da einst gebrannt und getobt hatte, Feuer und Lava gespien, so war es in seinem Herzen auch gewesen. Jetzt war das auch so still wie der Mosenkopf. Die

Heimatluft kam und strich mit lindem Finger über die wunden Stellen. Hubert fühlte eine große Freude in sich aufglimmen: ja, das war Eifelluft mit frischem, belebendem Wehen! Sie zerrte ihm an den Kleidern, sie fegte ihn durch und durch – und der Wald, der Wald, nur hier rauschte der so!

Mit einem Erlösungsschrei warf der Sohn der Eifel Ränzel und Stock von sich, mit ausgebreiteten Armen stürzte er nieder auf die feuchtkalte Erde und wühlte den Kopf in's raschelnde Laub. Vergessen waren Schmerz und Kummer, alles ging unter in dem einen großen Gefühl – Heimat! Gleich einem Trunkenen lallte er; er drückte das Gesicht an den geliebten Boden wie an die Brust der Mutter er lag dann auf dem Rücken und starrte mit weiten Augen in das bleiche Grau des Himmels, er fühlte die Kälte nicht, die seine Glieder durchdrang.

Endlich sprang er auf, er rannte in den Wald hinein; er lief dort ziellos hin und her, er schlang die Arme um die dicken Stämme und preßte die Wange an die knorrige Rinde. Ein lang nicht gekanntes Wohlgefühl durchrieselte ihn, sein bleiches Gesicht rötete sich, sein Auge gewann Glanz. Das war die Heimat, der Wald seiner Jugend, hier war er umhergestürmt, hier kannte er auf Meilen jeden Pfad, jeden noch so versteckten Schlupfwinkel! Hier hatte er hinter'm Busch das Wild belauscht, hier hatte er mit Suß im Gras gelegen und drüben in den Ruinen der alten Abtei sich mit ihr verkrochen vor jedem unberufenen Blick.

Suß! Ihre Gestalt war untrennbar verwoben mit dem, was er liebte; sie gehörte hierher. Für Augenblicke war es ihm, als müßte sie aus den Büschen treten und ihr lachendes Gesicht heiß und fest an das seine schmiegen. »Suß!« Er rief es laut, das Echo gab es zurück. Verwirrt sprang er auf. Was wollte er doch?

Er hatte Trier verlassen, ohne sie aufzusuchen, ohne ihr Lebewohl zu sagen; im Groll war er gegangen. Wäre sie nicht gewesen, manches hätte sich anders gefügt! Er dachte ihrer mit Wut, mit geballter Faust; aber es war eine ohnmächtige Wut. Durch seine Adern schlich ein zehrendes Etwas, es ließ ihm keine Ruhe; er sah sie im Traum und mit wachen Augen, er glaubte sie zu hassen und verging vor Begehren.

»Suß!« Es raschelte im Busch! Der kräftige Mensch fuhr zusammen, mit einem seltsam erwartungsvollen Ausdruck starrte er zur Seite – war sie's? Ein Schauer lief ihm über den Rücken. Es raschelte stärker, die Zweige teilten sich – »Suß?!« Ein junges Reh trat heraus und äugte verwundert den Eindringling an. Es stutzte, warf den feinen Kopf zurück, dann ein paar leichte Sätze – fort war es.

Wie aus einem Traum erwachend, schaute Hubert um sich. Es dunkelte; schwere Schatten lagerten sich im Wald, der Wind ging stöhnend durch die fahlen Bäume. Nun fühlte er die Kälte. Langsam tappte er auf den Weg zurück; die Freude war verflogen, fröstelnd zog er den Rock um sich.

Näher, immer näher kam er dem Elternhaus. Da blinkte schon Licht. Die Lampe brannte in der Stube, an deren Fenster die Mutter immer gesessen. Nun saß sie nicht mehr da! Ein ungeheurer Schmerz stieg jäh in der Brust des Sohnes auf; er blieb am Waldrand stehen, faltete die Hände und sah zu dem matten Schein hinüber, bis er ihm vor den Augen verschwamm. Dann sprang er mit wenigen Sätzen über die kotige Straße und öffnete das Gattertor, welches das Anwesen umschloß.

Mit wütendem Gekläff fuhr ein Teckel auf ihn los, doch das Bellen verwandelte sich in freudiges Winseln.

»Waldes, kennste mich?« Ja, der alte Hund kannte ihn! Mit einem seltsamen Zittern im Herzen hob der junge Mann das Tier auf den Arm und ließ sich willig von der kalten Hundeschnauze beschnobern. Er drückte die Haustür auf, der Flur war dunkel; er tastete die Wand entlang, bis seine Hand die wohlbekannte Klinke fühlte.

»Wer ist da?« rief's von drinnen.

»Ich!« Hubert stolperte über die Schwelle, geblendet vom plötzlichen Lichtschein.

Am Tisch saß der Förster, den Kopf über die Zeitung gebeugt; der starke Bart hing ihm fast bis auf die halbe Brust, er war noch schwarz, aber in das Haupthaar, in die buschigen Brauen mischten sich weiße Fäden. In der Stube war's kalt und unwirtlich; die Geräte standen wie früher, aber verstaubt und schiefgerückt, die Lampe war nicht geputzt, sie dampfte und schwelte.

Da saß der alternde Mann – ganz allein!

Eine sonst nie gekannte Weichheit kam über den Sohn; er hatte alles vergessen, es war ihm, als müsse er sich dem da an den Hals werfen und mit ihm um die Tote weinen.

»Vater!« sagte er unwillkürlich.

Der Förster maß ihn mit einem Blick vom Scheitel bis zur Sohle. Erst flog's wie ein Erschrecken über sein Gesicht, seine Stirn rötete sich, dann sagte er kalt:

»Ah, Hubert, du bist et? Du kömmst ja wie der Dieb bei der Nacht! »

»Guten Abend!« Der Sohn trat näher zum Tisch und streckte die Hand aus, der Vater ergriff sie. Für einen Augenblick hielten sich die Hände der beiden Männer umschlossen, aber der Druck war kalt.

»Setz dich!«

Hubert setzte sich. Er tat es mechanisch, seine Augen glitten unruhig im Zimmer umher, als suchten sie jemand. Plötzlich sprang er auf – schon stand er am Fenster, und liebkosend fuhr seine Hand über den alten Polsterstuhl vor dem kleinen Nähtisch. Da hatte sie immer gesessen, alles stand noch hier – nur sie – sie –

Mit einem Seufzer kam er an den Tisch zurück und nahm dem Vater gegenüber Platz. Noch hatte er das Ränzel auf dem Rücken, Hut und Stock in der Hand, der Vater nötigte ihn nicht, abzulegen. Ein bitterer Geschmack wie Galle stieg ihm in den Mund.

»Nun«, sprach der Förster, der schweigend das Tun des Sohnes beobachtet hatte, »endlich kommste heim? Leg nur deine Sachen so lang da auf den Stuhl! Viel hab' ich zwar net mit dir zu reden, dann kannste schon wieder gehn. Oder willste de Nacht dableiben, is 't mir auch recht; besser wie im Arrestlokal wird et ja immer noch sein – du infamer Bengel!« Der Alte fuhr plötzlich auf und legte die Faust dröhnend auf den Tisch. »Was haste for Sachen gemach?! Mein Sohn hat im Loch gesessen – mir soll das passieren, mir, dem königlichen Revierförster, mir, Wilhelm Pantenburg! Ich hab' immer gewußt, aus dir wird nix;

hätt' das Weib net alleweil geflennt, ich wär' dir längst anders gekommen, du miserabler L –!«

Er verschluckte das letzte Wort. Der Sohn sah ihn düster an: »Sag et noch emal, dat letzte Wort – wat bin ich?«

Der Förster tat, als habe er nichts gehört, er sprach weiter:

»Aber nu hatte sie et endlich eingesehn. Ich kann dir keinen Gruß von deiner Mutter bestellen, sie hat nix mehr von dir wissen wollen. Und recht hat sie gehabt!«

»Dat is net wahr!« Hubert sprach es mit starker Stimme . »Meine Mutter nix mehr von mir wissen wollen?! Ha, ha« – er lachte bitter – »dat glauben ech net – wer dat sagt, der lügt – oder« – er beugte sich über den Tisch und starrte seinem Vater in die Augen – »hast du ihr vielleicht e so Schönes von mir erzählt? Imstand wärste derzu!«

»Ich? Ich hab' erzählt, was wahr is – ich hab' sie noch geschont. Aber deine Braut, die Frau Hoppe aus Wittlich, is angefahren gekommen eines Tags und hat geschrien und lamentiert. Mit ener hergelauf'nen Person, der Suß Endenich von hier, seiste tanzen gewesen, die ganze Nacht hättste dich mit der herumgetrieben; am andern Morgen erst wärste betrunken in die Kasern gekommen, du hättst den Hauptmann angefallen un lägst nu im Arrest bei Wasser un Brot, de Gefreitenknöpf hätten se der abgerissen. Ein guter Bekannter aus Trier hat ihr alles geschrieben.«

»Was – was?« Mit brennenden Augen, Schamröte auf den Wangen, lauschte Hubert; seine Fäuste ballten sich zornig, er stieß den Stuhl zurück und rannte wie ein Besessener im Zimmer umher. »Die Klatsche – dat verliebte Mensch – ich – ich – ich könnt' sie erwürgen – die –« Er schwang die Fäuste.

»Ja, mein braver Sohn«, lachte der Förster höhnisch und strich sich den Bart, »die Wahrheit hört keiner gern. Aber du kannst et der Mutter net verdenken, wann ihr das doch zu arg war; mit dem Hätschelkind war et nu aus, sie hat –«

»Und du – und du?«

»No, ich hab' noch zum Guten geredt, obgleich du et net verdient hast. Die Katharina Hoppe hat sich denn auch zufriedengegeben. Das is en scharmante Frau, du hast en Glück sondergleichen. Sie will dir verzeihen und dich auf em Fleck heiraten.

Du kannst de Nacht hierbleiben, morgen früh machste dann nach Wittlich un kommst mit ihr in die Reih. Die Hochzeit –«

»Die Hochzeit wird net sein«, sagte Hubert fest; seine Stimme klang ruhig, aber es war wie Windstille vor dem Sturm. »Nie – ich heirat' das Weib net!«

»So –« Des Vaters Augen flammten. »Un wenn ich sag', du heiratst se doch?! Gott sollste auf den Knieen danken, täglich, stündlich – du Hungerleider! So en miserabler Lump wie du, der keinen Pfennig hat, nirgendwo gut tut, Schand auf em Buckel hat, kriegt so e ne schöne, reiche Frau! Mensch, denk, du kannst der en Laden kaufen, du kannst –«

»Ich verkauf' mich net«, unterbrach ihn der Sohn kurz, »spar dein Red! Mir scheint, mer verstehn uns doch net – sei so gut und gieb mer das Sparkassenbuch, worauf der Mutter ihr Geld zu Wittlich eingetragen is; dann will ich gehen.«

Der Ältere zuckte unmerklich zusammen, dann fragte er scheinbar erstaunt:

»Was for en Sparkassenbuch – was for Geld?«

»No« – der Jüngere trommelte ungeduldig mit den Fingern auf den Tisch – »du weißt doch, das Geld, was mir nach em Tod von der Mutter gehört. Ich will et mir auszahlen lassen. Wo is das Buch?«

»Nur Geduld!« Der andere sah ihn einen Augenblick an und lachte ihm dann in's Gesicht. »Aha, so läuft der Has! Ja, mein junger Herr, da irren Se sich! Denkste vielleicht, dat man so einem Mustersohn sein Geld hinterläßt – Geld, was ei'm zu heilig war, nur anzurühren – daß der es in alle Winde schmeißt un in e paar Jahren verjuchheht? Ne, so töricht war die Mutter net, die war bei aller Schwachheit doch ene kluge Frau – Buch? Geld? Du hast nix zu kriegen, als wat ich der aus Gutherzigkeit geb'. Heirat du deine reiche Witwe, wat brauchste mehr?!«

»Nein!« Der Sohn stampfte mit dem Fuß auf. »Laß de Fisematenten, ich will mein Geld?!«

»Dein Geld? Verdien der welches, dann haste welches – un ich verbitt' mir solchen Ton. Laß dat Trampeln! Was, du denkst, ich lüg'? Dat is heut bereits das zweite Mal – halt dein Maul, du frecher Lümmel! Hier, willste sehen?« Der Förster eilte zu dem Bureau an der Wand und riß ein Schubfach heraus, er hielt dem Sohn einen großen Bogen unter die Nase. »Da steht et! ›Ich, Annamargret Pantenburg, geborene Heid, vermache meinem Ehemann, dem Revierförster Wilhelm Pantenburg zu Himmerod, mein Gesamtvermögen, bestehend in der Summe von neuntausend Mark – sistiert in der Sparkasse zu Wittlich – und einer Hypothek von sechstausend Mark ebendaselbst. Ich wünsche, daß er uneingeschränkt und sofort nach meinem Tode in Besitz der Erbschaft tritt.‹

Vor Huberts Augen flimmerte es.

»Und ich – und ich?« stammelte er.

»Ja, siehste nu, da steht et – hier der Name der Erblasserin hier der Notar und die Zeugen!« Der Förster wies mit dem Zeigefinger: »Da stehn sie!«

Mit einem hastigen Griff riß ihm der Sohn das Blatt aus den Händen:

»Her den Fetzen, ich pfeif' drauf, ich –«

»Zerreiß du et nur.« Der Vater ließ ihm gleichmütig das Papier. »Immer zerreiß du et – aber dann geh nach Wittlich auf 't Gericht, da liegt noch e so en zweiter Fetzen hinter Schloß und Riegel, das is der richtige. Ich möcht' dir net raten, den zu zerreißen – dies, dies hier is nur de Abschrift. Ha, ha!« Er lachte kurz und gezwungen.

Wie vernichtet ließ der Sohn das Blatt zur Erde fallen. Er schloß die Augen, als ob ihn schwindle, und lehnte sich schwer an das alte Zynlinderbureau.

»Mutter – Mutter!« stöhnten seine erbleichten Lippen.

Mit einem triumphierenden Blick maß ihn der Alte:

»No, wat sagste nu – lüg' ich?«

Keine Antwort. Man hörte die Uhr ticken und den Holzwurm unter der Diele schraben. Eine Weile blieb es so.

»Hubert«, tönte jetzt wieder die rauhe Stimme, »du dauerst mich eigentlich. Wat willste anfangen? Geh in dich, heirat die Hoppe, werd en ordentlicher Mensch, un ich bin net dawider, dir von dem Geld emal was vorzuschießen.«

»Von meinem Geld?!« Der Jüngere lachte gellend.

»Von *meinem* Geld, meinste«, verbesserte der Ältere, »erst nach meinem Tod wird et sich finden, ob 't wieder *dein* Geld ist. Aber et hat noch Weile bis dahin! So bald gedenk ich noch net abzufahren«, schloß er höhnisch und reckte seine kräftige Gestalt. »No – was meinste – was?«

Er lauschte, er verstand das Murmeln des andern nicht – plötzlich ein Wutschrei – der Sohn packte ihn an der Brust und rüttelte ihn wild hin und her:

»Du Dieb! Betrüger!«

»Laß los, Lump infamer!« Der Förster wehrte sich – vergebens.

Mit Riesenkraft hielt ihn der Jüngere fest und drückte ihn gegen die Wand.

»So – und nu sag noch einmal: ›Lump infamer!‹ – ich will dir jetzt sagen, wer der Lump is – du, du, du!« – er stieß den Vater mit der geballten Faust vor die Brust: »Du!«

Zornbebend schlug der Alte um sich, Hubert packte seine Handgelenke und drückte ihm die Arme an den Leib.

»Das Kind haste mißhandelt, den Mann haste betrogen – ich bin dein Sohn net mehr. Ich betret' net mehr dein Haus. Aber sagen will ich der, was ich von der denk. Ruhig, strampel net so! Die Mutter hat dich gefürcht', so lang ich denken kann, du hast ihr das Testament abgeluxt, du hast er noch auf dem Totenbett die Feder in de Finger gezwungen – still, red kein Wort! Still!« In furchtbarer Wut schrie Hubert: »Ich will auch gar kein Geld, et is besudelt von dir! Du hast mer aber mein Mutter genommen, dat verzeih' ich der net – net in Ewigkeit – du hast« – krampfhaft schluckte er und rang nach Atem – »du hast mich elend gemacht! Wunder dich net – du – du« – er rüttelte den sich Sträubenden – »du hast emal Rechenschaft abzulegen vor Gottes Thron – wart, wir begegnen uns noch! Ich will mich net versündigen, sonst –« Seine Augen blickten wild.

»Schlügste mich tot!« brüllte der Förster, über dessen kreideweißes Gesicht Wut und Haß in jähem Wechsel jagten. »Ich fürcht' mich net. Schlag nur – meinen Fluch haste – tausendmal meinen Fluch – nu schlag zu!«

»Ich schlag' net.« Hubert ließ den Vater plötzlich los und taumelte an den Tisch zurück, er sank auf den nächsten Stuhl und schlug den Kopf hart auf die Tischplatte. »Mutter – Mutter!«

Der Förster stand mit verzerrtem Gesicht, es sah aus, als wolle er sich auf den Sitzenden stürzen. Nun sprang der auf. Hubert sah mit verstörten Augen um sich und ergriff Ränzel und Hut. Seine Rechte nahm den Stock und stieß ihn wuchtig auf den Boden, er wollte noch sprechen, aber die Worte versagten ihm; er drehte sich rasch um und ließ die Tür hinter sich in's Schloß fallen.

Nun tappte er über den Flur – nun ging die Haustür, sie kreischte in den Angeln – nun ward sie zugeschlagen – der Förster lauschte mit vorgebeugtem Oberkörper. Draußen winselten die Hunde. Nun war alles still. Er war fort!

Mit einem Seufzer der Erleichterung ergriff der Zurückgebliebene die Lampe, seine Hand zitterte doch. Er leuchtete hinaus in den Flur, dann öffnete er die Haustür und rief die Hunde. Draußen schwarze Nacht. Er machte die Runde um's Haus, dann ging er wieder hinein und schloß sorgfältig mit Ketten und Riegeln; vor die Fensterläden legte er die eisernen Stangen.

»Morgenden Tags nehm' ich mir den Jagdgehilfen in 't Haus«, murmelte er und sah sich scheu um, »un eine Dienstmagd muß her – ich will net allein sein.«

Hui! Draußen pfeift der Wind und heult schon wie Wintersturm, die Wipfel der Bäume biegen sich, am Himmel jagen Wolkenballen. Nun prasselt der Regen nieder – eine böse, menschenfeindliche Nacht.

* * *

Zu Wittlich standen die Leute auf dem Marktplatz und guckten mit neugierigen Gesichtern nach den Fenstern von Kaufmann Kortz. Warme Frühlingswinde wehten über die Straße, um die weißgetünchten Giebel der einstöckigen Häuser tanzte Sonnenschein, der Himmel zeigte ein wolkenloses Blau.

Mai war's.

Die Männer standen schon hemdärmelig vor den Türen, die Schürzen der Weiber wehten im lauen West, man feierte trotz des Vormittags; alle lachten.

»Ene, su wat«, sagte Flickschneider Bonz und blinzelte pfiffig mit den Augen, »wat ich dat Kortzen gönn'! En Mordskerl, dän Hubert Pantenburg! Ha, ha – ha, ha – wat sech dän Kortz wohl geärgert hat! Mondag üwer Nacht sein uff emaol al sein Hemder, al sein Boxen, al sein staatsche Kledasch weg, on heit morjen krieht hän en Kaart per Post:

›Die Hemden und die Hosen sitzen famos! Dies zu Ihrer Beruhigung.

In alter Anhänglichkeit H. P.‹

Dän Kortzen es ganz onüwel gäwen für lauter Gall – ne, ne, e su en Filu!«

»Meister«, fragte ein junges Mädchen, »es et dän Pantenburg och sicher gewest? En annern kennt dat jao nor e su geschriewen haon!«

»Es et der ald schuns bang for dän scheenen Hubert?« lachte der Alte und kniff das hübsche Ding in die Backen. »Jao, jao, bei de Mädercher haot dän alleweil Glück! Ech kurantören der, Traut, dän kriehn se net, dän kennt al de Versteck in der ganzen Eifel. Duh kann de Polizei lang suchen!«

»Haot ihr et schuns geheert?« mischte sich der lahme Steffen ein, der im erbärmlichsten Häuschen zu Wittlich wohnte und vom Bettel lebte, »dän alden Pantenburg es onbännig wild öwer de Unducht von sei'm Sohn! Al Nacht duht dän en annern Utz mit em dreiwen, hän schießt em dat Wild vor der Diehr. De Regierung haot als dem Fechter geschriewen, hän sollt dem Öwelstand uphelfen, sunst däht hän versetzt gänn; duh haot dän Alden gesaot, de Schand öwerlewt hän net; ehnder sullt dän Himmel uf de Erd faalen, als dat hän dem Hubert weichen däht – on geflucht haot hän! Jeßmarijusep, paßt uf, dat gitt en onüwle Saach!«

»O, dän!« Die hübsche Traut warf die Lippen auf. »Dat is en alden Schinner!«

»Jao, jao« – ein Bauernweib mit einer Hotte auf dem Rücken tippte der Sprecherin auf die Schulter – »dat Könd hat recht. Wißt, ihr Hähren, wann dän Fechter senen Jong net so onüwel traktert hätt', dat wär' eweil net e su en Onverläjenhaat – dän Hubert es ganz gud. Ech sein von Großlittgen derhäm, letzt waor hän bei mer, hän haot duh gesäß on gekrisch; mer mößt en Dauer met em haon, et es em zo üwel metgespellt gänn!«

»O Jeß!« Die junge Dirne hatte mit offenem Mund zugehört, nun seufzte sie und senkte den Blick.

»Lao gieht hän!« flüsterte Steffen plötzlich und stieß sie an.

»Wän – wuh – wuh?« Wie elektrisiert fuhren alle Köpfe herum.

»Nao drüwen – dän Alden!« sagte der Lahme bedächtig, nahm langsam die Pfeife aus dem Mund und wies mit dem kurzen Stiel nach der andern Seite des Marktplatzes.

Richtig, da ging Förster Pantenburg! Er war in der Sonntagsuniform, mit dem Hirschfänger an der Seite, der lange Bart hing ihm, glänzend pomadisiert, auf der Brust. An seinem Arm, selbstbewußt um sich blickend, schritt Frau Katharina Hoppe. Ihr schwarzseidenes Kleid rauschte und fegte den Straßenschmutz zusammen, der weiße Hut mit der weißen Straußenfeder saß auf den Hinterkopf geschoben und wippte bei jedem Tritt. Sie sah zufrieden aus – warum auch nicht? Konnte es der Sohn nicht sein, war's wenigstens der Vater! Seit Heiligdreikönigstag waren Förster Pantenburg und Frau Katharina Hoppe miteinander versprochen; heut kamen sie vom Standesamt, sie warteten das Trauerjahr nicht ab.

Ein greller Pfiff ertönte, als die beiden über die Gasse schritten; die Buben auf dem Geländer der Rathaustreppe machten sich ein Hauptvergnügen, sie pfiffen schneidend hinter dem Paar drein. Jetzt schrien sie gar: »Vill Pläsier, Hähr Fechter – grüßt dän Hubert – on Kortzen däht scheen danken! Oa lau – oa lau!«

Der Förster wandte sich um, wie von einer Natter gestochen, seine düsteren Augen unter den buschigen Brauen sprühten ordentlich, mit einer Verwünschung und erhobener Hand fuhr er auf die Knaben los: »Wollt ihr wohl, verfl –« Mit lautem Gekreisch stoben sie von dannen, sie rannten wie gepeitscht, aber schon wieder an der nächsten Straßenecke tönte das Johlen: »Olau – olau!«

»Laß doch, Pantenburg!« Die behäbige Braut zupfte den Bräutigam am Ärmel und hing sich von neuem an seinen Arm. »Warum willste dich ärgern? Et is nix als Neid von den Leuten – nix als Neid!« Sie warf den Kopf wieder stolz hintenüber und rauschte mit ihm ab; unter den Zuschauern auf der Gasse entstand ein halblautes Gelächter.

»Wie sech dat Framensch pärscht! Ne, kuckt lao dat Klaad, wat haot se sech ufgedonnert! On dän Alden, wat es hän falsch gänn! Jao, vom Hubert kaonn hän net gud hieren!«

»Hän haot jao nau ales«, sagte Flickschneider Bonz und zuckte die Achseln, »äwer – Geld haot hän on en neie Fra – äwer ech mechten net in sener Haut stecken – ene!« Die andern nickten Beifall, eifrig ging die Unterhaltung weiter; jetzt wurde sie unterbrochen.

Eine Frauensperson trat auf die Gruppe zu, langsam war sie die Häuser entlanggeschlichen, niemand hatte sie kommen sehen; nun stand sie plötzlich vor den Schwatzenden.

»Met Verlöw«, fragte sie leise und bescheiden, »waor dat dän Fechter Pantenburg?«

»Jao, jao – waorom?« Die Leute sahen erstaunt und neugierig die Fremde an; die war nicht vom Ort, zu Wittlich kannten sich alle.

»Oa jao« – sie zupfte an ihrem ärmlichen Rock und wies auf ein Bündel in ihrem linken Arm – »ech sein e su weid här, ech giehn nach Trier for en Dienst; ech haon schuns en weiden Weg gemaach on öweral haon ech vom Fechter Pantenburg verzällt krieht, ech sein ald ganz neigierig gänn – on dat eloa waor hän wirklich?«

»Jao!« Die Männer lachten; der Flickschneider, dem kein hübsches Gesicht entging, schaute dem Mädchen unter das Kopftuch, das tief beschattend in die Stirn hing. »Noa, gelt«, sagte er mit gutmütigem Blinzeln, »dän Alden es net e su scheen? Äwer den Jongen, dän Hubert, dat es en feinen Kerl, dän mußte emaol siehn!«

»Ene, ene« – die Fremde erhob abwehrend die Hände – »es hän hei?« Sie schien sich zu fürchten und schaute verstohlen um sich. »O, ihr Hähren, ech haon e su en Forcht, hän kennt mer ebbes duhn, wann ech su allein dorch de Wald giehn – hän es doach net hei erum?« Ihre Augen fuhren unruhig umher.

»Kuckt eloa de Bangbüx!« Der Schneider amüsierte sich köstlich. »Ne, ne, du brauchst net Angst zo sin, de scheene Mädercher duht hän neist! Mondag es hän ze Wittlich gewest – duh haot hän hei en Geschäft gehaot«, – er stieß den Steffen in die Seite und blinkte ihm zu, die anderen kicherten – »äwer nau es hän weit lao erunner!« Er wies mit dem Arm hinter sich.

»Es et och waohr?« Das Mädchen ergriff ängstlich den ausgestreckten Arm. »Ihr duht mech net für en Naorr haalen?«

»O Jeß, Mädchen, wat bis dau Angst – nä, dän es eweil rum nach Daun gangen; gestern haot em dän Postellon uf der Chassee von Manderscheid nach Daun gesiehn, hän haot em gekennt.«

»On es hän alleweil for sech alleen?«

»Mer saot, hän haot se Mädchen bei sech in de Wald geholt; et es en liederlich Framensch, dat Suß Endenich aus Großlittgen, et – nao, Ihr mößt et doach kennen«, wandte sich der Sprecher an die Bauersfrau, die, mit ihrer Hotte auf dem Rücken, offenen Mundes dastand, »Ihr seid doch lao derhäm!«

Ein lauernder Blick der Fremden schoß zur Seite, sie drehte schnell das Gesicht ab.

Die Bäuerin schüttelte den Kopf:

»Ne, ech kennen dat Mädchen net mieh; als Könd haon ech et oft gesiehn, äwer nau es et schuns e su lang von derhäm. Dän alden Endenich es als dud, de Fra met de annre Könner es weg – ech weeß net, woar se sein!«

»Se sull en scheen Person sein«, meinte Steffen und paffte eifrig, »dän Hubert es ganz doll noach er, hän es Wachs en ere Fingren.«

»Maant Ihr?« Die Fremde lachte kurz; unbezwinglicher Spott zuckte um ihren Mund, in den schmalen, langbewimperten Augen blitzte eine heimliche Lust, aber gleich darauf sanken die Lider. In völlig verändertem Ton sprach sie: »Äwer nau adjüs, ihr Hähren! Ech danken eich scheen. Ech muß eweil laafen, dat ech weider komm – adjüs!«

»Häh, Mädchen, willste net ebbes äßen? Duh bimmelt schunst de Middagsglock!«

»Ne, ne, ech danken eich« – sie schüttelte verneinend den Kopf – »ech sein net hongrig, ech sein ganz saat vun eirer Red!« Sie lachte wieder, daß ihre gesunden weißen Zähne blinkten, dann machte sie ein gezwungen ernsthaftes Gesicht und schlug schüchtern die Augen nieder wie vordem.

»Adjüs!« Sie nickte und schritt rasch von dannen; die Leute sahen ihr wohlgefällig nach, bis die nächste Straßenbiegung ihre Gestalt verdeckte.

* * *

So lang die Fremde in den Gassen von Wittlich den Blicken ausgesetzt war, schritt sie dahin, wie eben ein sittiges Eifeler Mädchen schreitet, mit den Nägelschuhen derb auftretend, den Kopf gesenkt. Kaum lagen die letzten Häuser hinter ihr, so veränderte sich ihr Wesen. Sie schaute mit blitzenden Augen um sich – niemand zu sehen! Im Sonnenglanz lag das Städtchen, alles zum Mittagsmahl in den Häusern.

Sie stieß ein halblautes Lachen aus und winkte mit der Hand höhnisch zurück: »Ihr Schaofsköp!« Dann schlüpfte sie behend in den Heckenweg, der sich hinter den Scheunen und Gärten hinzieht. Oft blieb sie stehen und hielt vorsichtig Umschau; sie ging in derselben Richtung, aus der sie gekommen war, wieder zurück auf die Landstraße nach Großlittgen und Himmerod.

Sie schritt wacker zu, jetzt war die Chaussee erreicht – in flimmernder Luft lag Wittlich weit zurück, weiß und staubig schlängelte sich die Straße bergan – da war auch schon Wald, wie eine undurchdringliche Mauer schoben sich Tannen vor, dazwischen Laubbäume mit zartgrünem Schleier.

Wieder hemmte das Mädchen den eiligen Schritt und hielt die Hand über die Augen, die scharf und funkelnd Landstraße, Felder, Nähe und Ferne überflogen.

»Ke Mensch«, sagte sie triumphierend, sprang leicht wie ein Reh über den Grabenrand und verfolgte mit Sicherheit einen kaum erkennbaren Pfad mitten durch's Dickicht.

Sie ging jetzt langsamer. Ihre Lippen spitzten sich, übermütig begann sie vor sich hin zu pfeifen, wie Vogelgezwitscher klang es. Das Kopftuch war ihr in den Nacken geglitten, sie riß es vollends herunter, ungehindert spielte das grüngoldene Licht um ihre gebräunte Stirn. Gezweig streifte ihr Haar, ab und zu fing sich ein Reis in ihren wirren Zöpfen und raufte darin, sie hatte es nicht acht. Wie eine Schlange wand sie den geschmeidigen Leib durch's Buschwerk.

Eine halbe Stunde war wohl verstrichen, jetzt begann die Wandrerin aufmerksam nach rechts und links zu spähen, ihr Pfeifen ward lauter – da – ein antwortender Pfiff – darauf ein Brechen und Knicken von Ästen – ein Rascheln im Unterholz – die Zweige schnellten auseinander, ein schlanker Mann setzte heraus mit ungestümem Sprung.

»Suß!« Er umfing sie mit beiden Armen und küßte sie wild und stürmisch.

»Laoß!« Sie stieß ihn zurück und hielt ihn auf Armslänge von sich ab; ihre Blicke liefen über die kräftige Gestalt in der jägerähnlichen Kleidung, über das schöne Gesicht mit dem krausen blonden Bart – sie weidete sich dran. Ihre Pupillen vergrößerten sich, ihre geschmeidigen Glieder duckten sich wie zum Sprung, nun tauchte ihr Gesicht mit den zitternden Nasenflügeln dicht vor dem seinen auf – ein Kuß und ein Biß brannten auf seiner Wange.

»Kotz Donner, Suß!« Er rieb sich die Backe.

»Ech haon dech freßlief«, murmelte sie zwischen den Zähnen, »dao – dao!« Noch einen Kuß rechts und links, dann schnellte sie zurück wie das Reptil, das seinem Opfer den giftigen Streich versetzt hat. Sie lachte hell auf: »Oa lau, Hubert, kuck net e su dumm!«

»Maach!« Er drohte ihr scherzend, aber seine Augen leuchteten leidenschaftlich; mit einem unterdrückten Schrei preßte er sie an sich, hob sie mit den starken Armen vom Boden und hielt sie für Sekunden in der Schwebe. »Du – o du!«

Sie lachte auf ihn herunter.

»Dau bis schwer!« Er ließ sie zur Erde, der Schweiß war ihm auf die Stirn getreten.

»Glöwen ech – äwer nau hör, Hubert« – sie zog ihn weiter – »mer haon ke Zeid zo verlieren; dein Vadder met sener Madam haon ech ze Wittlich gesiehn – schwind, mer laafen nach Himmerod! Hän es noch net derhäm, mer kennen hän emaol düchtig beluchsen!« Ihre Augen funkelten schadenfroh. »Ke Mensch denkt an dech – de Schafsköp – se maanen al, dau wärst rum naoch Daun gangen – ech hätt' bal de Plaatz krieht for Laachen!«

»Haste em gesiehn«, fragte er hastig, »on de Hoppe och?«

Sie nickte; ihr Gesicht verfinsterte sich, sie ballte die Hände. »Dat Mensch! En seiden Klaad haot et an – on dän Fechter – oa dän – dän! Ales vun dei'm Geld, Hubert, laad et net – dau därfst et net laaden – kujoner em – plaog em« – sie zischelte – »ons es dat Geld, wat se verduhn, ech mößt dat Klaad haon, on dau mößt Fechter gänn – oa dän Stehler, dän Hallunk! Kennten ech em nor kriehn, ech wullt em –«

»Suß, bis still!« Er legte ihr die Hand auf den Mund, zornig machte sie sich frei:

»Dau Schmachtlappes, dau has ke Korasch! Gang doach liewer on gratelier em noach zo der Madam – Dein Modder selig däht sech noach im Grab omdrehn! En halw Jahr es se erscht dud, de arm Fra!«

»Dau has recht!« Eine tiefe Röte stieg ihm in die Stirn, ein schmerzlicher Ausdruck kam ihm rasch in die Augen. »Mutter!« murmelte er, dann drückte er dem Mädchen die Hand. »Suß dau bis e su klug!« Er sah sie bewundernd an.

»Jao« – sie klopfte ihm die Backe – »duh nor stracks, wat dat Suß sät! Noach es et net ganz verspellt – Korasch, Hubert! Denkste, et micht mer Pläsier, de ganz Zeid em Wald ze laustern on mech lao zo verstechen? E su hammer net gewett! Mer sein eweil seid Benediktus hei erum, mer haon gehongert on gefror; wann ech net mannigmaol ebbes mitgeholt hätt', wat dann? Ne, Hubert, dat moß sech ännern – mir mössen dän Alden zo Kreiz kriehn – mir mössen – on dann – huchhäh!« Sie machte einen Sprung und schüttelte den Kopf, daß ihr die wilden Zöpfe über den Rücken fielen.

Mit einem Gemisch von Liebe und Scheu sah der junge Mensch auf sie.

»Et duht mer laad for dech«, sagte er gedrückt, »ech waoren su froh hei – e su froh!« – seine Brust weitete ein tiefer Atemzug, aufleuchtend schweifte sein Blick durch das Waldgrün, gleich darauf sank ihm die Stimme, wie Angst klang es hindurch: »Äwer – Suß – dau wirst mech doach net im Stich laossen, dau giehst net fort? Saog, Mädchen – dau giehst net fort – Suß! Suß?!« Er haschte nach ihrer Hand und drückte sie heftig bis zum Schmerz. »Ech kaonn net lewen ohne dech – saog!«

»Oa Jeß!« Suß zuckte die Achseln und schleuderte seine Hand zur Seite. »Autsch!«

Weiter gab sie keine Antwort; die Brauen zusammengezogen, die kurze Oberlippe aufgeworfen, so schritt sie vor ihm her. Er faßte sie rauh am Arm, sein Gesicht war bleich geworden.

»Mädchen, laoß de Dummheiten – saog, dat de mech net verlaossen duhst! Suß!«

»Ech haon et lao bal saat«, murrte sie trotzig, »schaff ons Geld – sons –«

»Suß!« Er seufzte. Sie drehte den Kopf halb nach ihm um – es lag etwas Verächtliches in der Bewegung, ein häßliches Wort schwebte ihr auf den Lippen – da – wie er sie ansah!

Seine dunklen Augen ruhten traurig auf ihr, Zorn und Kümmernis stritten in seinen Mienen; nun wurde seine Stimme bittend.

»Suß!« Seine kräftige Gestalt beugte sich zu ihr nieder – sie sah ihn einen Augenblick starr an, ihr böser Blick ward weicher – dann lächelte sie pfiffig, spitzte den Mund und schloß die Lider.

»Köß mech!« sagte sie langsam.

»Suß!« Mit einem Jubellaut drückte er seine Lippen auf die ihren; sie rührte sich nicht, mit geschlossenen Lidern hing sie an ihm.

»On eweil dähste bei mer bleiwen, och wanneh –«

»Jao, jao, jao!« Sie schrie es ihm in die Ohren, sie riß die Augen weit auf und brach in schallendes Gelächter aus. »Ha, ha – on nau, mein Jong – ha, ha – eweil gitt et strawätzt, suns es dän Alden schuns derhäm!«

Sie machte sich los, faßte ihn an der Hand und zerrte ihn hinter sich drein, immer durch Gestrüpp und Buschwerk, mit unfehlbarer Sicherheit. Durch das zarte Laubdach fielen ihr die

Sonnenstrahlen mitten in's Gesicht, ohne zu blinzeln richtete sie den Blick fest geradeaus. Sie schien keine Müdigkeit zu kennen, ihre Sehnen waren von Stahl, ein heimliches Frohlocken schwellte ihre Gestalt. Er folgte ihr auf den Fersen.

* * *

Tiefdunkle Spätsommernacht lag über den Höhen und Gründen des Kunowaldes. Nichts regte sich.

Im Forsthaus brannte kein Licht mehr. Frau Katharina Pantenburg, verwitwete Hoppe, schlief. Die Zahl der Hunde war noch um drei vermehrt; auch sie lagen im Schlaf, die Nase auf die Vorderpfoten gedrückt. Kein Laut.

Die Stille beängstigte den Förster, er allein lag im Bett und konnte nicht schlafen. Die Fenster waren mit den Läden fest verschlossen, die dicke, dumpfe Luft brütete in der Kammer.

Pantenburg lag mit offenen Augen, sie brannten ihm; der Mund war ihm ausgetrocknet. Er warf sich ungestüm von einer Seite zur andern, in den Adern floß ihm kein Blut – nein – Feuer, Feuer! Er riß die Decke ab und richtete sich halb auf – o, dieser Ärger! Wenn der Lump, der Strolch, der Vagabund nicht war, konnte er ruhig schlafen! Jetzt keine Ruhe!

Der Förster stöhnte, er lauschte auf die Atemzüge seiner Frau. Wie sie schlief – das dicke, dumme Mensch! Jetzt schnarchte sie gar! – »O!« Pantenburg tastete im Dunkeln nach den Kleidern auf dem Stuhl vor'm Bett; er konnte das Schnarchen nicht mehr hören, es dröhnte ihm in den Ohren, es machte ihn rasend. Sie war ihm widerwärtig, alles war ihm widerwärtig – alles ärgerte ihn – das war ein Hundeleben!

Während er geräuschlos die Kleider überzog, tobten ihm die Gedanken. Der Rock schlotterte ihm um die Schultern – ja, er war abgemagert, gelb im Gesicht vor unterdrückter Galle; die Augen lagen ihm tief und blutunterlaufen im Kopf. Das waren Sommermonate! Von der Forstverwaltung ein Verweis nach dem anderen; die Leute lachten hinter ihm drein – o, er sah's wohl, wenn sie's auch heimlich taten! Sie freuten sich, sie gönnten es dem »Schinner«! Wilddiebstahl über Wilddiebstahl. Zwei, drei

Nächte hintereinander hörte er die Schüsse fallen; war er links, dann knallte es rechts war er auf dem Berg, dann war's unten im Tal – der Kerl hatte Wind von jedwedem.

Sie steckten alle unter einer Decke – ha, das Luderzeug! Selbst dem Jagdgehilfen war nicht zu trauen. Und in seiner Hochzeitsnacht, welch ein Skandal! Ein höllisches Pfeifen, ein Johlen, ein Lärmen war vor den Fenstern erklungen – ein Trommeln, dazwischen Hohngelächter, Quieken, Kreischen, als ob das Wilde Heer durch die Luft zöge. Wütend war der Hochzeiter vor die Tür gestürzt – nichts zu sehen! Kaum war der drinnen, donnerte ein Hagel von Steinen gegen die Läden, das höllische Treiben verstärkte sich – so ging's bis zum Morgengrauen. Frau Katharina zeterte und heulte und beschwor ihren Mann, sich versetzen zu lassen. Zornig fuhr er sie an: »Das sollt fehlen, ich dem Lump weichen – ich! – Schweig mir!« Seither hatte sie nichts mehr zu sagen gewagt, sie wandelte ohnehin nicht auf Rosen.

»Wann ich hän krieg, den Kerl, den vermaledeiten –« Der Förster war jetzt angezogen und tappte zur Kammer hinaus. Halt – fiel da nicht ein Schuß? – Nein, nichts! Es war das Blut, das ihm in den Schläfen pochte, in den Ohren rauschte. So ging es alle Nacht, er lag im Bett und lauschte, und das überanstrengte Gehör närrte ihn.

»Ich werd' verrückt!« Pantenburg hielt sich den Kopf mit beiden Händen. Er biß die Zähne aufeinander: »Hätt' ich ihn totgeschlagen als Jung – pah – besser damals, als jetzt – denn wann ich ihn treff' –« Eine lange Pause, dann ein heiseres, zitterndes Gemurmel: »Einer von uns muß weg – ich ertrag' die Schand und den Spott net – ne, un wenn 't mich die Seligkeit kost' – haha, die is ohnehin verspielt!«

Er lachte bitter und sah sich dann schaudernd um – alles finster; er tastete zum Tisch, auf dem Feuerzeug stand. Ein klägliches Flämmchen flackerte auf, um gleich wieder zu erlöschen – noch ein Streichholz – noch eins – mit einem Fluch warf der Förster die ganze Schachtel auf den Tisch. Alles gegen ihn, alles ihm zum Possen!

Er riß Gewehr und Patrontasche von der Wand, seine Hand fühlte nach dem Drücker; noch war scharf geladen. Er tappte zur

Tür – nur heraus, heraus, die Luft drin war zum Ersticken! – Er schlorrte durch den Flur, schob den Riegel zurück und hakte die Kette los – vor dem eigenen Sohn so verrammelt – nein, nicht bloß vor dem Sohn; da waren Gestalten, ein ganzes Heer, schwarz und finster, allezeit bereit, über ihn herzufallen!

»Ah!« Der Förster riß die Knöpfe des Rockes auf und hielt die Brust der Nachtluft entgegen – ah, das kühlte! Luft!

Mit schwerem Tritt machte er die Runde um's Haus. Die Nacht war still, kaum ein Rauschen in den Wipfeln – noch immer nicht Kühlung genug. – Ob er wohl hier herum im Wald war? – Pantenburg fühlte nach dem Gewehr; heut wär's eine Lust gewesen, ihm eins aufzubrennen. – »Ha!« – der Förster faßte sich nach dem Hals es würgte ihn ordentlich da, eine namenlose Wut trieb ihm jäh das Blut zu Kopf, vor den Augen rotes Geflimmer – er hätte ihn morden können – morden – den –

»Was – was willst du?!« Er schrie plötzlich laut auf und streckte die Hände vor sich – auf dem Pfad schimmerte eine helle Gestalt – sie glitt vor ihn hin – jetzt –

»Annamargret!« Dem Mann schlugen die Zähne zusammen. »Fleisch von deinem Fleisch, Blut von deinem Blut –«

Wer hatte das geflüstert?

Es säuselte in den Büschen, mit einem Ächzen hob der Förster den Gewehrkolben – nichts – der weiße Stamm einer Birke löste sich hell aus der dunklen Umgebung.

»Ich werd' verrückt! O –«

Wie ein Trunkener taumelte er tiefer in den Wald, er irrte umher; wie lange? Wer weiß. Nach Mitternacht mußte der Mond aufgehen – richtig, da war er! Seine halbe Scheibe warf nur ein unsicheres Licht.

Mitten im Wald wanderte Pantenburg, vielmehr er lief, als ob ihn jemand jage; er hätte zerschmettern mögen, was ihm in den Weg kam, er hätte – ja, was hätte er nicht alles gemocht! – Da – wer war das?! Wer?!

Dort am Ende der Schneise, die hinunter zur Salm führt, tauchte eine Gestalt auf – sie schritt heran – ein großer schlanker Mensch! Er ging achtlos, er kam näher – die zitternden Mondstrahlen leuchteten ihm in's Gesicht.

»Halt«, brüllte der Förster, »halt, im Namen des Gesetzes!«

Der Angerufene zuckte zusammen; er wendete sich halb zurück, als wolle er in eiliger Flucht sein Heil suchen; er zögerte – nur einen Augenblick, dann schritt er ruhig noch näher.

Jetzt standen sie auf zehn Schritte einander gegenüber – Vater und Sohn. Sie standen für Augenblicke regungslos, die Blicke bohrten sich ineinander – ein Blatt wehte vom nächsten Baum, man hörte es fallen.

»Brauchst net e so ze schreien«, sagte Hubert mit einem tiefen zitternden Atemzug, ein geringschätziger Zug huschte um seinen Mund, »ich steh' schon. Wann ich gewollt hätt', wär ich ja längst weggerannt. Ich han dich kommen sehn – et is mer lieb, daß ich dich treff'. Ich han zwar gemeint, ich hätt' mit dir nie ebbes mehr zu reden – ich han mich getäuscht. Es muß en End werden mit uns – hörste, en End!«

»En End«, wiederholte der Förster; weiter sprach er nichts. Seine Rechte fingerte unruhig am Kolben der Büchse.

Der junge Mensch in dem verlumpten Jagdrock, in den Stiefeln, aus denen die Zehen sich vorbohrten, holte wieder unruhig Atem. Eine finstere Entschlossenheit lag auf dem Gesicht mit dem verwilderten Bart. Hubert Pantenburg sah sehr heruntergekommen aus, hager, elend, seine Augen umgrenzten bleifarbene Schatten. Seine Stimme klang heiser. »Ich bin ein elender Lump«, sagte er, »du bis auch elend, un en Lump biste auch – warum sollen sich zwei Lumpe net verdragen? Gieb mer die Hälfte von dem Geld, un ich schwör' der, ich kehr' um, ich werd' noch en ordentlicher Mensch!«

»Wer 't glaubt!« Der Förster lachte höhnisch. »Ich hab mit dir nix zu schaffen – du Vagabond – du Dieb! Du has so viel Unehr über meinen Namen gebracht, es kann net schlimmer werden – halt, ich verhafte dich im Namen des Gesetzes!« Er streckte den Arm aus.

Mit blitzenden Augen sprang Hubert einen Schritt zurück, seine Hände rissen die Büchse von der Schulter: »Rühr mich net an, sonst – ich bin so elend, daß ich nix mehr scheu'! Weißte, wat et heißt, sich verstechen von früh bis spät, auf der Hut sein alleweil, von Gestohlenem leben; weißte, wat et is, wann ei'm dän eignen Vadder betrügt, wann mer sei'm Schatz nimmeh traut un die Modder, de einzig, de ei'm lieb gehatt hat, ei'm auch genommen is, net nur vom Tod, auch e so – du weißt schon – sag, wän is hier dän größten Dieb? – Du giebst kein Antwort? O, dich kennen mer, du fürchtst dich vor mir! Du weißt e so gut wie ich, daß du de Modder umgebracht has! Fahr net zusammen un lang net nach der Büchs – ja, du hast se erstickt in der Furcht vor dir, du hast se zu Boden gedrückt mit deiner Faust, un als se zerbrochen war an Leib un Seel, da haste gefrohlockt wie en Teufel. Da haste dem Sohn noch dat letzte gestohl', das Geld, das em zukömmt – un hast em noch das allerletzte gestohl', den Segen von seiner Mutter! O, du vermaledeiter Schuft! – Un nu sag, dat de dat Geld giebst, freiwillig giebst, dann –« er schnitt mit der Hand durch die Luft – »sein mer fertig!«

Eine gellende Hohnlache antwortete ihm; widrig und schaurig gab der Wald sie zurück. »Nie, nie, nie – keinen Pfennig kriegste! Hast ja auch keinen Tropfen Blut von mir – warum hab' ich dich gehaßt? Ich hab' et lang net gewußt, jetzt weiß ich 't. Kann leicht sein, die Heulliese hat dich irgendwo aufgetrieben – die so fromm tun, sind alleweil die Schlimmsten – se hat mich betrogen, du bist en Bankert – ja, en Bankert mußte sein, biste, du, du, du –«

»Hal de Maul!« Zitternd wie ein vom Wind geschütteltes Laub legte der Sohn die Flinte an die Backe. »Noch emal beschimpfste mein' Modder, ich schießen dich dod wie en dollen Hund!«

»Du –« der Förster legt ebenfalls an, seine Augen funkeln, maßlose Wut verzerrt sein Gesicht, der Lauf der Büchse schwankt hin und her – »Bankert!«

»Lügner!«

Zwei Schüsse knallen zu gleicher Zeit – der Sohn steht aufrecht, das Gewehr umklammernd – der Vater läßt mit einem gegurgelten Laut die Waffe fallen, er stürzt zu Boden, hintenüber, die Arme weit abgestreckt.

Tot! – Hubert steht regungslos, sein Herz setzt den Schlag aus, er wagt nicht sich zu rühren, er hält den Atem an; mit vorquellenden Augen starrt er auf den da am Boden.

Ein leises Rascheln geht durchs Gras, jetzt knicken die Äste – was flüstert im Gebüsch?! Ein Nachtvogel fliegt auf, er krächzt, andere Stimmen antworten – wieder Totenstille – und nun – nun?

Mörder! – Hubert macht einen Satz wie ein auf's Blatt getroffener Hirsch; er sieht sich nicht mehr um, er stürzt davon mitten durch's Gestrüpp – bergauf, bergab. – Schiefergeröll prasselt hinter ihm drein – immer weiter, weiter – immer wilder, wilder – nur fort, fort ...

Wohin er gerannt war, er wußte es nicht, mechanisch trugen ihn die Füße. Er war zu Tode ermattet, in Schweiß gebadet. Endlich rauschte die Salm, das Bewußtsein kam ihm wieder.

Er war im Grund; schwarz hoben sich die Mauern der Abtei Himmerod. Er schritt durch feuchten Rasen, kletterte mühsam zum Bach hinab und hielt die Hände in das perlende Wasser. Blut – Blut an den Händen, nicht zu sehen, und doch klebte es dran!

»Jesses Maria!« Verzweifelt fuhr sein Blick umher – dunkel der Wald, dunkel der Himmel, wenig ängstliche Sterne – er hätte beten mögen und fand keine Worte. Stöhnend schlug er sich gegen die Stirn – was hatte er getan? – Und doch –

»Er hat se beschimpft«, murmelte er, und ein trotzig wilder Ausdruck legte sich über sein bleiches Gesicht. Was nun – was würde geschehen – was würde Suß sagen? O die! Eine namenlose Angst schnürte ihm die Brust zusammen; nicht die Angst vor dem Toten, der da oben im Wald lag und mit den verglasten Augen nach dem Mörder stierte, auch nicht die Angst vor der Strafe – nein, Angst vor der Lebenden, um die Lebende. Wenn sie ihn verließ?! Sie war herb und böse die letzten Wochen.

»Suß!« Er warf die Arme gen Himmel und ächzte in seiner Seelenpein, dann stürmte er vorwärts, den Ruinen zu. Sein Fuß berührte kaum den Boden.

Er durcheilte das Portal, den Kreuzgang, er stolperte über Schutt und Trümmer; der Weg war noch beschwerlicher wie vor Jahren, auch mit Absicht ungangbar gemacht. Er strauchelte, er stürzte; seine Stirn schlug gegen einen Stein, er fühlte, wie ihm das warme Blut die Nase entlangrann. Er raffte sich auf – jetzt stand er an der halbverschütteten Öffnung der Wand, er kroch hindurch – jetzt war er unten. Alles dunkel.

»Suß, Suß!« Keine Antwort. Sie war nicht da – wo?!

Mit einem dumpfen Seufzer warf sich Hubert auf den Boden. Kein klarer Gedanke war mehr in seinem Kopf, alles wirrte durcheinander, eine betäubende Abspannung lähmte ihn; er fühlte, wie sie über ihn hinkroch, vom Scheitel bis hinab zur äußersten Fußspitze. Er konnte kein Glied mehr rühren. Er blieb liegen und schloß die Augen.

Ob er geschlafen hatte? Schwer und widerwillig öffneten sich jetzt seine Lider; es war hell in dem Gewölbe, ein Feuer brannte, und vor ihm an der Wand lehnte Suß, die Arme über der Brust ineinandergeschlagen. Der züngelnde Flackerschein warf phantastische Lichter auf ihr Gesicht, das wilde braune Haar über der Stirn schimmerte rotgolden.

Sie hatte den Schläfer mit dem Fuß in die Seite gestoßen: »Noa, dau schliefst jao wie en Ratz! Dech kennten se em Schlaof abnehme kommen, dau giefs dat net gewaohr!« Ihre verschlagenen Augen funkelten ihn boshaft an. »Maach, et is Morjen!«

»Morjen?!« Der Mann richtete sich taumelnd halb auf, er sah verstört ein paar Augenblicke um sich, dann schlug er mit einem lauten Schrei die Hände vors Gesicht: »Ech haon mei Vadder dodgeschoß – o!« Er stöhnte.

»Wat – wat – biste doll?« Sie beugte sich vor mit weit aufgerissenen Augen. »Wat? Dän Fechter dod – on dau – dau hättst em –«

»Jao – jao – heit nacht – owen im Wald – ech haon em um dat Geld gefraogt, dau haott'st doach gesaot, ech mößt et –«

»On es hän werklich dod?« unterbrach sie ihn hastig, »ganz dod?« Ihre Stimme klang heiser vor Erregung, ihre Nüstern blähten sich.

Ohne Wort nickte der Unglückliche. Plötzlich hob er das Gesicht aus den Händen, ein krampfhaftes, trockenes Schluchzen erschütterte seine Gestalt, er kroch über den Boden, er umklammerte ihre Knie, er schlug seine zitternden Finger in ihr Kleid.

»Suß, saog, dau verließt mech net! Suß, ech bringen dech om, wann de von mer giehst – Suß – Suß!« Er schrie es in verzehrender Angst und drückte sein Gesicht in die Falten des armseligen Rocks.

Sie sah auf ihn nieder mit einem rätselhaften Ausdruck, ihre Lippen hoben sich von den blinkenden Zähnen; es war ein grausames Lächeln, dann bückte sie sich langsam und kauerte neben ihm auf den Boden nieder. Sie zog seinen Kopf in ihren Schoß und strich leise über sein zerwühltes Haar; immer über dieselbe Stelle, vom Wirbel bis zum Genick, immer wieder und wieder. »Laoß sin, Hubert«, raunte sie dazu, »dat is net e su schlimm. Dat es gud, dat dän dod is, dän Schinner! Eweil kriehste dat Geld – freu dech, Hubert, freu dech!«

Er gab keinen Laut von sich.

* * *

Im Forsthaus war die Stube verdunkelt; es roch nach Karbol und allen möglichen Medikamenten. Der Jagdgehilfe und die Magd schlichen auf den Zehen, die Hunde krochen mit eingezogenem Schwanz in die Ecken. Ihren Herrn hatte man nach Hause gebracht auf einer Bahre von Zweigen.

Fast vierundzwanzig Stunden hatte der Förster im Wald gelegen, ehe man ihn gefunden; die Fliegen saßen auf ihm. Er lebte noch, aber wie! Von Grausen und Wundfieber war sein Verstand umnachtet; er tobte, er schrie, er suchte den Verband abzureißen, er brüllte nach dem Gericht und wimmerte dann kläglich: »Annamargret, weg – was willste – weg!« Er schlug nach seiner Frau und schüttelte sich bei ihrem Anblick.

Auf diese wilden Stürme waren Tage der tiefsten Abspannung gefolgt, Tage, in denen mehr als einmal die schwache Lebensflamme zu erlöschen drohte. Der Förster lag auf dem Schmerzenslager, ein Schatten seiner selbst, zum Skelett abgemagert, das Haar völlig ergraut, die Augen eingesunken. Röchelnd ging der Atem aus der wunden Brust; die Lunge war von der Kugel durchbohrt. Er würde leben, ja, gewiß, aber – der Arzt zuckte die Achseln, als Frau Katharina ihn fragte. Sie brach in lautes Geheul aus. Das hatte ihr gefehlt – en alten Mann und noch dazu en kranken Mann, en Krüppel! Sie rang die Hände, aber mehr aus Wut als aus Schmerz.

Die Gerichtskommission erschrak, als sie nach acht Tagen kam, um die Aussage des Försters zu Protokoll zu nehmen. Die

Herren glaubten dem Aussehen nach, einen Sterbenden vor sich zu haben, aber mit ungeahnter Kraft saß der Kranke halb aufgerichtet in den stützenden Kissen. Eine wilde Energie ließ ihn die Schwäche überwinden. Er machte seine Aussage klar und bestimmt, und was er nicht in Worten sagte, das sagten seine Blicke; ein tödlicher, unversöhnlicher Haß sprühte aus den matten, eingesunkenen Augen beim Namen des Sohnes.

»Er war es, Hubert Pantenburg! Er hat mich totschießen wollen – fehlgegangen – ah!«

Mit einem Seufzer der Befriedigung sank der Förster in die Kissen zurück und schloß die Lider. Als sich die Herren geräuschlos entfernten, schlief er den ersten ruhigen Schlaf.

Wie ein Lauffeuer verbreitete sich die Kunde von der Tat des jungen Pantenburg durch die Gegend. Die ganze Eifel war in Aufregung. Wo war er?

In den Dörfern läutete man Sturm, die Menschen rannten zu Hauf, die freiwillige Feuerwehr ward aufgeboten und suchte Berge und Schluchten ab – vergebens!

Aus den Flecken und Städtchen kam die Gendarmerie angerückt, mit Gerassel und Geklapper durchstreifte sie die Wälder – umsonst, alles umsonst!

Er war entwischt. Wohin? Keiner wußte es, und wer es vielleicht wußte, der schwieg. Kaufmann Kortz zu Wittlich wagte vor Furcht nicht, sein Haus zu verlassen, er verrammelte alle Türen; und manche andere machten's ihm nach. Die Geld hatten, trugen's auf die Sparkasse – nur nicht im Hause behalten, keinen Pfennig; über Nacht konnte er kommen und alles wegholen! Ein dunkles Gerücht schwirrte durch die Luft, bald war es gewiß: er war noch gar nicht weit, er lauerte nur auf die nächste Gelegenheit, sich Geld zu verschaffen und damit über die Grenze zu flüchten.

Während die zu Wittlich sich fürchteten, fürchteten die zu Manderscheid sich ebenso und die zu Daun, zu Gerolstein, zu Kyllburg, zu Hillesheim und so weiter erst recht. Überall sollte er sein. Man wagte sich nachts nicht mehr auf die Straße; wer durch den Wald zu wandern oder zu fahren hatte, tat's nicht allein. Der reiche Müller in der einsamen Neumühle zwischen

Manderscheid und Himmerod ließ allnächtlich seine bewaffneten Knechte wachen. War der Hubert doch gestern hier gesehen worden, vorgestern da – morgen war er dort; womöglich zur selben Stunde an sechs Orten zugleich! O, diese Angst!

Nur die Armen fürchteten sich nicht, sie wußten, was Hubert Pantenburg einst lachend gesagt hatte: »Die Armen haon neist, on dän Reichen schaod et neist!« Sie hatten nichts zu verlieren.

Auf dem Marktplatz zu Wittlich sammelte sich das Volk; kaum zu denken, daß das kleine Nest so viel Menschen in sich barg. Das war ein Gesumme und Gewoge in dem Haufen, der sich vor der Rathausmauer drängte.

»Kuckt elao – dreihunnert Mark!«

»Hau! Hunnert Dahler – lao stieht et!«

»Is et menschenmielich? Ene, su wat! Könder, e su ebbes es noach net passiert!« Sie lasen alle den Zettel, der an der Wand klebte. Mit großen deutlichen Buchstaben stand es darauf: »Belohnung! Dreihundert Mark Belohnung demjenigen, welcher den Aufenthalt des flüchtigen Hubert Pantenburg, der des Wilddiebstahls und des versuchten Mordes dringend verdächtig ist, anzeigt oder selbigen der Behörde überliefert.«

»Hau, dreihunnert Mark!«

»Dat es en Sündegeld«, brummte Flickschneider Bonz und schlug seinen Nebenmann auf den abgeschabten Rock. »Ech möchten et äwer net verdeenen – wat maant Ihr, Steffen?«

»O Jeß, ech och net! Dat mech unsen Hährgott bewaohr!«

Die beiden steckten die Köpfe zusammen und flüsterten; es war nicht viel zu verstehen, nur die letzten Worte klangen deutlicher: »Se saon, wann se em net kriehn, laoßen se Zaldaoten kommen – dän armen Deiwel!«

* * *

Durch den Kunowald marschierte ein Zug Soldaten, Trierer Neunundsechziger, etwa zwanzig Mann. Sie sahen müde und verdrossen drein. Ihre Uniformen waren mit Schmutz bespritzt, die Knöpfe von Nässe blind, die Hosen steckten in den kotigen Stiefeln.

»Trab – trab« ging es die Straße hinan. Ein feiner Regen stäubte nieder, die Waldbäume ließen traurig die Blätter hängen. Noch alles scheinbar grün, aber schon ein Geruch von absterbendem Kraut; ein bitterlicher Geruch, der über den Boden hinkriecht und von dort wie Moder aufsteigt. Die Luft war herb; sie schauerte einem bis auf's Mark.

Die Soldaten schlenkerten die Hände hin und her und schlugen sie dann zusammen – huh, kalt! Verdrießlich – nun schon acht Tage die Eifel abgerannt und den Kerl nicht gefunden! Wo waren sie nicht überall herumgekrochen?! Jeder harmlose Wanderer wurde aufgegriffen und ausgefragt; immer war die Antwort verschieden. Der wies nach Westen, der nach Osten – der nach Süden, jener nach Norden – so viel Köpfe, so viel Meinungen.

Heut morgen war's gewesen, da hatte man es ihnen aber gesteckt; der Pantenburg sei gar nicht weit, er halte sich im Kunowald zwischen Himmerod und Großlittgen verborgen, dort kenne er die Schliche am besten. Das war gut gesagt, aber der Wald war groß und dicht und dabei das Hundewetter, und die Leute sehnten sich nach ihrer Kaserne; mit ausdruckslosen Mienen und stumpfer Gleichgültigkeit tappten sie hintereinander drein.

»Halt!« Der Führer des kleinen Zuges blieb stehen und sah sich prüfend um. »Wo sind wir?« Er zog die Karte aus der Brusttasche und faltete sie auseinander. »Sie da, Krämer, machen Sie mal en krummen Buckel!«

Der Gerufene beugte den Rücken, die Karte wurde wie auf einem Tisch ausgebreitet, und nun neigte sich das dicke rote Gesicht des Vorgesetzten darüber.

»Aha – also hier sind wir«, er stemmte den Finger fest auf die Karte – ein Windstoß drohte, sie wegzureißen – »wir sind auf der Höh! Gradaus geht's nach Großlittgen, links kommen wir nach Himmerod – wo, in drei Teufels Namen, gehn wir nu zuerst? – Zapperment noch emal, da soll doch – hm, hm!« Er schob die Mütze vom linken Ohr aufs rechte und prustete gewaltig.

»Herr Feldwebel«, meinte ein Vorwitziger, »mer können uns ja teilen, zehn Mann gehn so erum, zehn Mann so. Steckt er hier, dann treiben mer ihn nach der Mitte; bei der Jagd macht mer et doch immer so!«

»Was hat er zu reden? Maul halten, er –« der Feldwebel brüllte zornig den unberufenen Sprecher an, packte unwirsch die Karte zusammen und steckte sie in die Tasche. »Ja, ihn treiben wie ein gehetztes Wild, das wär' so was. – Kotz Zackerlot, der verfluchte Bengel – wer hätte das gedacht?!« Auf den kotigen Boden starrend, murmelte Feldwebel Bonekamp die Worte in sich hinein, und dann auffahrend: »No, was stiert ihr mich an? Voran – schnallt ab – hier wird Rast gemacht!«

Er wies auf einen runden Platz zur Rechten, einigermaßen geschützt von alten Buchen, die ihre breiten Äste wie einen Schirm ausstreckten. »Kaisergarten« stand an einer verwitterten Holztafel.

Verwundert wechselten die Leute Blicke – jetzt hier rasten, bei der Nässe, so kurz vor'm Ziel? Ne, der Feldwebel war jetzt immer komisch! »Mer soll'n Bucheckern fressen«, flüsterte der Vorwitzige den Kameraden zu. Einige grinsten, die anderen schimpften heimlich.

Ne, so niederträchtig wie die letzten acht Tage war der Feldwebel nie gewesen!

Kopfschüttelnd warfen die Leute die Tornister zur Erde und wickelten sich in ihre Mäntel; der Führer ging, etwas von ihnen entfernt, mit starken Schritten auf und nieder.

Ja, Feldwebel Bonekamp hatte es schwer. Mußte auch gerade der Sergeant krank liegen, als das Militär aufgeboten wurde! Aber ehe er dem Unteroffizier Knopp, dem rohen Kerl, die Sache in den Fingern ließ, übernahm er lieber selbst das Kommando.

»Aber, Bonekamp, es geht Sie ja eigentlich gar nichts an«, hatte Hauptmann von Dümchen gesagt, als er bei diesem die Instruktionen einholte.

»Zu Befehl, Herr Hauptmann, geht mich auch gar nichts an, aber –« das weitere war in einem furchtbaren Prusten erstickt.

Bonekamps Herz war schwer; er hatte sich zu dem Kommando gedrängt, obgleich es ihm so bitter sauer wurde wie noch keins in seinem Leben. »Lieber Steine kloppen«, brummte er ingrimmig. Aber sie sollten den Jungen nicht so roh anpacken, sie sollten ihn nicht behandeln wie einen gemeinen Mörder – nein! »Lieber Herrgott«, seufzte der biedere Mann und warf einen vorwurfsvollen Blick gen Himmel, »du bist mannigmal ganz kurios!«

Er hatte sich seine Lebzeit nicht mit philosophischen Betrachtungen abgegeben, aber die acht Tage in der Eifel, ja die! So viel geflucht hatte er noch nie und so viel geprustet erst recht nicht.

»Er hat den chronischen Schnuppen«, sagten die Leute und lachten ihn aus. Was wußten die leichtsinnigen jungen Kerle, warum ihr Feldwebel prustete?!

»Schade – schade«, sagte Bonekamp laut vor sich hin, als er durch's nasse Moos auf und ab stampfte. Er sah nach seinen Leuten hinüber; sie hatten sich's unter den schützenden Buchen, so gut es ging, bequem gemacht, er hörte ihr gedämpftes Lachen und Sprechen. Eigentlich müßten sie hier doch ganz still sein – na aber – der Feldwebel seufzte.

Der Regen wurde stärker, im Genick war schon das reine Rinnsal; langsam und zudringlich rieselten die Tropfen zwischen Hals und Kragen den Rücken hinunter. Er schauderte. Grau war alles ringsum; dort zwischen den Stämmen, den Abhang hinunter, braute ein weißliches Nebelmeer, die Ferne wie mit einem Tuch verhangen.

Eintönig trommelte der Regen auf die Blätter, trostloses Vogelgekrächz in den Wipfeln; zwei Häher jagten sich, nun hatten sie sich gepackt und bissen aufeinander los, daß die Federn flogen. Der Einsame schreckte zusammen bei dem mißtönenden Gekreisch.

Und nun noch ein Laut – ein Tritt von nägelbeschlagenen Schuhen auf der steinigen Straße jenseits der Bäume! Wer kam da?

Bonekamp teilte die Büsche und streckte den Kopf vor – eine Frauensperson, ein Landmädchen wie es schien, kam des Wegs; eilig schritt es durch den Regen, unter dem durchnäßten Kopftuch fuhren ein Paar funkelnde Augen unstet umher. Der abgerissene Rock schmiegte sich eng an die kräftigen Glieder, die Schultern deckte kaum eine zerfetzte Jacke.

»He, Mädchen, guten Tag! Woher kommste? Sag mal, hast du nicht –«

Er kam nicht zu Ende, sie sprang auf ihn zu und sah ihm forschend in's Gesicht. »Sein hei de Zaldaoten?« fragte sie hastig, ohne jeden Gruß; »seid Ihr dän Öwerschten?«

»Warum?« Er sah sie verwundert an. Ihr bleiches Gesicht mit den zuckenden Lippen hatte ihm etwas Unheimliches – was wollte die Person? »Ja, der bin ich«, sagte er laut, »was willste von mir?«

Sie stieß einen undeutlichen Laut aus, dann trat sie ganz dicht an ihn heran, so dicht, daß er das Beben ihrer Gestalt spürte, und flüsterte: »Kommt, hän schläft!«

»Wer schläft?«

»Noa«, sie schob finster die Brauen zusammen, »dän Hubert Pantenburg! Elao es hän –« sie wies mit der Hand in das Nebelgewoge abwärts – »ech fiehren Eich!« Sie langte nach seinem Arm.

»Du?!« Wie ein ekelhaftes Tier schüttelte er sie von sich. »Geh weg!«

»Ohoa«, lachte sie rauh, »ech duhn eich neist!« Sie trat wieder näher, ihre Augen blitzten ihn frech an. »Seid ihr et net, duht et en annern – Zaldaoten!« Sie erhob die Stimme ein weniges. »Soll ech se rufen?«

»Sei still!« Er packte sie derb am Arm und rüttelte sie; ruhig blieb sie stehen, nur ihre Blicke maßen ihn. »Mädchen, lügst du oder sagst du die Wahrheit – ist er wirklich hier?«

»Et es waohr –« sagte sie fest, und ihr bleiches Gesicht wurde noch um einen Schein bleicher – »ech fiehren eich!«

»Und – und –« Feldwebel Bonekamp stotterte ordentlich – »warum – warum – verrätst du ihn?«

»Ech sein arm –« Ein gieriger Glanz war in ihren Augen – »on ech –« Die Stimme versagte ihr, sie biß die Zähne so fest auf die Unterlippe, daß ein Blutströpfchen herausquoll. »Laoßt sin –« zischte sie dann heiser und atmete wie ein Erstickender, »ech fiehren eich!« ...

Wenige Minuten waren vergangen, so eilten Feldwebel Bonekamp und einige der Soldaten zu Tal. Sie liefen geräuschlos, ohne ein Wort zu reden; vor ihnen her wie ein flüchtiger Schatten huschte das Mädchen, nur mit dem Finger die Richtung andeutend. Auf aller Mienen lag ängstliche Spannung, nur das Gesicht des Mädchens war undurchdringlich, wie von Stein.

Bonekamps Herz klopfte ungestüm; er rannte hinter der Führerin drein, eine seltsame Wut kochte in ihm und mischte sich mit einer großen Trauer; Schweiß und Regen liefen ihm gleich Tränen über die Backen.

Jetzt waren sie im Grund – da war Kloster Himmerod. Die Salm ging hoch und rauschte wild.

Sie stampften durch die feuchtkalte Wiese den Ruinen zu. Hinein ging's – durch's Portal – zwischen Trümmerhaufen – über Schutt und Geröll. Sie hatten nicht Zeit, zu flüstern; warnend legte das Mädchen den Finger auf die Lippen.

Jetzt kam der Kreuzgang! Schaurig pfiff der Wind durch die hohen Bogen – es war schon dämmerig – und jetzt – jetzt – der Gang war zu Ende, ein dunkles Loch gähnte in der Wand. Die Führerin blieb stehen.

Langsam hob sie die Hand und wies auf die Öffnung: »Lao es hän!«

* * * * *

Am Totenmaar

Hoch oben in den Eifelbergen liegt ein See, dunkel, tief, kreisrund, unheimlich, wie ein Kraterschlund. Einst tobten unterirdische Gewalten da unten, Feuer und Lavamassen wurden emporgeschleudert; jetzt füllt eine glatte Flut das Becken, wie Tränen eine Schale. Es geht hinunter in bodenlose Tiefe.

Keine Bäume, keine Blumen. Nackte vulkanische Höhen, gleich riesigen Maulwurfshügeln, stehen im Kranz, zu nichts gut als zu armseliger Viehweide. Mageres Strandgras weht, blasses Heidekorn duckt sich unter Brombeergestrüpp. Kein Vogel singt, kein Schmetterling gaukelt. Einsam ist's, zum Sterben öde.

Das ist das Weinfelder Maar, das Totenmaar, wie's die Leute heißen. Es hat keinen Abfluß, keinen Zufluß anders als die Tränen, die der Himmel drein weint. Es liegt und träumt und ist todestraurig, wie alles rings umher.

Wenn Herbstwinde über die Eifel gehen und kalte Nebel in den Tälern hocken, ist's hier oben noch kälter. Hui, pfeift das! Wind, wilder Gesell, stöhne nicht so laut! Zerre nicht die letzten braunen Blätter von den dornigen Ranken, stürze nicht die morschen Holzkreuze um, die dort um das Kirchlein stehen, das grau und düster am Seeufer trauert! Es ist das einzige Werk der Menschenhand hier oben, viel hundert Jahre alt, nicht schön, nicht häßlich, doch voll schwermütiger Poesie.

Einst lag hier das Dorf Weinfelden, seine Hütten scharten sich um das Gotteshaus wie Küchlein unter die Flügel der Glucke. Es ist lang her, das Dorf ist verschwunden – zerstört, versunken? Wer weiß! Am sichersten verhungert. Einzig das Kirchlein ist übriggeblieben und reckt seinen schwärzlichen Turm gen Himmel. Gottesdienst wird nicht viel mehr darin gehalten, die Lebenden kommen nur herauf, ihre Toten zu begraben.

Auf dem schmalen Rain hinter der bröckligen Mauer reiht sich Kreuz an Kreuz; hier hängt ein Perlenkranz, dort eine verwitterte Schleife, der Wind zaust daran, der Regen verwäscht die Farben – es ist der Friedhof von Schalkenmehren. Der Weg herauf ist beschwerlich. Man weiß nicht, warum behalten die Schalkenmehrer ihre Toten nicht bei sich unten im Dorf? Raum hätten die auch noch da. Brauchen die Lebenden denn allen Platz am hellen freundlichen Schalkenmehrer Maar, dran Obstbäume wachsen, drin Fische schwimmen? Ei was, tot gehört zu tot; da kraxelt man lieber den steilen Berg hinan, die Ochsen oder der Ackergaul ziehen den Karren, drauf die Lade zwischen Strohschütten schwankt. Der Geistliche keucht hinterdrein und die Leidtragenden auch; man murmelt Gebete, man weint, man schluchzt, und über ein Kleines kommt man ledig wieder herunter. Die Tränen sind getrocknet, die Leidtragenden schwatzen laut und kehren vergnügt ins Trauerhaus ein zum Leichenmahl. –

Anfang November war es. Der Schäfer von Schalkenmehren, Steffen Kohlhaas, stand droben auf der kahlen Höh' und blickte über's Maar. Regungslos lag ihm sein Hund zu Füßen. Es dünkte ihn schier das letzte Mal, daß er seine Schafe hier heraufgetrieben; noch fanden sie hie und da ein Hälmchen, sie schnupperten emsig suchend, die Hänge auf und nieder, aber viel war's nicht mehr – Winterkost.

Ein schneidender Wind riß dem Mann den Hut vom Kopf, daß die eisgrauen Haare in das harte, braune Gesicht wehten; mit einem »Dunnerkiel!« zog er den blauen Leinenkittel fester um sich. »Et gitt Schni«, murmelte er und legte die Hand über die Augen. Er spähte in die Ferne, alles grau in grau, der Himmel wie ein Sack, von der »hohen Acht« und den anderen Bergen nichts zu sehen.

»Ech giehn häm, et es hei neist mieh ze maache!« Er sprach's und pfiff dem Hund. »Hao, Stüppes!« Mit lautem Gekläff sprang der auf, fuhr zwischen die Schafe und trieb sie zusammen. Währenddessen stand der Herr, die Hände auf den langen Stock gestützt und das feste, wie aus Holz geschnittene Kinn daraufgelegt.

»Hollao, wän kömmt elao?!« Der Alte zog die buschigen Brauen in die Höhe und blinzelte angestrengt in die Ferne nach der einsamen Gestalt, die weithin sichtbar mit flatterndem Rock dem Gipfel zustrebte, bis ihm die scharfe Luft die kleinen hellbraunen Augen trübte. – »E Framensch? Wat will dat hei? – Jeß Mari Jusep, ons Annmarei!« Der Alte tat einen mächtigen Schritt der Kommenden entgegen; wie ein Rasender stürmte der Hund ihm voraus, stieß ein Freudengeheul aus, sprang mit tollem Satz an der Frauengestalt empor und leckte das zu ihm geneigte Gesicht.

»Jao, jao, Stüppes – kusch dech, Stüppes!« Fast kindlich klang die Stimme, die diese Worte sprach. Jetzt kauerte das Mädchen nieder und drückte den Kopf in das ruppige Fell des Tieres. »Alder Stüppes, gelt, alder Stüppes, dau kennst dat Annemarei?« Ein freudiges Winseln war die Antwort.

Nun richtete sich das Mädchen wieder auf, rückte sich die Kleider zurecht und raffte das Bündel zusammen, das zur Erde gefallen. War sie so rot vom Bücken oder vom scharfen Wind? Der Atem flog ihr, scheu hielt sie den Blick zu Boden gesenkt. Keine Spur von Freude war auf ihrem Gesicht, als nun der Schäfer bei ihr stand und mit eisernem Griff ihre Hand schüttelte.

»Dag, Annmarei!«

»Guden Dag, Vadder!«

Kohlhaas schmunzelte, mit einem stolzen Blick überflog er sein schmuckes Kind. Fürwahr, eine hübsche Dirne! Noch hatten Arbeit und Entbehrung die Jugend nicht frühzeitig verjagt, die gebräunten Wangen waren weich gerundet, unter dem Kopftuche schimmerte eine weiße, faltenlose Stirn.

»Nao, Mädche, woa kimmste här? Hot dir dän Hähr Mathes erlobt, dein Eltern zo besuchen? Dat es recht, de Modder wird e su froh sein!«

Der Alte schlug ihr auf die Schulter, daß sie fast in den Knien zusammenknickte, dann rieb er sich grinsend die Hände. Würden die Schalkenmehrer gucken, wenn er mit seiner Tochter in's Dorf einzog! Ja, Steffen Kohlhaas war stolz auf seine Annamarei. Sie war seine Jüngste, erst sechzehn, und diente schon ein Jahr als Magd in Daun, im Hotel zur Post. Herr Mathes, der Wirt, lobte sie. Wenn der Vater zur Kirche ins Kreisstädtchen kam und seine Tochter besuchte, dann durfte er in der Herrenstube sitzen; der reiche Wirt schenkte ihm selber einen Schnaps ein, und die Frau Wirtin lief nach Kaffee und Kirmeskuchen. Von der Annamarei sah er dann freilich nicht viel, die hatte im Haus zu schaffen, grad' nur, daß sie ihm beim Abschied hinter der Tür die Hand drückte: »Adjes, Vadder, grüßt de Modder on de annern al!« Das war auch genug – die Ehre, die Ehre, das war die Hauptsache!

Wenn man Steffen Kohlhaas nach seinen Kindern fragte – er hatte deren zehn, neun Buben und das jüngste, ein Mädchen – pflegte er zu nicken: »Merci, merci, se sein al esu weid ganz gud, äwer ons Annemarei, dat es ze Daun im Hodel – jao, jao!«

Und nun kam die Annemarei zu Besuch. Sehr vergnügt schien sie weiter nicht. Sie klappte mit der Spitze ihres schweren Lederschuhs unablässig auf den Boden und vermied den Blick des Vaters. Die Röte in ihrem Gesicht war verschwunden; sie schien nun sehr blaß, und nur als der Alte fragte: »On wie lang därfst derhäm bleiwen?« stieg ihr eine dunkle Glut bis unter die Wurzel der flachsblonden Haare.

»Ech – ech –«, sie stotterte, »ech sein net mieh an Mathesen ech bleiwen erscht für der Hand derhäm!«

»Wat –? Wat – net mieh an Mathesen?!« Das Entsetzen raubte dem Schäfer schier die Sprache. – »Wat haste gemaach? – red!«

»O Vadder!« Mehr sagte sie nicht, sie schlug die Hände vor's Gesicht und weinte, daß ihr die Tränen zwischen den braunen Fingern durchliefen.

Der Alte packte sie bei der Schulter und rüttelte sie. »Wat haste gemaach, dau Schlump, dau« – über sein Gesicht zuckte es, Heftigkeit und Besorgnis stritten miteinander, dann legte sich ein weicherer Ausdruck um seinen Mund. Er schüttelte langsam den Kopf und nickte dann: »Kreisch net, Annemarei, et wird net e su schlimm sein. Jao, die Mädercher, die Mädercher – o Jeß, o Jeß!« Und nach einer Pause: »Wän es et, Annemarei? Hän moß dech heiraoden, gräm dech äweil net e su! Schonst vill Mäderches is et e su gang, se sein dann als Amm' in der Stadt gewest, han en guden Groschen mitgebrach on dann ihren Schatz geheiraod! Dau biste erscht net!«

Er legte der Weinenden begütigend die Hand auf die Schulter, mit einem Ruck schüttelte die Tochter sie ab. »Et es net e su, Vadder, net e su!« Mit lautem Schluchzen kauerte sie sich plötzlich auf die Erde nieder, faßte den Hund um den Hals und drückte ihr nasses Gesicht in seine Zotteln.

»Ech – ech han ge – ge – gestohl!«

»Gestohl –?!«

Eine Totenstille folgte dem Aufschrei. Zitternd kauerte das Mädchen am Boden. Der Alte stand wie vom Donner gerührt, der Stock war ihm entfallen, wie abwehrend streckte er beide Arme von sich. Mit trüben Augen blinzelte der Hund von einem zum andern.

»Gestohl!« – Langsam, dumpf, fast tonlos klang das furchtbare Wort wieder; der Wind kam, riß es von des Vaters Lippen und schleuderte es in alle Welt.

Die Tochter wimmerte: »Ech duhn et kees mieh, Vadder – kees mieh! – Dän Hannes hot kein Geld gehatt, kein Pfennig! Hän sät ze mir, ech kennt sei Mädchen nimmeh sein, wann ech em net en Dahler däht gäwen for danzen ze giehn – o Vadder, Ihr seid ald, Ihr wißt et net – o dän Hannes, dän Hannes, ech sein em ze gud – on de Muhsik –

Annamarei
Spann de Gei
Violenkraut,
Morgen wirste Braut!

– Vadder, ech han et gehert de ganz Nacht – Annemarei, spann de Gei –!« Sie schluchzte wild und schüttelte sich wie im Fieber, die Zähne schlugen ihr aufeinander. »Ech konnten net anners – mein Kopp es mir e su duselig gäwen – am annern Morgen legt ons Madam en Dahler op dän Disch in der Küch – ›Annemarei – spann de Gei‹ – ech dahten en eweg holen, dän Dahler, on am Awend sein dän Hannes on ech danzen gangen. Vadder, Vadder, et war e su schien gewest!«

Ein Glücksschein flog über das Kindergesicht, sie sprang auf und hielt beide Hände an ihre glühenden Backen; ihre Lippen öffneten sich, als summten sie die Melodie des Tanzliedes.

Der Alte sagte kein Wort. Er sah sie nur immer starr an, dann faßte er plötzlich ihren Arm und stieß sie zurück, daß sie taumelte. »On dän Hähr Mathes, wat hat dän hän gesaot?«

Sie lugte scheu von der Seite und murmelte furchtsam: »Hän hot mech gefragt, ob ech dän Dahler geholt hätt. Ze erscht wollten ech't net saon, dao dachten ech an onsen Hähr Jesus, on ech saot: ech hätten den Dahler geholt! Ech haon esu vill gekrisch on gebitt, äwer hän hot mer de Dier gewiesen – Vadder, Vadder, schlao mech net, laoß, laoß!« Sie kreischte auf und hielt schützend die Arme vor.

Kohlhaas packte sie mit mächtiger Faust und schlug ihr mit der anderen Hand ins Gesicht, rechts und links, ohne Rücksicht, wohin die Schläge trafen. »Dau schlechtes Mensch, dau Stehlerin, dau –«

»Vadder – Vadder!«

Klatsch, klatsch, immer dichter fielen die Schläge. Der Hund richtete sich knurrend auf und zerrte seinen Herrn an der Hose, ein derber Tritt warf ihn zur Seite.

»Dau – Dau – on nau schär dech, onnerstieh dech noches zerickzekommen – maach!« Noch einmal fiel die geballte Faust schwer auf die Schulter der Tochter, dann drehte der Alte kurz um, raffte den Stock auf, schwang ihn drohend und stieg, seinem Hund pfeifend, mit mächtigen Schritten den Hügelgrat entlang.

Stüppes stand zweifelnd; er drehte den Kopf bald rechts, bald links, dann drückte er sich winselnd an die Füße des Mädchens. »Stüpp!« Ein zweiter Pfiff, ein zorniges »Kommste hei!« und mit eingekniffenem Schwanz schlich das Tier seinem Herrn nach.

Und nun verschwanden sie alle miteinander, der Hirt, der Hund, die Herde. Annemarei stand allein. Ein Windstoß riß ihr das Tuch vom Kopf und peitschte ihr die Haarsträhnen ins Gesicht. Sie schauerte. Ringsum alles kahl, der Himmel grau mit schwarzen Wolkenballen, grau das Maar; unheimlich schweigend lag es in seinem Becken. Grau auch jenseits das Kirchlein, grau die verwitterten Kreuze. Die Ferne wie mit einem grauen Tuch verhangen; eine graue, feuchtkalte Luft legte sich schwer auf die Brust.

Das Mädchen schluchzte und faltete mechanisch die Hände. Sie wollte beten: »Maria, Moddergott's, Gebenedeite unter den Weibern« – warum drängten sich ihr nur die anderen Worte auf die Lippen: »Annemarei – spann die Gei! –« O Jesus, der Hannes! Was tut man nicht, wenn man einen zum Sterben liebhat?!

Sie sieht sich wieder auf dem Tanzboden, sie fühlt sich von seinem Arm umschlungen – wie die Bratsche und die zwei

Violinen in der Ecke kratzen ... nun fällt das Horn ein – eins, zwei, drei – eins, zwei, drei – kritsch, kratsch, diedeldum. Die Petroleumlampe an der Decke schaukelt, die Luft wird dick, ein heißes Atmen strömt durch den Raum. Er preßt sie fester, er raunt ihr in's Ohr: »Annamarei, – Annamarei!« – – –

Huh, wie der Rabe krächzt! – Die Einsame fuhr zusammen. Ein ganzer Schwarm schwarzer Vögel schwirrte vorüber und streifte sie fast mit den Flügeln. Zitternd knüpfte sie das Tuch fester um ihren Kopf – sie war erwacht.

Um sie herum eine grenzenlose Öde, eine todesähnliche Einsamkeit.

Sie schlug das Kreuz, nahm ihr Bündel unter den Arm und schritt langsam, einen Fuß nach dem anderen schleppend, den Berg hinunter. Unten im Tal tauchten im grauen Dunst dunkle Umrisse und bemooste Dächer auf, wie eine helle Scheibe blinkte der Spiegel des Schalkenmehrer Maares – dort, dort an der Wegbiegung die Gestalt des Vaters gleich einem schwarzen Strich, um ihn her als weiße Punkte die Schafe. Nun stand der Strich still, nun wehte der Kittel! Das Mädchen duckte sich rasch nieder. – Er sah sich um! Nun bewegte sich der Strich wieder. – Er ging weiter!

Der Vater war im Dorfe verschwunden, und die Tochter lief hinterdrein mit bebenden Knien und keuchendem Atem.

* * *

II.

Steffen Kohlhaas lag im Bett; es war Nacht, aber er konnte nicht schlafen. Draußen heulte der Sturm und tutete langgezogene Klagetöne in den Schornstein.

Es schneite. Der erste Winterschnee, aber ein Schnee so weiß und kalt, wie einer um Weihnachten. Die Fenster waren dick beschlagen, in der Stube eine beklemmend warme Luft; es roch nach Zichorienbrühe und gequellten Kartoffeln. Wie gern lag sonst der alte Schäfer im Bett, reckte sich behaglich, wenn draußen Nacht und Graus ihr Wesen trieben, und atmete mit Behagen den warmen Duft und Essengeruch.

Heute nichts von dem. Unruhig warf er sich auf seinem Lager daß der Laubsack raschelte; dazwischen hörte er sein Weib schluchzen und seufzen: »O Jeß Marie Jusep – oh – oh –!«

»Hal de Maul, Fra – biste gleich still!« Das Weib schwieg. Nun war's eine Weile ganz ruhig. Im Verschlag nebenan rieb sich die Ziege an der Bretterwand, man hörte deutlich ihr Schaben. Der Wind draußen machte eine Pause – da – da – es tappte was am Hause, – nun drückte es auf die Klinke!

Der Schäfer saß aufrecht im Bett, das Hemd war ihm auf der Brust auseinandergefallen, die Zipfelmütze hing ihm im Nacken – er lauschte angestrengt – – – horch, es tappte wieder am Haus, jetzt glitt es an der Wand entlang – horch, tap-tap! Ein müder Schritt. Nun setzte der Wind ein – hui, pfiff der! Es klang wie Geheul, es ratterte an den Läden, und dazwischen ein langgezogenes Wimmern: »Vadder, Vadder!«

Zitternd fuhr der Alte aus dem Bett, mit unsicherm Schritt tappte er durch den dunklen Ziegelflur und riß die Haustür auf. »Hallao, wän gieht elao?!«

Keine Antwort.

Noch einmal dieselbe Frage, wieder keine Antwort. Und nun noch einmal – wieder nichts! Den Mann packte die Wut, unbekleidet stand er auf der Schwelle, ihn fror, daß ihm die Zähne klapperten. »Donner on Doria, dau Stehlerin, vermaledeite, willste ei'm für en Noar halen?!« Krachend schlug er die Tür zu.

Nun wieder das Jammern: »Vadder – Vadder!« –

Er hörte nichts mehr, er war schon in der Stube und warf sich auf den Laubsack, daß die wurmstichige Bettstatt knackte. Dann lag er still, aber der Schlaf kam nicht; draußen tobte das Wetter mit Höllenlärm, als führe das Wodesheer durch die Lüfte. Er legte die Hände gefaltet an die Brust, das Herz pochte ihm ungestüm gegen die Rippen – nein, er hielt es nicht mehr aus, er stieß sein Weib in die Seite: »Fra!« – »Jao!« Die Alte antwortete sofort, auch sie hatte gewacht. »Wart, Steffen, ech fänken Licht an«, sprach sie mit zittriger Stimme.

Das Lämpchen strahlte auf, und nun saßen die beiden nebeneinander auf der wurmstichigen Bettstatt und starrten sich mit weit aufgerissenen, entsetzten Augen an.

»Maria, heil'ge Moddergotts, erbarm ech – ons Annemarei!« Die Mutter schluchzte bitterlich und rang die Hände, dann raffte sie sich auf und sank vor dem Muttergottesbild drüben an der Wand in die Knie. Sie senkte den alten Kopf auf die Brust, das spärliche graue Zöpfchen hing ihr halbgelöst herunter; im trüben Lampenschimmer sickerten ihre Tränen, schwer wie Blei, über die welken Backen. Unablässig glitten die Perlen des Rosenkranzes durch die Finger und die Lippen murmelten halblaut dazu.

Der Mann betete nicht mit, er saß auf dem Bettrand und stierte vor sich nieder. Er mochte nicht nach jener Ecke sehen, wo einst seine Jüngste gelegen und geschlafen. Ihm war, als müsse das rotwangige Kindergesicht aus dem Dunkel auftauchen, als höre er die frischen Lippen das Abendgebet lallen:

»Dao stieht ein Baum
Daohin leg ech mein Traum.
Daohin leg ech mein Sünd;
Dann schlaofen ech met dem Jesuskind
Met Joseph on Maria rein,
Ganz sicher ein. Amen! –«

Steffen Kohlhaas stöhnte und stützte den Kopf schwer in die Hände.

So kam der Morgen.

Grau und trübe schaute kaum das Licht durch die moosverstopften Scheiben. Es war schon spät. Die Leute im Dorf schaufelten emsig Schnee; eine solche Last war so zeitig im Jahr kaum je gefallen. Mit einem Schlag war's Winter. Die Hände wurden steif, man zog die Mütze übers Ohr.

Gebückt stand der Schäfer vor seiner Hüttentür und schippte den Schnee zur Seite. Er war müde von der durchwachten Nacht, in den Gliedern lag's ihm schwer; er fühlte das Alter. Ein Nachbar trat zu ihm:

»Nao, Kohlhaas. Eier Annemarei es als widder elao? Dao hätt Ihr äwer en Freid gehatt!«

»Ons Annemarei – en Freid?!« Der Alte stammelte es nach.

»Jao, jao, gestern awend hat et bei onsem Trina gesäß, äwer dann is et –«

»Dann ist et – wat?!« Kohlhaas packte mit krampfhaftem Griff den Nachbar bei der Schulter: »Waor, waor is et gangen, Mathes, waor?«

»Nao, bei Eich, häm!« Mathes sah den Schäfer an, als sei der verrückt geworden. »Waor anners?«

»Waor anners!« Der Alte lachte so grell und schneidend, daß es den anderen überlief; dann drehte er sich jäh um, ließ die Schippe in den Schnee fallen und rannte davon wie besessen, die Dorfstraße hinunter. Der Nachbar kopfschüttelnd hinterdrein.

* * *

III.

»Annamarei – Annamarei!« Laut gellend tönt der Ruf über die kahlen Höhen.

Schnee, Schnee überall.

Die Berge haben ein weißes Totenhemd übergezogen, Kraut und Brombeergestrüpp sind darunter verschwunden. Unheimlich wie ein ungeheures schwarzes Loch schimmert der Spiegel des Weinfelder Maares. Die Schneeflocken sind hineingefallen und verzehrt von der dunklen Tiefe – so fallen Tränen der Menschen auf die Erde und versickern im gierigen Grund.

»Annamarei!« –

Der Vater rannte über die Höhe, den treuen Hund am Strick, und schrie nach seinem Kind. Wo war das? – Im Dorf war die Annemarei nicht mehr gesehen worden seit dem gestrigen Abend. »Se es rum nach Daun gangen, gieht lao nach er kucken«, trösteten die Nachbarn. Nach Daun, ja, das wollte der Alte, darum raste er der Höhe zu; jenseits des Mäusebergs führte der kürzere Fußpfad zur Kreisstadt hinunter. Er keuchte, er schwitzte. Der Schnee war weich und ballte sich ihm unter den Sohlen. Er glitt, er sank ein; – stampfend, ächzend langte er oben an.

Nichts zu sehen! Kein Haus, kein Mensch! Nur das Maar in schweigender Majestät, ein Bild des Todes; an seinem Ufer das Kirchlein.

Der Hund stieß ein Winseln aus und drückte die Nase zu Boden.

»Annamarei!« Steffen Kohlhaas hielt die hohlen Hände an den Mund – noch einmal: – »An-na-ma-rei!« Warum schrie der Alte? Sein Kind war jetzt wohl längst in Daun, und er nur, der Narr, rannte hier auf kahler Höh' und stöberte im Schnee herum. O Gott, die Angst! Es schnürte ihm die Kehle zusammen, es hockte ihm auf der Brust wie ein Alp.

»Jesses Maria!« Der Schäfer rang die Hände ineinander: Hier, hier war die Stelle, wo er gestern mit den Schafen gehalten – hier, war die Annemarei vor ihn getreten – hier war sie zu Boden gesunken, hier hatte sie gejammert und geweint, hier hatte er sie am Arme gepackt und geschlagen, hier hatte sie gestanden wie ein Bild von Stein, als er noch einmal nach ihr zurückgeschaut! Gestern noch grüner Rasen, heute lauter Schnee.

»Stüppes, wat haste?« Der Hund riß am Strick und bellte heftig; er strebte mit Gewalt zur Seite, er zerrte den Herrn vom Wege ab. Nicht hin nach Daun geht's, nein, zur Rechten, immer weiter hinab, dem Kirchlein zu. Willenlos folgt Kohlhaas. Stüppes schnobert am Boden hin, den mageren Hals langgereckt, den Schwanz eingezogen. Mit stierem Blick schreitet der Alte dahin. Nun sind sie am Ufer, nun spült die schwarze Lache des Maares gegen den weißen Schneerand, nun stoßen sie an die niedrige Friedhofsmauer, nun stolpern sie zwischen halbverwehten Kreuzen – der Hund bleibt stehen. Er hebt den Kopf zum Himmel und heult, ein furchtbares, grausiges Heulen; von den Höhen hallt es wider, die grenzenlose Einsamkeit gibt es zurück.

Da – da – der Schäfer streckt die Hände vor. Er tut einen kurzen rauhen Schrei. Auf der verwitterten Schwelle des Kirchleins hockt eine Gestalt in die Türnische gedrückt, den Rock über den Kopf gezogen! ... Wie ein Kind, das sich im Dunkel gefürchtet hat. Neben ihr liegt ein Bündel – alles weiß – die Füße stehen im Schnee, Schnee liegt auf dem Rock – – –

»Annamarei!« Mit zitternden Händen reißt der Vater den Rock herunter – weiß wie Schnee ist das Gesicht der Tochter, seltsam schmal und eingefallen, die Nase spitz. Auf der glatten Mädchenstirn über der Nasenwurzel hat sich eine ängstliche Falte eingegraben, gefrorene Tropfen hängen an den Wangen, aber der Mund ist im Lächeln halb geöffnet.

Die schneekalten Hände ruhn im Schoß, fest ineinandergefaltet.

Da steht ein Baum,
Dahin leg ich meinen Traum,
Dahin leg ich meine Sünd.
Dann schlafe ich mit dem Jesuskind,
Mit Joseph und Maria rein,
Ganz sicher ein. Amen!

* * *

Auf den Höhen am Weinfelder Maar hütet der Schäfer Steffen Kohlhaas aus Schalkenmehren noch immer die Schafe. Er ist ein uralter Mann. Ich habe ihn oft gesehen. Wenn die Abendsonne hinter den Mäuseberg sinkt und das Heidekraut purpurn erglüht, dann hebt sich seine Gestalt, wie ein dunkler Schatten, weithin sichtbar ab vom lichtdurchglühten Firmament. Der Hund liegt zu seinen Füßen, um ihn her weidet die Herde. Er steht regungslos, die Hand über die Augen gelegt, und späht den Pfad entlang, der hinunter gen Daun führt. Ein blödes Lachen zieht um seinen verschrumpften Mund: »Jao, ons Annemarei, dat es ze Daun im Hodel – jao – jao!«

* * * * *

Der Osterquell

Langsam stiegen drei Wanderer am späten Nachmittag die schlängelnde Bergstraße aufwärts. Hinter ihnen lag das einsame Wirtshaus, in dem sie ihr Gefährt untergestellt hatten; seine grellen Mauern schimmerten noch herüber. Sonst weit und breit kein Gehöft, kein Dorf. Die Ebereschenbäume zu seiten des Wegs sind noch kahl, der Wind zaust in ihren Kronen; hie und da ein Trupp Tannen und Kiefern, deren Wurzeln am Geröll des Absturzes fast nackt hängen. Rechts geht's tief hinunter in blaue Waldschluchten, links streift der Blick über kahles Plateau. Sonst nichts!

Der Mann im sonntäglichen Tuchrock und schwarzer Schirmmütze setzte den derben Knotenstock kräftig auf, mit seinen weitausholenden Schritten war er längst den andern voraus; mühselig keuchte das Weib nach. Das dunkle Wollkleid hatte sie über dem blauen Friesrock geschürzt und in einem mächtigen Bausch um die Taille gerafft. Man sah's aber doch, sie war gesegneten Leibes. Alle paar Schritt blieb sie stehen und holte zitternden Atem; unruhig drang ihr Blick vorwärts und haftete dann auf dem Kind, das, an ihrem Rock hängend, hinter ihr drein schlorrte. Ein fünf-, sechsjähriger Bube war's, ein bleicher, mit dikkem Kopf und schlotternden Beinen – ein halbblödes Geschöpf, wie es oft in den Eifeldörfern auf der Hausschwelle hockt, den Vorübergehenden mit verschwollenen Augen nachstarrend.

»Juseppche, biste müd'?« fragte die Mutter und strich dem Jungen mit trauriger Gebärde die fahlen Haare hinter die Ohren. Er schüttelte den Kopf, aber er sprach nicht; seine ganze Aufmerksamkeit galt dem roten Regenschirm, den er wie ein Stekkenpferd zwischen den Beinen hielt. Jetzt stolperte er darüber, sein Gesicht verzog sich wie zum Weinen, doch keine Träne lief aus den Augen; er war zu blöd dazu.

Der Wind weht stark und bläht die Gewänder der Dahinschreitenden gleich Segeln; es ist kein Winterwind mehr und doch auch kein rechter Frühling drin. Blaugrauer Aprilhimmel wölbt sich über den Eifelkuppen; in der Tiefe lauert schon erstes Grün, aber auf der Höhe liegen noch vereinzelte Schneeflecke wie Wäsche zum Bleichen.

Es ist Samstag vor Ostern.

Morgen am ersten Ostertag wird die Straße nicht mehr so einsam sein, da zieht es hinauf zum Kloster Buchholz in aller Herrgottsfrühe. Im Dunkel der Nacht brechen die frommen Seelen auf von Eckfelde und Gillenfeld, von Manderscheid und Pantenburg und von noch weiter her. Sie wandern zu zweien und dreien, sie kommen auch um ein Fähnlein geschart mit Gesang: »O heil'ger Benedikte, du treuer Seelenhirt –« sie alle wollen Osterwasser schöpfen aus dem Quell, der neben der Kirchtür unter uralten Buchen quillt.

Es ist heiliges Wasser. Wer bei den ersten Strahlen der Ostersonne schöpft und trinkt, dem rinnt ein neuer Lebensquell durch Mark und Bein.

Sie schöpfen mit der hohlen Hand, sie schöpfen auch in Krügen und bringen es mit heim; der Priester in der kleinen Kirche nimmt den Entgelt und spricht den Segen. Hunderte, mehr als der enge Raum fassen kann, liegen drin auf den Knien; die Türen sind weit aufgetan, der Mosenkopf mit seinem Kratergipfel und die Waldbäume lugen hinein.

Buchholz ist längst kein Kloster mehr, nur wenige Benediktinerbrüder sind zurückgeblieben; ein Schimmer von Heiligkeit webt sich um sie, die jetzt in langen schwarzen Soutanen mit überwachsener Tonsur auf den halbkreisförmigen Bänken das Brevier beten oder im Sonnenschein ihre Kranken leiten. Die geistlichen Herren zu Buchholz sind berühmte Pfleger weit und breit; wer mit Gebrechen belastet ist und die Kosten zahlen kann, strebt zu ihnen.

Sieben Stationen führen hinauf, die heißen die sieben Schmerzen.

»O heil'ge Moddergotts, Gebenedeite unner den Weibern, um deines Sohnes Jeses Christes willen«, sprach das Weib und knixte an der ersten Station vor der steinernen Tafel, darauf in rohem Relief die Gestalt des Heilands gemeißelt ist – die Kriegsknechte drücken ihm die Dornenkrone auf's Haupt. Sich bekreuzigend ging sie weiter. Jede Tafel weist ein neues Bild – da laden sie ihm das Kreuz auf, da bohren sie ihm Nägel durch Hände und

Füße, da tränken sie ihn mit Essig, da stoßen sie den Speer in seine Seite – immer schleppender ward des Weibes Schritt; ihr verhärmtes Gesicht erbleichte tief – es hatte hübsche Züge, feiner als die andrer Bauernweiber – ihre dunklen Augen öffneten sich angstvoll. Am siebenten Schmerz sank sie in die Knie. – »Es ist vollbracht« stand da zu lesen; – der Rosenkranz entglitt ihren Fingern, hart schlug sie die Stirn an den Pfahl der Tafel.

»Jeses Christes, erbarm dich, erbarm dich meiner – Jeses Christes, erbarm dich!« – sie wiederholte wieder und wieder; weiter kam sie nicht; ihre Stimme erstickte, dazu hob sie die gefalteten Hände und preßte sie krampfhaft gegen die Brust. Das Kind stand teilnahmslos daneben, seine Hand ließ den Rock der Mutter nicht los, mit der andern hielt es den roten Regenschirm. –

»Katrein – Katrein!«

Die Frau fuhr zusammen und richtete sich hastig auf; ihr Mann rief: »Äwer, Katrein, wat michste, wuh bleiwste e su lang? Maach doach!« Er stand wartend still und klopfte ungeduldig mit dem Stock auf den Boden.

»Jao, jao, ech kommen!« Sie setzte sich in Trab; unter'm Keuchen des Atems murmelte sie: »O Jeses Christes, ech sein esu angst – erbarm dech – esu angst«!

Jetzt tat sich hoher Buchenwald auf, die Schritte raschelten im braunen Laub, ein modriger Geruch stieg empor, dazwischen ein Duft nach treibender Erde und schwellenden Blattknospen.

»Gel, Juseppche, lao es et su schien; hei bleiwste esu gären?« sprach der Vater und tippte dem Jungen mit der schwieligen Bauernhand kräftig auf die Schulter, daß der in den schwachen Knien zusammenknickte und taumelte.

»Ä!« Der Mann wandte sich ab, halb unwillig, halb schmerzlich. »Es dat en Elend met dem Könd!« Er schob die Mütze nach hinten und kratzte sich seufzend den Kopf.

Der Frau schoß die Tränen in die Augen, mit einem wehen Blick zog sie den Buben an sich und hielt ihn fest umschlungen. »Kreisch net, Katrein«, sagte der Mann und wischte ihr mit der rauhen Hand über die Backen, »mer holen Osterwasser, on dat

Juseppche bleibt owen, dann es de Saach gemaach!« – Die Tränen liefen ihr über's Gesicht – so traten sie in Buchholz ein.

Kein Mensch war zu sehen, die Tür des Wohngebäudes geschlossen, die schmalen, rundbogigen Fenster verhängt. Mathias Steffes klopfte am Eingang; der Klingelzug mit dem Kreuzchen am Griff gab einen undeutlich heiseren Klang. Niemand öffnete.

»Ke Mensch derhäm? Kotzdonner!« Verdrießlich schritt der Mann längs der hohen Mauer weiter zur Kapelle; schüchtern folgte das Weib, den Knaben noch immer an sich drückend.

Wie still ist es hier! Bis dicht an die Kirche reichen die schlanken Waldstämme, Zweige klopfen an die bleigefaßten Scheiben, das heilige Brunnlein rinnt murmelnd und sickert zwischen die Grabhügel des kleinen Friedhofes, des Gartens von Buchholz. Hier muß es sich gut ruhen, wo Baumwipfel Schlummerlieder rauschen und durch den Aushau im Wald eine wunderbare Ferne herüberblaut. Hier muß es gut auferstehen sein, wenn die Sonne des jüngsten Tages strahlend über den Mosenkopf steigt und der ewige Ostermorgen anbricht!

»Holla – hoa – niemand derhäm?« rief der Bauer und hielt die hohlen Hände an den Mund. »Hoa – ech sein dän Mathias Steffes aus Mehren – ech sein dän Bruder von em gaastlichen Hähr, vom Pater Josef – hoa, holla – ech kommen for Osterwasser on ech maanen mein Jong daor ze laoßen for gesund ze gänn – hoa, hä!«

»Wer ruft?!« Die Kapellentür hatte sich lautlos geöffnet, auf der Schwelle stand eine große Mannsgestalt im Priesterkleid; von dem stumpfschwarzen Rock hob sich das Gesicht, fahl und starr, der kräftige Nacken war gebeugt wie unter einer schweren Last. Er war noch jung.

»Josef!« Mathias Steffen stürzte vor und streckte die Hand aus, aber sich besinnend, zog er sie zurück, riß ehrfurchtsvoll die Mütze vom Kopf und scharrte einen Kratzfuß: »Hähr Bruder, exkusieren Se – ech sein dän Mathes, kennen Se mech noach? – On hei es et Katrein, Hähr Bruder!«

Der andere zuckte zusammen; aus seinen tiefliegenden Augen flog ein scheuer Strahl zu dem Weib hinüber, dann senkten sich die Lider, die Arme fielen ihm schlaff am Leib herunter. »Seid gegrüßt!« sprach er eintönig.

* * *

Sieben Jahre waren es, seit Josef Steffen die Weihen empfangen, das Gelübde der Gottseligkeit und Keuschheit abgelegt hatte; sein Priesterkleid war unbefleckt, aber sein Herz nicht rein. Alles Beten half nichts; er hatte zu viel an die Katrein denken müssen, die einstmals an seinem Hals gehangen und geschluchzt hatte: »Ich muß ja den Mathes heiraten, aber dich vergeß ich net, Josef, kannst sicher sein – und wann du zehnmal bei die geistlichen Herren bist – sie sein sehr heilig, aber – mein Josef, o hätt' dich doch deine Mutter selig nie der Kirch' versprochen; wärst du net der Jüngste – wie froh könnten wir sein! Paß auf, Josef, wir sein nun alle beid' wie begraben, du in deinem Kloster, und ich in meiner Eh'!« – –

Sie hatte recht gehabt, er lag wie im Grab. Immer beten, immer fromm sein, wenn das Jugendblut in den Adern hämmert und die Mannskraft sich aufbäumt – da wird man zuletzt starr und kalt, wie ein Toter. Dem Mathes gehörte alles – er war der Älteste – Haus und Hof und die Braut. Der Josef gehörte der Kirche; der hatte die Heiligkeit und den Himmel. –

»Katrein!« murmelt der Josef im schwarzen Priesterrock, als sie in der Kapelle einander gegenüberstehen; nach sieben Jahren zum ersten Mal.

Langsam weicht er zurück bis zum Altar, langsam folgt sie bis zum Altar – sie sind allein. Draußen jagt das blöde Kind eine Eichkatze und der Mathes schaut dem zu. Dämmerung ist's, so eine Dämmerung, in der die Wangen fahler scheinen und die Augen gespenstischer.

»Katrein!«

»Josef!«

Sie streckt flehend die Hände gegen ihn aus: – »Josef, de Ruh – de Ruh!«

Ihre Augen haben einen bittenden, ängstlichen Ausdruck, für Minuten starren sie ihn an, dann gleiten sie scheu an ihm vorbei zum Bild über'm Altar; mechanisch fällt sie auf die Knie: »Maria, Gebenedeite, bitt for ons arme Sünder!«

Die murmelnden Lippen schweigen wieder, man hört jetzt nichts als bange, zitternde Atemzüge – und dann –

»Ech sein gestraoft for mein Sünd, ech haon alleweil an dän Josef gedenkt, vill zu vill! Ech haon mech e su gegrämt, ech wollt net Modder werden von em Könd, dat net dem Josef sein't sein konnt – die Sünd! Dafor es dat Juseppche schwach im Kopp gäwen. – Jeß, o Jeß, mein Sünd!«

Die Tränen stürzen ihr stromweis über die Backen, sie wendet den Kopf und erfaßt mit zitternden Fingern das Gewand des Priesters: »Gaastlicher Hähr, dän Mathes es esu gud, hän schlät net, hän schimpft net – nor dat Juseppche es ons Kreiz, dat Juseppche! Gaastlicher Hähr, halden Sie et ze Buchholz, maachen Se et gesond, Se sein studört – helfen Se mir – mein arm Juseppche!« Sie weint.

Pater Josef steht dabei, er kann nicht sprechen. Wie sich das Weib auf den Fliesen windet und krümmt!

Das ist nicht mehr die Katrein, die er so sehr geliebt hat – dies bleiche, wimmernde Weib mit der entstellten Gestalt ist die ganze beladene Menschheit. Über sein kantiges Gesicht, dem sieben Jahre das Mönchsgepräge verliehen, zuckt es; er denkt nicht mehr an sich – in diesem Augenblick ist der eigene lange Kampf verwischt – ein unsägliches Mitleid mit der da, mit der leidenden Welt, schnürt ihm die Kehle zusammen. Die Hand fährt unter die schwarze Soutane und preßt sich auf die klopfende Brust: »Ein Zeichen, Herrgott; ein Zeichen in meiner Nacht!«

Das Weib windet sich auf den Fliesen. »Mein Sünd' – mein arm' Juseppche – Jeses Christes, erbarm' dech onser!«

Der Priester steht wie versteinert und beißt sich die Lippen – da – in die verdunkelte Kirche tritt der Mathes mit knarrenden Stiefeln; zur Tür kommt der letzte Abendschein herein und beleuchtet die roh gutmütigen Bauernzüge.

»Hähr Bruder«, sagt er und legt dem Priester die Hand auf die Schulter, »sein Se als esu gud on halden Se ons Juseppche hei, et Katrein könnt sech en Schaoden duhn, se kennt sech am

Juseppche versiehn. Gelten Se, Hähr Bruder, Se sein esu freindlich? Zaohlen kann ech!«

Pater Josef nickt stumm.

* * *

Über Buchholz war's Nacht, der Himmel dunkel wie die Erde drunter. Leise rauschte ein Regen nieder, trommelte auf das Kirchendach und tröpfelte von den Zweigen. Drinnen in der Kapelle brannte die ewige Lampe, wie ein Glühwürmchen blinkte sie. Die Heiligenbilder von den getünchten Wänden blickten altersgeschwärzt wehmütig herab, durch eine Luke im großen Fenster fuhr der Nachtwind und raschelte in den Girlanden von weißen Papierrosen, die sich kreuzweis über den Altarraum spannen. Drunter, zitternd beleuchtet vom Licht der schwankenden Ampel, lag Pater Josef auf den Knien.

Wie lange er hier gelegen, wußte er nicht; dumpf wie in einem Traum, wirrten ihm die Gedanken im Kopf – die Katrein von früher, die Katrein von jetzt, das blöde Kind, alles Leid, alle Sünde und die Nacht ringsum. Er blickte zum Gekreuzigten in der Altarnische. »Ein Zeichen, Herrgott, ein Zeichen!«

Todmüde taumelte er auf und strich sich über die schweißbedeckte Stirn; die Lider waren ihm bleischwer, kaum daß er den matten Schimmer hinter'm Fenster erkannte, der Tag graute. Der Regen draußen rieselte nicht mehr, an der Tür strömte ihm eine weiche und doch frische Luft entgegen.

In der Ferne war nichts zu sehen; weißlich wogende Nebel rundum, graue Schleierfetzen zwischen den Bäumen; kein Schall, kein Ruf, keine Berge, kein Tag. Alles verschlossen mit undurchdringlichem Vorhang, am Horizont nur, im Osten, feurige Streifen, wie goldene Bänder, und in der Mitte ein festes glühendes Rot.

Er wankte zur Quelle aus alter Gewohnheit, sacht plätscherte sie zwischen den rohen Steinen; er schöpfte mit der hohlen Hand und trank in gierigen Zügen – wie das labte! Er bückte sich vollends und tauchte seine Hände ein, daß die schwarzen Ärmel feucht wurden, und drückte die nassen Finger gegen die brennenden Augen – wie das kühlte! –

Leise begann im Turm das Glöcklein zu bimmeln, gedämpft drang sein Schall zu dem Gebeugten nieder; er hielt noch immer die Hände vor'm Gesicht, eine köstliche Erquickung strömte ihm von da durch den ganzen Leib. Seine Lider wurden leicht und frei, jetzt schlug er sie auf – er schaute, verwirrt, geblendet – er schwankte fast – – o Wunder, o heilige Ostersonne!

Frei, groß, leuchtend steht sie überm Mosenkopf, eine Welt von Licht geht von ihr aus. Zerrissen die Nebel, verschwunden das Gewoge. Lächelnd, im Glanz, liegen Berge und Täler; die Häuser der Menschen gleich weißen Punkten auf dem ersten lenzfrischen Grün. Und über allem, der Nähe und der Ferne, über dem Kirchlein, über den Buchen mit den schwellenden Knospen, über den Hügeln des kleinen Friedhofs, über der ganzen großen Natur ein heimliches Jauchzen: »Ostern – Frühling – Auferstehen!«

Ein Vogel hebt sich trillernd vom Grasrain – ist es eine Lerche? Ja, mit langem, jauchzendem Geschmetter schießt sie auf in den Äther.

Was ist das?! Bruder Josef breitet die Arme weit aus. Er sieht sich staunend ringsum, er fährt sich über die Augen wie einer, der seinen Blicken nicht traut, seine breite Brust dehnt sich zum Zerspringen unter mächtigem Atemzug, er reckt die starke Gestalt; ist er denn blind gewesen? Geht die Sonne nicht alltäglich so auf? Ist die Natur nicht immer groß und herrlich auch für den im Priesterrock? – Freilich! Aber warum sieht er's nur heute?

Der Priester faltet die Hände und schlägt ein Kreuz: »Das ist das heilige Osterwasser – gelobt sei der Auferstandene!«

Er weiß es nicht, der Mann im schwarzen Rock, 's ist nicht das Osterwasser, das ihn sehend macht; es ist das köstliche Naß, das jetzt seinen Augen entquillt – Tränen heiliger, allbarmherziger Liebe!

Die Glocke im Turm bimmelt immer noch, von weitem hallt Gesang, es schimmert bunt in der Ferne. »Sie kommen«, spricht er und geht ihnen entgegen. Schwarz weht sein langer Rock, aber die Sonne webt darum ein helles Geflimmer; das Weib, das zwischen den Gräbern daherkommt, den Knaben an der Hand, wird schier geblendet. Mit demütigem Gruß weicht sie zur Seite, ihr Wasserkrüglein fest an die Brust drückend. Sie wagt nicht zu ihm aufzusehen, sein Gesicht ist freundlich und doch hoch und ein Glanz ist darauf, den sie nicht kennt.

»Heiliger Hähr«, stammelt sie scheu und hascht nach dem flatternden Ärmel der Soutane.

Er nickt, dann hebt er rasch den Knaben auf den Arm und drückt sein Gesicht an das blöd grinsende Kind. – »Katrein«, spricht er sanft, »Katrein, geh heim in Frieden!« Er macht ihr das Zeichen des Kreuzes auf Stirn und Brust. »Gesegnet seist du, und wenn du ein gesundes Kind hast, dann freue dich und preise den Auferstandenen. Wir beide, der Jusep und ich – gelt du, Juseppchen? – wir tun miteinander auferstehn. Der, da oben« – er berührt die Stirn des Kindes – »ich, hier innen!« Er schlägt sich auf die Brust. »Wir brauchen einander!«

Sie versteht ihn nicht, aber sie fühlt, daß er ihrem Juseppchen gut ist; sie sieht, daß er lächelt, und sie lächelt auch. Mit tiefem Knix greift sie schüchtern nach seiner Hand und drückt ihre Lippen darauf; dann geht sie, ohne sich noch einmal umzuschauen, den blonden Kopf fromm gesenkt.

Unter den Bäumen kommt die Schar der Wallfahrer näher und näher. Die sonntäglichen Gewänder flattern im Morgenwind, bunte Tücher schimmern; blonde, dunkle Köpfe und silberhaarige, Alte und Junge, braune Gesichter, wie aus Holz geschnitzt, und rotwangige, weiche, mit lustigen Augen, sie alle eilen zum Quell des Lebens mit Krügen und Schalen. Hell tönt ihr geistlicher Gesang.

Der Priester tritt mitten unter sie, er überragt die Größsten um Spannenlänge – ehrfurchtsvoll knixen die Weiber, die Männer ziehen die Hüte bis zur Erde; sie murmeln den frommen Ostergruß: »Jeses Christes is auferstanden!«

Und Bruder Josef antwortet laut und fest: »Er ist gewiß und wahrhaftig auferstanden!

* * * * *

Die Schuldige

Abseits vom Dorf liegt der Hof des Simeon Pfalzel. Wo die Berglehne eine Waldblöße zeigt und sanft abfällt in ein schönes Tal, hängt das Haus und schaut aus niedrigen, gedrückten Scheiben in die liebliche Enge nieder, durch welche das muntere Kind der Mosel, die kleine Kyll, jetzt schäumt und rauscht wie ein Gebirgsbach, jetzt still und sittig dahinflutet.

Der Simeon Pfalzel ist kein reicher Mann. Das Dach über seinem Kopf ist nur von Stroh, die Mauer um sein Gehöft bröcklicht; im Stall brüllen nur wenige Kühe, ein dürrer Hahn kräht auf dem Misthaufen, und die zwei Ackergäule sind richtige Schindmähren. Kein Wunder, daß der Bauer mißvergnügt ist und sein Weib auch; dem hängt zu allem noch ein Kropf am Halse, eine recht überflüssige Aufgeblasenheit.

Heute wehen die ersten Frühlingswinde um den Pfalzelhof und rütteln mit jugendlichem Ungestüm an den schiefen Fensterläden, daß sie hin und her klappern und das schwere Hoftor in den verrosteten Angeln kreischt.

Es ist April.

Wie ein lachendes Kind in schneeigen Windeln liegt Ehrang, das Dorf, zwischen Blütenbäumen; mit schimmerndem Weiß sind die Gärten überschüttet. Das ist ein Glänzen und Prangen.

Vor dem Hof des Pfalzelbauern standen ihrer drei, zwei Männer und ein Weib, und lugten scheu durch eine Spalte im Tor. Die Männer hatten langes, straffes Haar, trugen runde Filzhüte, blaue Hemden, dazu allerhand Drahtwaren über der Schulter – armes Slowakengesindel – das Weib war gelb, schwarzäugig, früh verblüht und schleppte ein Kind, in eine Plane gebunden, auf dem Buckel. Sie sahen alle müde, hungrig und verkommen aus; man hatte sie aus dem Dorf gejagt, nun versuchten sie's hier an dem einsamen Gehöft.

Sie stießen das Tor auf, ein rauhhaariger Hund sprang ihnen mit wütendem Gekläff entgegen, und hinterm Stall schlug der zweite an.

»Schnorranten! Schnorranten!« kreischte jetzt eine gellende Weiberstimme vom Fenster her, und aus dem Haus stürzte der Bauer, einen derben Knotenstock schwingend.

»Häh, ihr doa, packt eich! Ludervolk, Zigeiner! – Wat? Honger! Brud! Eloa kommen ech – han sälwst neist ze frässen – schärt eich zom Deiwel.«

Ohne ein Wort wichen die drei zurück, gewandt schlüpften sie zum Hoftor hinaus; die Männer liefen den Waldweg zur Kyll hinunter, nur das Weib folgte langsamer, schleppte müde die Füße und schaute oft verlangend um. Das kleine Geschöpf in der Plane erhub ein jämmerliches Winseln. Nun hockte die Mutter nieder am Weg, langte das Bündel vom Rücken, schlug ihren Rock um daselbe und wiegte es sacht hin und her. Ihre Augen blickten mit einer stumpfen Gleichgültigkeit vor sich nieder, der Wind blies ihr die dünnen Kleider durch und durch und zerrte das fahlrote Kopftuch in den Nacken.

»Pst! pst!«

Sie hörte nicht.

»Pst! pst!«

Droben an der Mauer stand eine Gestalt und winkte. Das Weib fuhr auf und blickte sich scheu um, dann schlich es behend näher. Am Tor die Winkende, eine große Dirne in bäuerischer Tracht, sah sich erst nach allen Seiten um, zog dann schnell ein derbes Stück Brot aus der Tasche und hielt es dem Weib entgegen.

»Dao, for Eich!«

»Diekuji, diekuji, danke«, murmelte die Fremde und grub heißhungrig ihr blitzendes Gebiß in den Kanten. Ein Windstoß wehte ihr dabei die wilden Haare zwischen die Zähne. »Hu, kalt, friert sich arme Kind, chudak!«

Mit einem unbeschreiblichen Ausdruck blieb der Blick der Dirne auf dem kleinen, elenden Gesicht haften. Sie erbleichte jäh, riß dann mit einer heftigen Gebärde das verhüllende große Tuch von ihrem Oberkörper und warf es über das Kind.

»Ah!« Die Fremde grinste und haschte nach der Hand des Mädchens: »Gute Frau, sehr gute Frau!« wies dann erst auf sich, dann auf die andere, dabei verständnisinnig mit dem Kopfe nickend. »Ah, gute Frau, so jung, wird haben auch bald kleine Kind – saplatsch pan, vergelt's Gott!«

Ein Zittern überflog die Glieder der jungen Person, sie nickte stumm und schaute dann unbeweglich dem Weibe nach, das nun hastig dem Wald zulief und bald im abendlichen Dämmer hinter den Büschen verschwand. Nur das rote Kopftuch leuchtete noch einmal auf, und das Wimmern der dünnen Kinderstimme klang zurück.

»Jesses Maria!« Das Mädchen am Tor schüttelte sich wie in innerem Schauer und biß die Zähne zusammen. –

Das war die Barbara Holtzer, des Pfalzelbauern Magd, die im Frühlingsbrausen am Tor stand und mit einem leeren Ausdruck in die Ferne starrte. Ihr junges Gesicht sah schmal und herb aus; keine Spur von Farbe war auf den mattgebräunten Wangen, um den Mund ein Zug von Trauer und Trotz, in den tiefdunklen, gespenstisch großen Augen ein düsteres, ängstliches Fragen.

Vor einem Jahr hatte die Barbe anders ausgesehen, als sie in des Simeon Pfalzel Dienst trat. Da war sie rotbackig hinter den Hühnern dreingesprungen, hatte singend die Kühe zur Weide getrieben, war hurtig mit ihren bloßen Füßen den steilen Pfad zur Kyll hinauf- und hinuntergehüpft, den schweren Wasserbottich auf dem Kopf oder die vollgepackte Hotte auf dem Rücken. Ernsthaft hatte sie zwar immer dreinschauen können für ihre zwanzig Jahre, und verstockt war sie schon als Kind gewesen; aber wenn eins nicht Vater noch Mutter mehr hat und von klein auf zwischen fremden Leuten herumgestoßen wird, kann der Ernst schon kommen. Lachen hatte sie nebenbei ja doch gekonnt.

Aber nun war's aus – alles aus!

Barbara schauderte, sie sah sich um – alles aus! Sie preßte die Hände gegen die Brust und seufzte tief. War's nicht am besten, sie lief hinunter und sprang in die Kyll? Die brauste und schäumte heut. Wenn eins die Augen zumachte und warf sich auf den Grund, dann war das Wasser tief genug, um drinnen zu ertrinken mit aller Not. Aber nein, nein, das wär eine grausame Sünd! »Du sollst nicht töten!« sagte der Herr Kaplan – und das ist gleich, ob man's selber ist oder noch was Ungeborenes. –

»Bah, wat dän spricht!«

Der trotzige Zug um Barbaras Mund trat stärker hervor, mit einer ungeduldigen Bewegung schleuderte sie die widerspenstige, schimmernd blonde Haarsträhne aus der niedern Stirn.

»Wann ech sterben wollt, däht dän mich net dran hinnern on kein Gebetbuch on kein Kirch. Wat später kömmt, dat waaß mer net, on wann ech in dat ewig Fegfeuer muß, duht et lang net e su brennen als dat Quälen hei!«

Sie schlug sich mit der flachen Hand auf die Brust. »Jao, hei hei!«

Große Tränen traten ihr in die Augen, sie starrte wieder eine Weile vor sich hin, dann rieselten die Tropfen langsam über ihre Wangen, und um ihre Lippen irrte es fast wie ein Lächeln. Sie faltete die Hände.

»Maria, Modder Gotts! Gebenedeite unner den Weibern, verzeih mir de Sünd! Ech duhn üwel; mitten in meiner Angst es mer 't e su, als spürten ech doch en groß Freid; ech werden net mieh e su allein sein, e su einsam, ech werden wat Lebigs am Herz haalen, wat mein is, mier zugehert – wan hän mech net heiraoden kann, net will«, – sie knirschte mit den Zähnen, und ihre Augen funkelten drohend – »dann soll hän et bleiwe laossen. Ech han mei Könd, dat han ech, dat kann mer keiner holen – on ech frein mich!«

Sie warf den Kopf in den Nacken, trat in's Tor zurück und schleuderte es kräftig hinter sich ins Schloß. Mit langsamem, schwerfälligem Schritt ging sie dem Hause zu. Dort war's im Flur schon dunkel, schwach tönte vom Dorf das Bimmeln des Abendglöckleins herüber. Das Mädchen bekreuzte sich und stieß die niedrige Stubentür auf.

»Gelobt sei Jeses Christes!«

Simeon Pfalzel und sein Weib murmelten kaum hörbar den Gegengruß. Nur der junge Mensch am oberen Tischende antwortete mit klingender Stimme: »In Ewigkeit Amen!« Aber er sah die Barbara dabei nicht an, und auch sie heftete den Blick unverwandt auf den Boden. Schweigend ließ sie sich nieder und tauchte den Zinnlöffel in die irdene Schüssel mit saurer Milch; sie aß mit Heißhunger, und die Schalenkartoffeln, die vor ihrem Platz, auf den blanken Tisch geschüttet, lagen, verschwanden im Umsehen.

Die vier Menschen redeten kein Wort.

Die zwei Alten schauten verdrossen drein; fast widerwillig sah der Bauer zu, wie rasch die weißen Zähne der Barbe die Bissen zermalmten, und die Bäuerin ließ mit deutlich erkennbarem Mißtrauen ihre stechenden Blicke über die Gestalt der Dienstmagd gleiten.

Der Sohn des Hauses, der schöne Lorenz, rückte bei jedem solchen Blick unruhig auf der Bank hin und her. Röte und Blässe wechselten auf seinem Gesicht. Die Hand, die den Löffel führte, zitterte, daß die Milch auf dem Weg zum Mund verschüttet ward. Er räusperte sich, und sein Löffel stieß in der Schüssel mit dem der Magd zusammen. Was fiel der Barbe ein? Sie saß hier so dreist, so – wo hatte sie nur ihr Tuch? Das tat sie doch sonst nie ab – wegen ihrer argen Verkältung – heut fehlte es! Sein Fuß suchte unter'm Tisch den ihren, sein derber Lederschuh setzte sich mit warnendem Druck auf ihren Holzpantoffel.

Sie hob den Kopf und sah ihn starr an, ohne mit der Wimper zu zucken. Ihr bleiches Gesicht leuchtete ordentlich fahl in der Dämmerung, unter ihren Augen gruben sich blauschwarze Ringe ein.

Jesus, wie sah sie aus! In der Brust des jungen Mannes pochte das Herz mit Ungestüm – wenn sie nur schwieg?! Mit dem Vater war kein Spaßen, und wenn's gar die Anna, des reichen Pächters Tochter auf dem Ramstein, erfuhr – die war zu Trier bei den lieben Nönnchen in »Pennsjohn« gewesen und erst vor kurzem heimgekehrt, die war so zimperlich – die wollte dann vielleicht nichts mehr von ihm wissen! Und er brauchte doch Geld, viel Geld, er war die Kujoniererei satt; wofür war er denn der schöne Lorenz? – Verflucht! Scheu glitt sein Blick zu der Mutter hinüber und von dort auf das Mädchen. Es lag ein wunderbares Gemisch von Besorgnis und Haß, Furcht und Leidenschaft in seinem hellen, begehrlichen Auge. Wenn die Barbe nur fort wäre, fort um jeden Preis – aber wohin?! Geld hatte er keins, sie wegzuschaffen; hielt ihn doch der Vater so knapp. Er mußte arbeiten wie ein Knecht und besaß doch keinen Pfennig. Das mußte anders werden! Unwirsch riß sich der hübsche Mensch an dem starken Schnurrbart und wühlte mit der Linken in seinen krausen Haaren. Wär' sie nur weg! Und doch, wenn er sie so dasitzen sah, den blonden Kopf tief geneigt, die dunklen Wimpern wie ein Geheimnis auf den blassen Wangen, dann zerrte es an seinem Innern und stieg ihm verdunkelnd in den Blick. Er hätte sie in die Arme pressen mögen, bis ihr der Atem verging, ihr den festgeschlossenen, trotzigen Mund mit Küssen aufreißen, sie küssen, küssen in Lust und Pein, und dann – sie wegstoßen. »Ä!« Sie war der Stein des Anstoßes, der Fleck auf seinem Weg. Sie mußte fort.

Mit einem unwilligen »Kotz Donner« sprang der Bursche auf und warf den Löffel auf den Tisch.

»Häh«, fragte die Mutter, »woar giehste? Has de fertig gäß?«

»Woar soll dän Lorenz giehn?« lachte der alte Simeon und verzog dabei das lederfarbene Gesicht in unzählige Fältchen, »sich verlustieren uf den Ramstein, hän wird de Anna karesseren; Zeid es et, dat hän voran micht, mer brauchen Geld in de Wirtschaft – wat? – Häh? – Has de wat ze saon, Barbe?«

Das Mädchen hatte sich mit einem dumpfen Laut erhoben und schritt zur Tür; nun wendete es sich halb um.

»Ne, Bauer – de Küh brüllen, et es Fudderzeit!« Ihre Stimme klang tonlos, und doch saß ein verborgenes Grollen darin. »Et es Zeit, dat ech giehn!«

»Jao, dat glauwen ech aach.« Der Bauer lachte höhnisch und stieß sein Weib in die Seite. »Sag emaol, Mädchen, wie stieht et dann eweil met deiner Verkäldung, has jao heit kein Tuch om? Tät's besser eins omzubinnen – ech sagen der, zom erschten Mai kannste giehn, ech laaden ke lidderlich Framensch in meim Haus. Haste verstannen?«

Barbara gab keine Antwort; die Arme hingen ihr schlaff zur Seite. Es war so still in der düstern Stube, daß das leise Ticken der grellbemalten Standuhr in der Ecke wie Getöse klang.

Keiner regte sich.

Der Bauer stand am Tisch, die schwielige Faust auf die Platte gestützt; das Weib saß und strich halb verlegen die faltige Schürze glatt; der Bursche zwirbelte seinen Schnurrbart und trat von einem Fuß auf den andern. Die Menschen konnten sich kaum mehr sehen; ein trauriges graues Abendlicht machte sich in dem niedern Raum breit. Nur die Gesichter tauchten wie hellere Flecken aus dem Dunkel. Von der Tür her kam ein zitternder Atemzug, dann sagte die Stimme des Mädchens ruhig:

»Ech ziehn net zom erschten, Bauer, ech ziehn zom fünfzehnden Mai, vierwöchentliche Kündigung es afgemaach. Ihr därft mech net vorher rausschmeißen. Ech bleiwen bis zom fünfzehnden; äwer ziehn ech ehnder, müßt Ihr mir Kost on Lohn gäwen; dat is mein Recht.«

»Wat, wat?« Der Bauer schlug auf den Tisch, daß die Schüssel tanzte. »Seid dir gäckig?! Sieh einer dat Framensch an, et will mer Vorschriften gäwen! Hald dei Maul, sei du e su froh, dat ech dech net morgen erausschmeißen!«

»Versucht et!« Das Mädchen kreuzte die Arme über der Brust und trat einen Schritt näher. »Wat haon ech gedahn, dat dir mech schimpft?«

»Dau – dau –« Der Bauer schnappte nach Luft, und nun mischte sich das Weib mit gellenden Tönen ein.

»Fressen on saufen on net satt ze kriehn on neist mieh arweiden können on eim en Bankert uf den Hals setzen – e ne, e su ebbes schreiwt Sankt Paulus net; schämen muß mer sich vor de Leut, mit de Fingren weisen se uf ons Magd – e ne, e ne, dat es net anners, eraus muß se!«

»Ehrlich on unschullig sein ech ze eich kommen«, stieß das Mädchen jetzt zwischen den Zähnen hervor, »on nau, nau – waor sollen ech giehn, dreiwt dir mich in't Waasser?«

»O dau mein Heiland«, die Bäuerin kreischte laut auf und bekreuzte sich dann, »e su en frech Mensch! Hör einer, e su en frech Mensch!«

Und der Mann rief mit dröhnender Stimme: »Ehrlich on unschullig? – Haha! Willste vielleicht gar saon, in onsem Haus haste dein Ehr on Unschuld verloren? Duh kriehn ech et äwer saat – wän von uns hat se der geholt, sag, wän?« Er schrie sie an, und dabei flog sein Blick wie ein scharfes Messer zu dem Sohn hinüber, der den Kopf gesenkt hielt und unverwandt auf seine Schuhspitzen starrte.

Des Burschen Wangen brannten, sein Herz klopfte ungestüm. – Wenn sie sprach, wenn – aber nein, sie fuhr sich jetzt mit dem flachen Handrücken über die Augen, als wische sie dort etwas fort und sah den Bauern fest an:

»Ech haon net gesaot, dat mer jemand von eich de Ehr geholt haot.«

»No, wän dann? Red!«

»Ech sein eich dao drüwer kein Rechenschaft schullig, mein Ehr is emal weg on kemmt net widder. Bauer, dir braucht net e su ze schrein, ech ziehn am erschten Mai – guden Awend.«

Tonlos verklang ihre Stimme; die Tür fiel hinter ihr ins Schloß, fort war sie. Langsam schlorrten draußen ihre Holzpantoffeln über das Steinpflaster.

* * *

Wie ein armer Sünder schlich Lorenz Pfalzel am späten Abend desselben Tages den schmalen Pfad zu seiten der Kyll entlang. Er kehrte von Ramstein heim.

Der Ramstein ist eine alte Burgruine, die sich auf vereinzeltem Hügel, unweit Ehrang, im lieblichen Kylltal erhebt. Neben dem verwitterten Gemäuer mit seinen hohen Fensterbogen und begrünten Zinnen liegt das weiße Haus, in dem Pächter Clässen wohnt, der Vater der hübschen Anna. Er ist ein wohlhabender Mann, hat fette Äcker und Weiden; die Gastwirtschaft, die er betreibt, bringt reichlich ein, die Städter von Trier kommen im Sommer in Scharen. Die hübsche Anna mit den Grübchen in den Wangen und den sanften Augen ist eine begehrte Partie. Der schöne Lorenz und die hübsche Anna machten ein ansehnliches Paar, wenn sie nebeneinander standen – warum sollten sie nicht eins fürs Leben werden? Wenn der Lorenz auch kein Geld hatte, er war fleißig und stattlich, kein Mensch konnte was gegen ihn sagen; sein Ruf war goldklar, und das war die Hauptsache auf dem Ramstein. Der Pächter und seine Frau waren arg fromm, und die Anna noch viel frömmer; die hielt was auf sich. Sie schlug die Augen nieder, wenn der Lorenz kam, und reichte ihm kaum die Fingerspitzen; sie trug sich städtisch und war so fein, so fein – 's war ein Mädchen wie eine Heilige. Seit ein paar Wochen schien der Lorenz Pfalzel auch gern des Heiligenscheins teilhaftig werden zu wollen; fast alle Abend stieg er zum Ramstein hinüber, saß dort in der Gaststube auf der braungebeizten Bank, schwatzte klug mit dem Pächter, machte sich bei der Mutter angenehm und sah sich die Tochter mit beredten, schwimmenden Augen an. Die hübsche Anna sagte meist nicht viel. Sie stickte, wie sie's bei den Nonnen gelernt, an einem Röckchen für unsere liebe Frau in der Kirche zu Ehrang; das war ein Gott wohlgefälliges Werk, und sie hob die Augen nur, wenn der Blick des Burschen gar so brennend auf ihr ruhte. Dann lächelte sie verschämt, und ein tiefes Rot stieg bis in ihre reine Stirn. Heut abend hatte der Lorenz sie wenig angeschaut, er hatte zerstreut vor sich hingebrütet und war bei jeder Anrede zusammengefahren. Die hübsche Kleine wunderte sich, als sie den Verehrer zur Haustür geleitete; sonst benutzte er immer die Gelegenheit, ihr ein paar Schmeicheleien zuzuflüstern, die er so extrafein bei den Soldaten gelernt; heut nichts von allem. Er sagte hastig »gute Nacht« und stürmte davon wie ein Besessener.

Lorenz Pfalzel rannte durch die Nacht neben der rauschenden Kyll daher, als wollte er mit der um die Wette laufen; dann stand er plötzlich wieder still oder setzte einen Fuß zögernd vor den andern. Es war sehr dunkel, am Himmel kein Stern; man konnte kaum den Weg erkennen. Feucht ging's nieder, von den Zweigen fiel es wie Tränen. Man hörte es tropfen. In den Büschen zur Seite rauschte es, der Bursche fuhr zusammen und sah sich scheu um – nichts – niemand! Wie drohende Riesen streckten sich die Bäume des Hochwaldes, die Eichen noch kahl, aber an den Buchen trieb's und schwoll in den Knospen; hie und da schon Keim und Blatt.

Hier, hier hatte er mit der Barbara gesessen – und hier bei dem Steinbruch zweigte der Pfad ab in die enge Schlucht, durch die es einsam und verborgen hinaufging zur Genofevahöhle, wo er mit ihr geweilt in schwüler, wetterdurchleuchteter Nacht, vergessen von Gott und der Welt. Der schöne Lorenz stöhnte und schlug sich vor die Stirn. Das war heut abend wie ein Verhör beim Vater gewesen. – Jesus Maria, wenn sie nicht schwieg und im Dorf unten zeterte! – Dann war's vorbei mit der Anna und der Hochzeit und dem Geld! Der Bursche knirschte mit den

Zähnen und beschleunigte seine Schritte – heut noch mußte er sie sprechen, sich ihr Schweigen sichern um jeden Preis!

Dem Marder gleich, so leise und vorsichtig, strich der Lorenz an der bröcklichen Mauer des Pfalzelhofes entlang, er schob sich durch's Tor und beschwichtigte mit geflüsterten Worten den Hund. Im Haus brannte kein Licht mehr, kein Laut war zu hören; sie schliefen alle. Wie ein Dieb schlich er sich dem Stallgebäude zu; neben dem Kuhstall, in dem kleinen Verschlag, schlief die Barbara. Tap – tap – verstohlen schlurfte des Lorenz Tritt auf dem Pflaster, die Stalltür knarrte leise, er zog sie behutsam hinter sich in's Schloß; eine warm-dunstige Luft schlug ihm entgegen. Die Kühe schnauften, die eine brüllte dumpf im Traum. Stockdunkel war's, durch das spinnverwebte Fensterchen fiel kein Schein zitternden Mondlichts.

Der Bursche lauschte – nebenan alles still – kein Atemzug!

Er tastete zu dem Bretterverschlag. Er stolperte, er stieß sich den Kopf; nun faßte seine Hand nach dem Griff des niedrigen Türchens, drückte ihn nieder – es ging nicht, drinnen ein Widerstand.

»Barbe, Barbara!« Heiser klang das Raunen durch die Dunkelheit. »Barbe, maach uf, ech sein et!«

Keine Antwort.

Stärkeres Flüstern, Rütteln an den schwachen Brettern.

»Uf, Barbara, maach uf, ech sein et, dän Lorenz – maach –.« Kotz Donner, sie verstellte sich. – »Dau mußt mech heren, ech muß met der sprechen – gif Antwort! Barbe, Barbe – Barbara!«

Drinnen raschelte der Strohsack, die Bettstatt krachte, schwacher Lichtschein glomm auf, eine verweinte Stimme entgegnete:

»Jao, wat lärmste e su?«

»Barbe, maach uf, en einzig Word, ech giehn gleich widder – ech muß dech sprechen.«

»E su waart!«

An der Tür ward gebastelt, sie gab nach, der Bursche drängte hastig hinein. Die trüb brennende Stallaterne auf dem Schemel neben dem Bett warf ihren Schein über die Gestalt des Mädchens, das im kurzen Unterrock mit nackten Füßen auf dem Estrich stand. Die Hand hielt den Strick, mit dem das Türschloß festgebunden gewesen, die blonden Haare hingen zerzaust um das blasse Gesicht und fielen lang über die bloßen, schön gewölbten Schultern. Barbaras Augen starrten den Eintretenden groß und düster an:

»Wat willste von mir?«

»Barbe«, der Bursche griff nach ihrer Hand, sie riß sich los, »Barbe, et muß sein, dän Vadder merkt ebbes – du mußt weg.«

»Ech giehn jao.«

»Jao, äwer ganz weg mußte – bleiwste im Dorf, kömmt alles an den Dag, on et darf net erauskommen, et darf net! Barbe, ech haon kein ruh'ge Stund mieh, duh mer 't ze lief, maach weg!«

»Waor?«

»O Jeß, waaß ech et – Jesses, Jesses!«

Der Lorenz faßte seinen Kopf in beide Hände; sie trat dicht an ihn heran und zischelte ihm in die Ohren:

»Sollen ech in't Waasser, in de Kyll?«

Er fuhr auf und starrte sie entsetzt an, er stammelte:

»Ne, e ne, net e su, net e su – dat maanen ech net!«

Sie lachte grell: »Häh, gelt? Duhste dech ferchten, ech däht der erscheinen im Schlaof on dech verfolgen in de Ewigkeit?! Sei ohne Sorg, ech giehn net in't Waasser – dem annern ze lief!« Ein unbeschreiblicher Zug von Schmerz und Hohn zitterte um ihre Lippen. »Fürcht dech net, ech maachen der kein Onverlägenhat. – Dau bis dän Vadder von meim Kind, on dat liewen ech, daodrein es mer ales gäwen, wat Seligkeit haoßt – on sein ech drum verdammt. Ech giehn, Lorenz, sei ruhig!«

»O du mein Heiland!« Der Bursche stöhnte laut. »Barbe, dau duhst mer e su laad, ech sein der e su gud, äwer ech kann dech doch net heiraoden, de weißt, dän Vadder brächt' mech om – on kein Geld im Sack, neist, gaor neist – oje, oje!«

»Jao, wat ech saon wollt« – des Mädchens Augen bohrten sich plötzlich eindringlich in das Gesicht des Mannes – »dat de mech net heiraoden kanns, waaß ech, haon ech gewußt, ehnder ech – äwer, wat saot dein Vadder heut? Dau karesserst met dem Anna? Laoß dat bleiwen, ich raoden der! Mech heiraodste net – dau kanns net – äwer en annere – ne!«

In wahnsinnig ausbrechender Heftigkeit stieß sie das »Ne« fast schreiend heraus, sprang vor und krallte ihre Finger in den Rock des Burschen. Sie rüttelte ihn hin und her, daß er zitterte wie ein schwankes Rohr.

»Ales, ales haon ech for dech gedahn, duhn ech; ech giehn, ech reden net, ech – äwer heiraoden en annre – nä, dat därfste net, dat därfste net, ech –« Sie schüttelte ihn wild und ballte dann die Fäuste. »Liewer sehn ech dech dud vor mer, als dat ech dech ener annern laoß – hörste, Lorenz – Lorenz!«

Die Stimme erstickte ihr, dumpf stöhnend ließ sie sich auf den Bettrand fallen und verbarg das Gesicht in dem groben Kissen.

Regungslos stand der Lorenz, er war totenbleich geworden und sah sich ängstlich um – er öffnete den Mund und schloß ihn wieder; nun kam es stammelnd über seine Lippen:

»Barbe, um Gottes willen schrei net e su, mer könnt et auswennig heren! Dat de mein Schatz bis, waaßte doch – ech – ech –«

»Stotter net, saog kurz on bünnig: ›ech heiraoden kein annre‹, sonst –«

Das Kissen war zu Boden geschleudert, wie eine zum Sprung bereite Katze stand ihm die Barbe gegenüber und starrte ihm mit den großen, wilden Augen unheimlich ins Gesicht. Der starke Bursche stand wie gebannt, ohne Regung, er wagte nicht, den Blick von ihr zu wenden.

Es grauste ihn.

Er hätte sie fortstoßen mögen, davonlaufen, wer weiß wie weit – er konnte nicht. Die Arme hingen ihm wie gelähmt am Leib, der Atem ging ihm zitternd, Schweiß trat auf seine Stirn.

»Kuck mech net e su an – kuck mech net e su an!« Er preßte die Augen krampfhaft zu und hielt sich noch schützend die Hand vor. »Ech haalen et net aus, dau bis e su graulich!«

»Jao, gelt?« Sie lachte wie eine Wilde in höhnendem Triumph, sie lachte, daß das grobe Hemd von ihren Schultern glitt und das lange Haar über ihre Brust fiel. Mit einer heftigen Bewegung schlenkerte sie die Strähnen zur Seite und riß das Hemd herauf;

ihre Zähne blitzten in dem graugelben Laternenschein. Sie lachte, lachte, dabei liefen ihr die Tränen über's Gesicht.

»Lorenz!«

Der Bursche fuhr zusammen. Sie ergriff seine Hand und riß ihn mit sich in die Ecke an ihr Bett, darüber ein buntes Marienbild und ein porzellanenes Weihwasserkesselchen hingen. Sie wies mit dem Finger hinauf.

»Bei der Allerheiligsten schwör mer't, dat de dat Anna net heiraods on aach kein annere net – schwör mer't!«

»Barbe, ech kann net, laoß mech!« Er suchte sich loszumachen und nach der Tür zu entweichen. Sie hängte sich an ihn mit ihrer ganzen Schwere, eine eiserne Gewalt schien in ihren Armen zu ruhen.

»Ech laossen dech net, schwör!«

»Barbe, laoß mech!« Der Bursche krümmte sich.

»Dau schwörst, dau saost: ›Ech schwören bei der Allerheiligsten, bei meiner ewigen Seligkat, ech heiraoden dat Anna net on aach kein annre' – nau saag't!« Ihre Stimme klang leise, raunend, und doch wie Erz; wie Hammerschlag fiel jedes Wort. Ihre Hand hob die des Mannes in die Höhe: »Bei der Allerheiligsten, ech schwören –«

»Barbe, Barbe!«

»Bei der Allerheiligsten, ech schwören –.« Unbeirrt, mit eiserner Festigkeit klang die Stimme der Barbara; mit verzehrendem, sich einbohrendem Feuer hingen ihre weitgeöffneten Augen an den Zügen des Burschen. »Nau, saog et! Ech schwören bei der Allerheiligsten –«

»Ech schwören bei – der Allerheiligsten – bei meiner ewigen Seligkat« – der Lorenz lallte nur so – »ech heiraoden dat –« Er stockte.

»Ech heiraoden dat Anna net on aach –«

»Ech heiraoden dat Anna net on aach –«

»Kein annre –«

»Kein annre!«

»Dau has geschwor!« Dumpf fiel es von des Mädchens Lippen.

Der Mann schreckte zusammen wie ein Nachtwandler, den ein jäher Ruf erweckt; er starrte Barbara an und streckte dann plötzlich mit einem Laut, halb Wut, halb Begehren, die Arme nach ihr aus:

»Eweil es ales hin, zur Höll dermit, komm, küß mech!« Er riß sie an sich wie ein Trunkener und preßte in stammelnder Raserei die Lippen auf ihr Gesicht, ihren Hals, ihre Schultern, daß es schmerzte. »Dau – dau!«

Erst wehrte sie sich, stemmte die Faust gegen seine Brust und stieß ihn zurück; er umfaßte sie wieder mit wilderem Druck. »Jetzt mußte!« Er bebte, sein Atem keuchte. »Ales hin!«

Klang es nicht fast wie ein Schrei? Wer ihn ausgestoßen hatte, man wußte es nicht; mit plötzlichem Ruck warf sie die Arme um seinen Hals, sengend brannten ihre Küsse auf seinen Wangen, ihr Herz schlug heftig klopfend an seine Brust. Sie umklammerte ihn, er umklammerte sie.

»Lorenz, ech haß dech!«

»Barbe, ech haß dech!«

»Ne – ne – dau – dau –«

»Et es doch ales aus – ales hin!« –

Am nächtlich dunklen Himmel jagten die Wolken, unten im Tal rauschte die Kyll. Über den einsamen Hof gingen feuchte Winde, Frühlingswinde, und drinnen in dem Bretterverschlag, in dem düstern Winkel, ein Sturm von Leidenschaft. Mit heißem Kopf, mit benommenen Sinnen taumelte der Lorenz im Morgengrauen aus der Stalltür. Horch, der Hahn krähte schon!

* * *

Der Vorabend des ersten Mai war da.

In den dunklen Büschen zur Seite der Kyll schlugen die Nachtigallen, schmelzend und lockend, fast zu laut und triumphierend für die stille Nacht. Der Wald lag unbeweglich, kein Wind rauschte in den hohen Wipfeln. Das Dorf Ehrang schlief, selten noch in einer Gasse matter Lichtschein; da wachte jemand in Krankheit oder Kümmernis. Lautlos strichen die Fledermäuse in unsicherem Geflatter um Dächer und Schlote. Hie und da im Schatten eines Hauses, in einer tiefen Türnische, ein eng aneinander geschmiegtes Paar; sie küßten sich, sie flüsterten – sonst kein Laut.

Es ging auf Mitternacht.

Der Pfalzelhof lag wie ein regungsloser schwarzer Klumpen im matten Sternenlicht, da knurrte leise der Hund an der Kette; eine flüsternde Stimme beschwichtigte ihn, er verkroch sich winselnd. Das Hoftor ward vorsichtig geöffnet, zwei Gestalten traten heraus. Der Mann trug einen Packen unter'm Arm, das Weib schleppte sich mühselig allein vorwärts. Sie schritten langsam, ohne zu sprechen, dem Dorf zu; hinter den letzten schützenden Büschen standen sie still.

»Gottlob, eraus sein mer!« klang es tief aufatmend; es war des Lorenz' Stimme. »Elhei, Barbe, hol dein Packasch, ech giehn nau zerick, et könnt ons wän attraperen!«

»Gif här.« Die Barbara streckte die Hand aus und riß den Pakken an sich. »Maach eweil, dat de häm kömmst, ech brauchen dech net!«

»Barbe«, der Bursche ergriff des Mädchens Hand, sie fühlte sich an wie Eis, »waaß Gott, Barbe, et duht mer e su grausam leid. Biste mer bös?«

»Ne.«

»Maach eweil, Barbe, dat de ze deiner Tant kömmst ! Ech sein gestern awend bei der alden Katrein gewest, se wird dech ufnehmen«, fuhr der Lorenz dringlicher fort, »on e su bal als de kanns, maach, dat de ruf kommen duhst in de Genofevahöhl, dao kommen ech zu der. Ech schaffen der wat de brauchst, on e su bal ech Geld haon, bringen ech et der, dann machste nach Trier; elao suchste for dat Kind en Unnerkonft on giehst in Dienst. Ech kommen e su oft ech kann on besuchen dech.«

»On dann?« Sie hob das totenblasse Gesicht zu ihm auf und blickte ihn fragend an.

»Noa, dann – dann – noa dat find sech jao! Gieh jetz, gieh jetz nor!« Er schaute sich ängstlich und unruhig um.

»Gieh dau nor!« Ihre Stimme klang trotzig, und ihr Fuß trat heftig auf die Erde. »Gieh!«

»Noa, dann gud Zeit!« Er ging, erst zögernd, unschlüssig, dann rannte er wie gepeitscht; bald sah sie nichts mehr von ihm, nur Dunkel ringsum.

Mit einem tiefen Seufzer ließ sie sich auf einen Meilenstein am Wege fallen; sie konnte nicht mehr, ihr war, als trüge sie Bergeslasten, ihre Knie wankten. Sie faltete die Hände über dem Bündel in ihrem Schoß, der Kopf sank ihr darauf. So kauerte sie in der Nacht, einsam, regungslos. Wohl eine Stunde verging, plötzlich hob sie den Kopf und starrte wild um sich. Droben am Himmel wanderten die Sterne, mit unsicherem Licht gleißten sie nieder zur Erde; wie formlose Ungeheuer reckten sich Busch und Baum empor, gespenstisch fahl schimmerten die weiß getünchten Häuser von Ehrang.

Niemand da – alles still – alles leer – keine Hilfe, kein Beistand!

Mit dumpfem Stöhnen stellte sich Barbara auf die Füße, ein ungeheurer Schmerz durchfuhr sie jäh vom Kopf bis zu den Füßen und drohte ihren Leib in Stücke zu reißen. Eine namenlose Angst trieb ihr Herz zu rasendem Pochen und schnürte ihre Kehle zusammen; sie preßte die blutlosen Lippen fest aufeinander, es hätte sich ihnen sonst ein Schrei der Verzweiflung und Qual entrungen. Langsam, Schritt für Schritt wankte sie weiter.

Nun war die Dorfstraße erreicht. Der Schweiß lief ihr über's Gesicht. Mit zitternder Hand tastete sie sich an den Wänden der Häuser entlang – wie endlos die Straße, wie ewig weit das Armenhaus, drin die Katrein hauste!

Der Atem der wankenden Gestalt keuchte, es klang wie ein Ächzen durch die Stille; nun blieb sie stehen – wieder dieser ungeheure jähe Schmerz und nun wieder und wieder, Barbara lehnte sich an die Mauer und stöhnte. Jetzt raffte sie die letzte Kraft zusammen – noch diese Gasse – noch diese Ecke – dort am äußersten Ende des Dorfes das kleine, halb zusammengesunkene Haus, abseits von den übrigen, das war's!

Mit einem Laut, halb Wimmern, halb Erlösung, brach sie vor den Stufen nieder, auf Händen und Füßen kroch sie hinan. Sie stieß mit der Faust gegen die Hüttentür:

»Tant, maacht uf, Tant Katrein, um Christi willen, maacht uf!«

Bange Minuten verstrichen, dann tönte von innen eine zittrige Stimme:

»Wän is eloa, bis dau et, Barbe?«

»Jao, jao«, das Mädchen ächzte, »maacht – Jesses, maacht rasch!«

Die Tür ward vorsichtig geöffnet, ein runzliges, gebücktes Weib mit Triefaugen und Kropf leuchtete mit einem flackernden Öllämpchen heraus.

»Jeß Mari Jusep, Jeß Mari Jusep!« Fast ließ die Alte das Lämpchen fallen. »Barbe, es et als e su weid – Könner, Könner!«

»Laoßt mech rin!« Barbara schob sich über die Schwelle; halb kroch sie, halb zog die Alte sie.

Die Tür fiel in's Schloß, der Riegel ward vorgeschoben.

Aber hinter dem verhängten Fensterchen der Hütte glomm matter Lichtschein die ganze Nacht, und als das Frührot am Himmel flammte und unter Vogelgeschmetter der junge Tag über die Berge lugte, erklang drinnen in der elenden Stube der Armenhäuslerin der erste wimmernde Schrei eines Kindes.

* * *

Droben im Wald bei der Genofevahöhle spukte es. Das ganze Dorf wußte es, seit Wochen ging's dort um. Die Kinder, die nach Kräutern und Veilchen sich tief im Dickicht verloren hatten, waren entsetzt heimgekehrt. Es war nie recht geheuer um die einsame Stätte gewesen, selten betrat ein Menschenfuß den schmalen, schwer erkennbaren Pfad, der zwischen Geröll und kaum durchdringlichen Büschen den steilen Berghang hinaufführte. Nur der zierliche Huf des Rehs drückte sich in das weiche Moos, und in den zitternden Sonnenstrahlen, die den grünen Rasenfleck vor der Höhle vergoldeten, wärmten sich schillernde Eidechsen. Heuer aber hatten die Dorfbuben, die den Wald durchstreiften, droben ein seltsames Singen gehört; dazwischen klang's wie Weinen einer Kinderstimme. Die stille Sommerluft trug die wunderbaren Laute an ihr Ohr, lauschend standen sie.

Horch, wieder das Singen! Oder rauschten die Büsche nur so, oder murmelte der Quell, der den Hang hinunterplätscherte? Leise, gedämpft, wie aus der Tiefe der Erde kamen die Klänge. Mit aufgerissenen Augen, mit offenem Mund schlichen die Kinder näher, sich schiebend und drängend und einander beim Jackenärmel haltend.

Was war's? – Alles still.

In den Büschen wisperte der Wind, im Kraut raschelte eine Eidechse – huh, sie fuhren zusammen. Mit dornigem Arm langte der Brombeerstrauch nach dem Kittel des vordersten, der Fuß glitschte auf dem feuchten Moos; zögernd standen sie.

Horch, horch, nun wieder Singen! Lallen eines feinen Stimmchens! – Die Heilige Genofeva wiegte ihr Kind!

Zitternd vor Angst und Neugier schlichen die Buben näher – da – da – hinter dem Buschwerk, das wie ein schützender Wall den kleinen Plan umfing, an der Quelle, die dem Sandsteingeklüft entsprang, sah man sie stehen, die Genofeva! Die Heilige! Den Lauschern sträubte sich das Haar. Sie stand am Eingang der Höhle, hinter ihr gähnte das Dunkel, um ihr Haupt woben sich Sonnenstrahlen; gleich einem Mantel von gesponnenem Gold floß das Haar um ihre Schultern – und nun hob sie das Gesicht, ein überirdischer Glanz ging von ihm aus, das Gras ihr zu Füßen neigte sich, himmliches Wehen säuselte durch die Bäume, ein Hallen und Tönen ging durch die Luft – die Kinder sahen nichts mehr.

Gleitend, stolpernd, sich überkugelnd, stürmten sie den Hang hinunter. Dornenzweige schlugen ihnen in's Gesicht, Jacke und Hose rissen in Fetzen; bleich, atemlos, außer sich vor Entsetzen und Wichtigkeit kamen sie heim.

»Mer haon se gesiehn, mer haon se gesiehn, de heilig Genofeva! Se stand owen vor ihrer Höhl, en Heiligenschein uf em Kopp, de Hirschkuh lag er ze Füßen, on Engelcher wiegten dat Könd; mer konnt de himmlische Muhsik heren. Mir haon se gesiehn!«

»Se haon se gesiehn! De heilig Genofeva gieht om!«

Wie ein Lauffeuer durchflog's das Dorf; die Kinder wurden befragt und ausgehorcht, selbst der Herr Pfarrer ließ sich herbei, die Erzählung mit anzuhören. Da war kein Haus, in dem nicht von der wunderbaren Begebenheit die Rede war; zwei, drei Leute saßen nicht beieinander, ohne sich in die Ohren zu tuscheln: »Se gieht om, se haon se gesiehn!«

Die alte Sage vom Ritter Siegfried auf Burg Ramstein ward wieder lebendig, der dem falschen Knecht sein Ohr lieh, sein unschuldiges Weib der Untreue zieh und von sich stieß, daß die arme Genofeva in der Höhle, tief im Wald, Zuflucht suchen mußte, dort ihr Kind mit Tränen herzte und mit der Milch der Hirschkuh ernährte. Sie saß viele Jahre in dem dunklen Felsenloch. Ihr Gewand zerriß, sie hatte nichts zum Mantel als ihr goldnes Haar; aber zuletzt ward sie heilig, und die Engel setzten ihr eine Strahlenkrone auf's Haupt. Und nun hatten die Kinder sie gesehen.

»Jao, jao, ech glauwen et wohl«, sprach die Katrein Holtzer, die derweilen als einzige Pfründerin im halbverfallenen Armenhaus hockte, und nickte geheimnisvoll, daß ihr Kropf wackelte, »lao haon ech se schuns mannigmaol singen heren, wann ech erumgekraucht bin nach Holz on Beeren; äwer, äwer ech haon mech dao dervon gemaach on niemand neist verzählt. Et es net wohlgedahn, et es net wohlgedahn, wann mer daodrüwer reden duht, on gar de Heilige siehn – dat ons Gott bewaohr!« Sie schlug fromm ein Kreuz, und die Umstehenden schlugen rasch eins mit.

»Mech soll et wunnern«, die Alte blinzelte scheu herum und ihr zahnloser Mund flüsterte, »paßt uf, ech duhn net daofür kurantören, ob de Könner net verspillt haon, de Heilige läßt sech net ongestraft beluren – et es net wohlgedahn, et es net wohlgedahn!«

Die Katrein hatte so unrecht nicht. Fischer Matthes sein Pitter; der erste, der die Genofeva geschaut, der auch nachher im Dorf den größten Mund gehabt hatte, ward wenige Tage danach krank. Was ihm fehlte, wußte man nicht; er hatte es arg im Leib, und kein Essen war ihm bekömmlich. So sehr schlimm war es eigentlich nicht, aber der Bube hatte eine Höllenangst und schrie immer:

»Modder, Modder, et sein net de onreifen Kerschen, et es de Genofeva! Ech gänn gestroft, ech haon mit de Fingren uf er gezeigt!«

Und die Mutter heulte und rief die Gebenedeite und alle Nothelfer; nur keinen Doktor.

»Wat soll hän aach hei? Dao hilft kein Medizin einholen, ons Pittchen muß doch stärwen!«

Da war kein Mensch in ganz Ehrang, der zur Genofevahöhle hinaufgestiegen wäre. Einsam und gemieden lag sie inmitten dichten Waldes; der Kühne, der sich von Neugier getrieben ein Stück den Berghang hinaufwagte, hörte kein Singen mehr; es war verstummt. Die Kinder durchstreiften andere Gegenden, nur die alte Katrein, die Armenhäuslerin, trollte tagtäglich den Weg durch die enge Schlucht, von der es zur Höhle hinaufging. Sie brauchte sich nicht zu fürchten, sie war alt und lebensmüde, hatte nichts mehr auf dieser Welt zu verlieren. Seit ihres Brudersohnes Tochter, die blonde Barbara, die beim Pfalzelbauern in Dienst gestanden, sich so plötzlich und über Nacht davongemacht, hatte sie keine verwandte Seele im Dorf mehr. Wo die Barbara nur hin war? Man hatte freilich beim Pfalzelbauern auch nicht viel von der Magd gesehen, der Hof lag abseits, sie war nicht in's Dorf gekommen aber wissen wollte man doch gern, wohin sie gegangen war.

»Lao runner haot se gemaach«, sprach die Katrein auf alles Fragen, hob den runzligen Steckenarm und wies nach irgendeiner Himmelsrichtung. »Se haot et saat gehatt, dat Hongerlieden beim Pfalzelbauer. Wat wissen ech?! Wird schon emal schreiwe laossen, dann duhn ech et eich verzählen – o – a – ha, es dat en Läwen!«

* * *

Es ging auf die Erdbeerzeit. Am Sonntagnachmittag auf dem Ramstein war reges Treiben. Die Sonne schien strahlend hell, fast zu heiß, aber die schattigen Waldwege waren doch erquickend. Überall schaukelten unter Busch und Kraut die unzähligen purpurnen Perlen der Erdbeere, daneben standen noch die lieblichen weißen Blüten; Hoffnung und Erfüllung an einem Stengel. In Scharen strömten die Städter in's Kylltal; sie kamen bis Ehrang mit der Eisenbahn oder zu Wagen; nun pilgerten sie zu Fuß hinüber nach dem Ramstein, erfüllten den Wald mit Gesang und Lachen und Jubelruf, warfen Kiesel in den rauschenden Bach und wichen kreischend dem Spritzen der Wellen aus, sammelten Blumen, schlangen grüne Gewinde um Hut und Haar und priesen entzückt den würzigen Duft, die Süße der Erdbeeren. Manch steifer Rücken beugte sich, um die lockende Frucht zu gewinnen; manch helle Sommerhose verunzierte ein saftiger Grasfleck; manch zarte Mädchenhand sammelte die zierlichen Stengel zum Sträußchen und steckte das lacheInd an die junge Brust. Strohköpfige Dorfkinder standen am Weg und starrten den geputzten Fremden nach; auch sie hatten ihren besten Staat an, die Kattunschürzen steif vor Stärke, die Haare mit Wasser hinter die Ohren gestrichen.

Die hübsche Anna auf dem Ramstein prangte im hellblauen Kattunkleid mit blendend weißer Schürze; die braunen, schön geflochtenen Zöpfe hielt der silberne Pfeil am Hinterkopf zusammen, eine sanfte Röte lag auf den runden, noch kindlichen Wangen. Sie hielt beharrlich die Augen gesenkt bei allen Schmeicheleien, die ihr zugerufen wurden; nur das Vertiefen der Grübchen rechts und links von dem lieblichen Mund zeigte an, daß sie einen Scherz verstanden hatte. Eilig wie eine Bachstelze trippelte sie zwischen den Tischen hin und her, die der Vater aus rohen Brettern droben, inmitten der Ruinen der alten Burg, oder drunten auf saftig grüner Wiese, aufgeschlagen hatte. Emsig eilte sie ab und zu; bald war sie hier, bald dort.

»He, schöne Anna, mir Kaffee! Hier Milch! Hier Bier! Einen Schoppen – schöne Anna, hören Sie doch! Schöne Anna, wenden Sie mir doch auch mal einen Blick zu!« – so schallte es ununterbrochen an ihr Ohr. Nun endlich eine Pause! Aufatmend hielt sie inne und lehnte sie sich gegen den Tisch, der ein wenig abseits stand, und an dem ein einzelner Herr in dunklem Rock und hohem Hut Platz genommen hatte. Es war ein Mann in mittleren Jahren; aus dem klugen Gesicht blickten ein Paar tiefliegende, sinnende Augen und hefteten sich freundlich auf das rosige Mädchenantlitz.

Staatsanwalt Karl Milde aus Trier kam schon seit Jahren auf den Ramstein. Er plauderte gern mit der hübschen Anna, die ihm schon als Kind im kurzen Röckchen entgegengesprungen war; manche Zuckertüte war in die kleinen verlangenden Hände geglitten.

»Nun, Fräulein Anna«, sagte er und hielt ihr die Hand hin, »wie steht's?«

»O, ich danke, es geht mir gut«, sie knixte und legte ihre warmen Finger vertrauensvoll in die dargebotene Rechte, »und Ihnen, Herr Staatsanwalt?«

»Na, solch ein Junggeselle wie ich, wie soll's dem gehen?« Ein leichter Schatten flog über das ernste Männergesicht, und die Falte zwischen den Brauen vertiefte sich. »Unsereiner hat viel Not unter Händen, viel Elend, viel Schuld. – 's dient nicht gerade zur Erheiterung! Wissen Sie was, Fräulein Anna, heiraten Sie keinen vom Gericht, das sind nicht umgängliche Leute!«

»Wären auch viel zu fein for mich!« Sie lachte leise, und ein tiefes Rot flog über ihre Wangen; gleich darauf schlug sie zum ersten Mal die sonst beharrlich gesenkten Lider auf und sah den Herrn mit ihren klaren Augen fast zärtlich an. »Ach, Herr Staatsanwalt, wann all die Herren vom Gericht sein täten wie Sie! Wenn Sie ei'm angucken, wird's einem ganz warm hier herum« – sie wies auf's Herz – »man kriegt gleich e so en Vertrauen. Sie tut doch gar keiner anlügen, gelten Se? Ihnen gestehn die Leut gewiß gleich, was sie Böses getan haben?«

»Das läßt sich halten.« Der Staatsanwalt lächelte und zuckte die Schultern.

»Nein – net?« Das Mädchen war ganz erstaunt. »Ne, ich muß Ihnen alles sagen, 's is ja freilich nix e so Böses, aber eigentlich verzählen sollt ich's net. Ich – ich –«, sie stockte, errötete und wickelte den weißen Schürzenzipfel um die Finger, »ich will mich verändern, ich bin Braut, seit gestern!«

»Was Sie nicht sagen! Potztausend, kleine Anna, ich gratuliere, gratuliere von Herzen!«

»Pst, pst, net e so laut! 's is noch heimlich, mein Bräutigam will noch net, daß es unter die Leut kömmt!«

»So, und warum denn nicht? Wer ist denn der Glückliche?«

Sie hob den Arm und wies über den Wald hin.

»Drüben bei Ehrang auf dem Pfalzelhof wohnt er, 's is dem Pfalzelbauer sein Lorenz!«

»Was, der Lorenz, der schöne Bursche?! Mit dem bin ich erst neulich ein Stück Wegs gewandert – ein schmucker Bräutigam, das muß man sagen!«

»Gelten Se?« Die Anna lachte glückselig, ein Schimmer freudigen Stolzes verklärte ihr Gesicht. »Und so brav! Sehen Se, Herr Staatsanwalt, Geld hat er keins, aber das tut nix. Er ist e so brav und fleißig. Die Jungfrau Maria hat mer en rechtes Glück beschert – wann ich's nur verdien'!«

»Liebes Kind«, der Mann ergriff die Hand des Mädchens und drückte sie herzhaft, »gewiß verdienen Sie's, Gott segne Sie. Ja, ja, aus Kindern werden Leute, aus Mädchen werden Bräute. Schau einer die kleine Anna an! Was werden die Leute in Ehrang sagen?«

»O je, die haben jetzt e so viel zu schwätzen, da acht keiner auf uns! Denken Se nur, Herr Staatsanwalt, was passiert is! Die Kinder, die im Wald erumgelaufen sind, die haben e so en wunderbar schönes Singen gehört, und wie sie dem nach sind, kommen sie hoch oben vor die Genofevahöhl, und da wird's ihnen e so gruselig und doch e so andächtig, und vor der Höhl is en Glanz gewesen, daß ihnen die Augen übergelaufen sind, und in dem Glanz hat eine mittendrin gestanden, herrlich, mit langem goldenem Haar bis an die Knie und –«

»Nun, und?«

»Das war die heilige Genofeva«, flüsterte Anna und öffnete ihre Augen weit, »das war sie!«

»Was Sie nicht sagen, kleine Anna«, dem Herrn Staatsanwalt zuckte es bedenklich um die Mundwinkel, »das ist in der Tat eine höchst aufregende Geschichte; wenn sie nur wahr ist!«

»Gewiß, gewiß, die is so wahr wie Amen in der Kirch«, eiferte das Madchen. »Und denken Sie nur, dem Fischer Matthes sein Jung, den is e so frech, den hat gesagt, eigentlich hätt' die heilig Genofeva akerat ausgesehn wie andere Frauensleut auch – die Sünd! Aber die Heilige hat ihn gestraft, er liegt schon lang e so krank, er wird wohl sterben. Was sagen Sie da derzu, Herr Staatsanwalt? – Aber Jeß, ich stehn und verschwätzen mich und im Haus is e so viel zu tun! – Adieu, adieu, Herr Staatsanwalt, bis gleich!«

Fort war sie, Milde sah ihr nach.

»Ein liebes, prächtiges Mädchen; wundert mich, daß sie noch so abergläubisch ist. Die heilige Genofeva – lächerlich! Ich will mich doch jetzt einmal aufmachen und zur Höhle klettern, vielleicht erscheint mir das Wunder auch.« Mit einem sarkastischen Zwinkern ergriff er Hut und Stock und schlenderte langsam dem Walde zu.

Staatsanwalt Milde war eine bekannte und beliebte Persönlichkeit, von allen Seiten wurde er gegrüßt. Auf der grünen Wiese tummelte sich die Jugend in allerlei Spielen. Bunten Schmetterlingen gleich flatterten farbige Mädchenkleider über den Rasen, heller Zuruf ertönte, Lachen, Scherzen; manch schönes Auge blickte dem Vorübergehenden verstohlen nach. Milde schob sacht die Kinder aus dem Weg, die ihm in der Lust des Spiels vor die Füße taumelten, er grüßte hier, drückte dort eine Hand, ging aber unbeirrt weiter. Bald lag der Lärm, das Getriebe hinter ihm; er trat unter die ersten hohen Stämme. Noch einmal schaute er zurück. Es war ein lieblicher Anblick. Die Ruinen des Ramstein glänzten im letzten Sonnengold, das Freudenfähnlein im obersten Fensterbogen wehte, sauber und weiß blinkten die Mauern des Pächterhauses. Drunten die Wiese glänzte wie Smaragd, übergossen von buntem Geflimmer, rote, blaue, schwarze, weiße Punkte wirbelten durcheinander; das war eine Lust, ein freudiges Gewoge! Die hüpfenden jugendlichen Gestalten, das Lachen heller Kinderstimmen, darüber ein harmlos blauer Himmel, mitten hindurch das silberne Band der Kyll, rund umher sanfte, schön belaubte Berglehnen – alles verschlang sich zu einem Bild der Anmut und des Friedens.

Der Einsame seufzte. Mitten im Freudenschimmer tauchte ihm die Nachtseite des Lebens auf. Zu oft hatte ihn sein Beruf in düstere Zellen geführt, Sonnenlicht und freie Luft blieben draußen; hinter den Gitterstäben hatte er eine Welt voll Pein und Schuld gesehen. Die Daseinsfreudigkeit, der nicht reflektierende Genuß des frohen Augenblicks waren ihm verkümmert.

Hatte er seinen Beruf verfehlt? Oft hatte er sich's gefragt, wenn sein Herz so töricht pochte, wenn sich ihm Worte der Entschuldigung statt Worten der Anklage auf die Lippen drängen wollten.

Er war zu weich, viel zu weich; er sah nicht mit den Augen des Richters. Er sah mit denen des Menschenfreundes. Seine Seele krampfte sich zusammen beim Leiden der Welt, sie bäumte sich auf, sie wollte sich empören gegen das ›Schuld ist Schuld, Gesetz bleibt Gesetz‹. Er war kein guter Staatsanwalt, er würde keine Karriere machen, und mit Recht; wie weiches Wachs darf der nicht sein, der da immer zu sprechen hat: »Ich klage an.«

Der Grübelnde fuhr zusammen, ein greller, lustiger Kinderschrei drüben von der Wiese her schreckte ihn auf. Wie sie lachten! So viel Frohsinn, so viel Heiterkeit; warum sah er, er allein, immer zuerst die düsteren Schatten, die das blumigste Tal verdunkeln?

»Ä!« Mit unmutigem Kopfschütteln trat Milde seinen Weg an. Der war einsam. Die Bäume standen wie Riesenwächter, kein Hauch flüsterte in den Blättern; es war still, kein Vogelruf, kein Käfersurren. Er schritt weiter. Der Pfad ward schmal und schmäler; nun sperrte ein Bach den Weg, schäumend und perlend sprudelte er zwischen moosigen Steinen. Der Wanderer sprang hinüber, dichtes Gebüsch umfing ihn, ein steiler Hang stieg vor ihm auf. Stamm an Stamm, so dicht wie eine Mauer; darunter üppige Farrenwedel und rankendes Brombeergestrüpp. Hier ging's hinauf zur Höhle! Milde wischte sich den Schweiß von der Stirn. Es war ein mühseliges Steigen, ein Klettern ohne Weg und Steg, ein Anklammern und Forthelfen an vorstehenden Wurzeln und überhängenden Zweigen.

Tiefatmend hielt er inne und lehnte sich an einen glatten Buchenstamm. Goldne Kringel tanzten vor ihm auf der Moosdecke, hoch oben, wo die dichten Wipfel ein Stückchen Himmel hereinschauen ließen, segelte ein leichtes Abendrot. Grünes dämmerndes Licht umfing einschläfernd die Sinne; da – horch – ein Ton, ein verirrter Klang!

Es sang jemand.

Leise wie ein Hauch wehte es über die Büsche – der Wanderer fuhr zusammen. Das kam von der Höhle!

Er kletterte weiter, er kroch auf Händen und Füßen – jetzt war er oben, nur dichtes Buschwerk trennte ihn noch von dem kleinen Wiesenplan. Er blieb auf den Knien liegen und lugte mit scharfem

Blick durch's Gesträuch. Die Augen waren ihm wie geblendet, sie gingen über. So golden, so grün war der Rasenfleck, wenige Fuß im Geviert, vor der düsteren Höhlenwand. Tausend Blumen blühten darauf, ein reiner Quell plätscherte, auf tiefhängenden Zweigen der umstehenden Bäume saßen Waldvögel in Scharen und bliesen die Federn auf. Süß und sanft wie im Traum klang ihre Melodie: »Tirili – tüi – tüi« und dazwischen fielen Worte, halb gesungen, halb gesummt:

»Owen uf em Berge –
Gieht e su leis dän Wind –
Dao sitzt Jongfra Maria –
On wieget ihr Könd –
Su – su – haija popaija – su – su«

Tirili – tüi – tüi –

Wer war das? Ein Mensch, die heilige Genofeva selber?

Dem Lauscher stieg das Blut zu Kopf, sein Herz pochte, er war erschrocken, verwirrt; sollte er das seltsame Wesen anrufen, das da mitten im Sonnengefunkel saß, ein Kind in den Armen? Sie wiegte es sacht hin und her, dabei glänzten ihre langen Haare wie gesponnenes Gold. Sie saß auf einem Stein, die nackten Füße standen in lauter Blumen, ihr Gesicht schwamm in geheimnisvoll schimmerndem Duft.

Nun lächelte sie, mit unbeschreiblicher Glückseligkeit neigte sie sich zu dem Kind in ihrem Schoß. – Nein, das war keine Heilige, sie öffnete den Mund, sie sprach, unverfälscht kam der Moseldialekt über ihre Lippen

»Gelt dau, mein Jüngelche, dat Sönnche is e su schien, dat duht onsem Könd e su gud – o dau mein lief, goldig Engelche!« Sie bedeckte die kleinen Hände des Kindes mit Küssen. »Jao, wann ech dech net hätt! Kuck, ech möchten vor dech hinknien on dech anbeten als wie en Wunner; bitt dau for mech an Gottes Thron – o dau mein Herrgöttche! – Erscht sein ech e su arm gewest, nau sein ech e su reich, kein Königin hat mieh – dau – dau – su su – haija popaija!«

Sie preßte das Kind lebhaft an ihre Brust, dann stand sie auf und ging mit wiegenden Schritten hin und her. Milde wagte nicht zu atmen, mit weit geöffneten Augen starrte er auf die Gestalt des jungen Weibes. Alle Märchen der Kindheit schossen ihm durch den Sinn, er kam sich selber vor wie im Märchen. Um ihn her tiefste Waldeinsamkeit. Wie verzaubert sangen die Vögel, Grillen zirpten heimlich, und mitten in der Blumenwildnis ein Wesen – nur eine Bäuerin im groben Friesrock mit geflicktem Hemd – aber die Füße, die Schultern so weiß, die Haare golden, auf dem Antlitz die verklärende Seligkeit himmlischen Mutterglücks.

Langsam verblaßte das Sonnengold, ein Windhauch schauerte durch die Büsche, zusehends ward es dämmrig und dämmriger; nur ein schmaler Streifen Licht fiel noch schräg über den Wiesenplan. Milde fühlte nicht, daß ihn die Knie schmerzten, er lugte noch immer durch's Gesträuch – nun machte er eine unvorsichtige Bewegung, ein Zweig knisterte, gleich dem gescheuchten Reh fuhr das junge Weib zusammen. Zwei große schwarze Augen glitt über die Büsche hin, halb furchtsam, halb wild drohend – einen Augenblick nur, dann lächelte das weiße Gesicht wieder.

»Ne, ne, et es dän Wind gewest, dän Wind on de Heimelcher im Gras – ha, ha!« Sie lachte gedämpft. »Se finnen mech net, mech net on dech net – o dau – dau!«

Sie hob wie im Triumph mit beiden Armen das Kind in die Höhe. Milde sah über dem Bündel armseliger Lumpen ein winziges, rosiges Gesichtchen; dann verzog sich dasselbe, ein klägliches Weinen ertönte.

»Jao, jao, mei goldig Engelche, dau has Honger, dau duhst frieren, waart!« Eilig kauerte die Mutter nieder, schlug ihren Friesrock über die Schultern und legte unter der wärmenden Hülle das kleine Geschöpf an ihre Brust.

Unhörbar zog sich der Lauscher zurück. Jetzt war's genug, ihm kam's nicht zu, weiter das Mutterglück zu belauschen; fast wollte es ihn schon wie Scham beschleichen, ein unerklärliches Gefühl durchzog sein Inneres. Wie benommen glitt er den Abhang hinunter. Das Weinen hatte aufgehört, nur »Su, su – haija popaija« klang noch schwach hinter ihm drein.

Drunten stand er tiefatmend still und faßte sich an die Stirn. War's möglich! War's nicht ein Traum, war er es selber noch?

Freilich, da sprang der Bach schäumend und perlend über die Steine, und dort führte der Weg zum Ramstein! Hier unten im Tal war schon tiefe Dämmerung, fast Nacht; Milde hatte kaum der Finsternis acht, seine Seele weilte noch oben auf dem sonnbeglänzten Rasenfleck. Wirre Gedanken jagten durch seinen Kopf. Da schien wohl kein Zweifel, das junge Weib in der Genofevahöhle war die verschwundene Barbara Holtzer, des Pfalzelbauern Magd; sie saß oben in der Höhle und verbarg ihre Schande vor der Welt. Ihre Schande – oder ihr Glück? Ja, da war er wieder, der böse Zwiespalt, der so oft die Seele ängstet und Recht in Unrecht kehrt, Unrecht in Recht! War es denn nicht die reinste, von Gott selbst erschaffene Freude, die der Mutter an ihrem Kind? Gab es etwas holdseligeres als jenes junge Weib, dessen Gesicht mitten in der Verlassenheit den Stempel schönster Verklärung trug? War hier Sünde, Schande?

»Ich weiß es nicht«, murmelte der Staatsanwalt, »fragt man die Frucht, wenn man sie genießt: woher stammst du? Die Blume: wo bist du erblüht? Erstand die Wurzel auch in Schutt und Moder, in Sumpf und Fäulnis, man kehrt sich nicht daran, die Frucht, die Blume sind da. Die Schöpfung ist eben so eingerichtet. Warum soll man hier sagen ›das Kind der Schande‹ und mit Aber und Pfui das schöne Mutterglück in den Staub treten? Warum? – Das Gesetz spricht sein ›Ungültig‹ über die Verbindung, der das junge Menschenwesen entsprossen, es drückt mit starker Hand den Stempel des Makels auf die Stirn der Mutter und wirft das Kind zu den Namenlosen; es ist grausam, aber – Gesetz bleibt Gesetz, die Sitte muß bestehen, es sei denn, die Welt ginge aus den Fugen. Und doch –«

Der Einsame schreckte zusammen, unweit von ihm tappte etwas; unwillkürlich trat er hinter einen Stamm und hielt den Atem an. Es kam näher, aus dem Schatten wuchs eine Männergestalt auf, groß und schlank, ein Bündel unter'm Arm. Nun stand der Ankömmling still und spähte umher – nichts zu hören nur das Rauschen des Baches und das Wispern des Abendwindes in den Blättern. Milde rührte sich nicht, das Gebaren des Menschen war so eigentümlich scheu und ängstlich; er tat wie einer, der etwas zu verbergen hat. Nun stand er dicht neben dem

Baum, dessen breiter Stamm den Staatsanwalt verdeckte; ein schwacher Schein fiel durch's Gezweig mitten auf das Gesicht unter der breitkrämpigen Mütze. Ei, das war ja der Lorenz vom Pfalzelhof! Schon wollte Milde die Hand vorstrecken und auf die Schulter des Burschen fallen lassen, als dieser noch einmal den Kopf nach allen Seiten drehte, mit einem geräuschlosen Satz über den Bach sprang und gewandt den steilen Hang zur Höhle hinaufzuklimmen begann. Bald war er im Dunkel verschwunden; nur das Brechen von Ästen, das Knicken dürren Holzes tönte noch zurück.

»So, so!« Kopfschüttelnd trat der Staatsanwalt hinter dem Baum hervor. Er sah sehr ernst aus, ein Zug von Besorgnis lag auf seinem Gesicht. Der Lorenz? Was hatte der droben in der Höhle zu suchen – und so heimlich, um diese Zeit? Wenn das nur keine böse Geschichte war!

Mit gesenktem Kopf und langsam schritt Milde dem Ramstein zu. Es lag auf ihm wie ein beängstigender Druck. Immer wieder sah er das junge Weib mit dem Kind in den Armen auf dem grünen Rasenfleck sitzen, über ihre Schulter lugte das reine, freundliche Gesicht der kleinen Anna – an beiden vorüber aber, wie ein Schatten, glitt die schlanke Gestalt des Lorenz. Was ging hier vor?!

Auf dem Ramstein in der Gaststube brannte die Lampe, als der einsame Spaziergänger wiederkehrte. Das laute Getriebe war zu Ende, die meisten hatten den Heimweg angetreten, müde von Sommerluft und Sommerlust; nur wenige der Seßhaften weilten noch beim Schein der Windlichter draußen in der lauen Nacht und ließen sich die Erdbeerbowle schmecken.

Auf der Türschwelle stand die hübsche Anna mit lächelndem Gesicht und warmem Rot auf den Wangen.

»Ne, Herr Staatsanwalt«, rief sie dem Ankommenden entgegen, »sein Sie lang ausgeblieben! Wie schad, mein Lorenz war vor einer Stund hier, ich hätt'n Ihnen gar so gern vorgestellt – er is net dageblieben, er hatt gar so wichtig zu tun. Auf dem Pfalzelhof is en Kuh aufgetrieben, er mußt nach Cordel rennen und ebbes Medezin beim Viehdoktor nehme gehn; er war sehr pressiert. Um Uhrer zehn will er aber wiederkommen, ich hab' ihn ja heut noch kaum gesprochen. Sie können wohl net e so lang dableiben, Herr Staatsanwalt, et is gleich e so weit?«

Sie hob die klaren Augen bittend zu ihm auf. Milde vermied ihren Blick; es tat ihm weh, in dies vertrauende Mädchengesicht zu blicken.

»Nein, nein«, sagte er hastig, »ich muß jetzt rasch fort, sonst geht der letzte Zug in Ehrang ohne mich!«

Er zahlte die Zeche, zerstreut, ohne weiter zu reden; er drückte dem Mädchen die Hand und machte sich eilig auf den Weg. Fast betroffen sah ihm die hübsche Anna nach.

»Was hat den Herr Staatsanwalt heut abend nur? Warum war er auf einmal so pressiert?! – Der liebe Herr!«

Der Lorenz stand auf dem Pfalzelhof im Stall und mistete aus. Die Hemdärmel hatte er aufgestreift, daß die muskulösen Arme bis über den Ellenbogen entblößt waren; unter den bunten Hosenträgern wölbte sich die breite Brust, aber sie atmete schwer und beklommen.

Es war heiß, gewitterschwül.

Er arbeitete hart, der Schweiß troff von der Stirn und klebte ihm die braunen Ringellocken an die Schläfen. Er war unwirsch, er schmiß den Dung von der Schippe zur Tür hinaus, daß er in weitem Bogen auf den Hof flog.

»Donnerwetter Zackerlot!«

Der Bursche fluchte laut, ein erregtes Zucken lief um seinen Mund und er kaute zornig am Schnurrbart. Sein Gesicht war verändert, die lachende Keckheit der hellen Augen einem gewissen scheuen Ausdruck gewichen. Er war still, er sah den Leuten nicht mehr gerade in's Gesicht, er lugte von der Seite. Seine Wangen waren schmäler als früher, und über der Nasenwurzel grub sich eine Falte.

»Et es de Lief, die micht hän e su duß«, sagte der Pfalzelbauer zu seinem Weib, doch ruhte sein Blick oft seltsam argwöhnisch auf dem Sohn.

Die Barbara wurde nie mehr erwähnt; die war tot für den Pfalzelhof, und fragte einer im Dorf die Bäuerin nach der verschwundenen Magd, dann zuckte die nur mit den Achseln: »Furt is se, jao, jao!«

Heut war es still auf dem Pfalzelhof; seit dem Abgang der Barbara hatte man weder Knecht noch Magd. Der Lorenz mußte es allein schaffen. Die Alten hielten drinnen im Haus einen Schlaf; die Mittagssonne sprühte auf die Pflastersteine, zwischen denen das Gras wucherte.

Zum Hoftor drückte sich eine Gestalt herein – ein bettelhaft aussehendes altes Weib – guckte sich erst nach allen Seiten um und schlich dann auf den Stall zu. Sie war so leise herangekommen, daß der Lorenz erst aufmerkte, als sie auf der Türschwelle stand und ihr eingefallener Mund ein: »Häh, Lorenz, guden Dag!« murmelte.

Erschrocken fuhr der Bursche zusammen, dann schoß jähe Röte in sein Gesicht.

»Katrein, wat onnerstieht dir Eich – wann dän Vatter Eich siehn däht!«

»Ech peifen druf«, murmelte die Alte geringschätzig, »ech sollten Eich fraogen, waorum dir dreier Däg net owen bei der Barbara gewest seid – verhongern kennt se alleweil aach, ech haon sälwer neist!«

»Jao, jao, ech giehn schuns, diesen Awend noch, seid nor zofrieden, ech holen ihr aach ebbes met – maant dir, bei ons wär Ägyptenland, wuh dat Fleisch zom Dippen eraus stieht?!«

Er wollte der Alten begütigend auf die Schulter klopfen, sie wich zurück und sah ihn aus den eingesunkenen rotgeränderten Augen giftig an.

»Dir braucht mech net ze kloppen, schärt Eich liewer ruf on redt der Barbe de Flausen aus; se es falsch, seit se gehört hat, dat dir Eich mit dem Ramsteiner Anna verheiraoden wollt on alleweil uf em Ramstein romflankört!«

»Wat? – Wän – wän –?!« Der Bursche stotterte, während Angst und Wut sein Gesicht verzerrten. »Wao – wän hänt er gesaot?!«

Mit geballten Fäusten stürzte er auf die Katrein zu. Sie grinste und drückte sich mit ungeahnter Behendigkeit zur Seite.

»Schreit net e su, Lorenz«, sagte sie ruhig. »Dir weckt sunst Eiren Vadder – ech han't er gesaot! Maant dir villeicht, ech dähten ruhig zusiehn, wann meines Broders Sohns aletzige Dogder owen im Loch sitzt on mitsamt dem Wörmchen bal verhongert? On dir freit en reiche Braut on laacht Eich in et Fäustche – – ne, Könner, e su hammer nett gewett! Gieh ruf, dau Biwak, on duh dein Schulligkeit, sunst –«

»Hal Eier Maul!« Der Lorenz hob die Hand, doch sie blieb regungslos in der Luft; unweit der Stalltür stand der Vater, die Pfeife im Mund, die Hände in den Hosentaschen und sah unbeweglich zum Sohn herüber.

»Wat es dann dat eloa?« Der Alte rief es mit dröhnender Stimme. »En Dunnerknippchen noach ehs, wat will de alde Schatehk von dir, Lorenz?«

»Neist, neist!« Die Katrein kicherte in sich hinein, krümmte gleich darauf den Rücken noch mehr und winselte mit kläglicher Stimme: »Bauer, Eier Lorenz es e su hardherzig, ech haon gebät om en handvull Grumbieren, äwer hän däht mer neist gäwen. Seid dir e su gud!«

»Furt!« Der Bauer drohte mit der Faust. »Ech kennen Eich! Eweil haot dir kein Nicht mieh hei, de for Eich mitgeholt hat, wat se kriehn kunnt; maacht, dat Ihr runner kommt vom Hof, dir Bettelpackasch!«

»Bettelpackasch?!« Das Weib richtete sich auf wie eine Natter, die man auf den Schwanz tritt. »E su schlimm es et net, Bauer – äwer, gud Zeit, de Barbara läßt Eich schien grießen, Eich on Eiren Lorenz – adjö!«

Mit der runzeligen Hand winkend und höhnisch lachend wankte sie dem Hoftor zu; wie angenagelt standen die beiden Männer und starrten ihr nach. Die Zornesader auf der Stirn des Vaters schwoll höher und höher, der Bursche wurde blaß und rot, schlug dann die Augen zu Boden wie ein ertappter Schulbube.

»Wat is dat, Lorenz?« Die Stimme des Alten klang unheimlich, er nahm die Pfeife aus dem Mund und schlug damit den Sohn auf die Backen. »Wat haste mit dem Weib zo schaffen, wat lachte se e su on redte von dem Barbara? – Jong, Jong!« Er trat dem Sohn mit zornfunkelnden Augen ganz nahe und bohrte seine Blicke in dessen Gesicht.

»Neist, Vadder, et es neist bei allen Heiligen, dir könnt Eich druf verlaoß!«

»Will't glauwen!« Der Bauer lachte mißtönend. »Ech haalen dech beim Wort!« Er spuckte aus und schob die Pfeife wieder in den rechten Mundwinkel. »Wär aach e su domm von dir, e su domm, ech däht dän Lorenz Pfalzel net mieh kennen, dän sech met e su ener Vettel einlaossen däht! Heut awend giehn ech uf dän Ramstein, kannst mitgiehn, wannst de willst; will mit dem Anna sein Vadder reden, wanneh dat erschte Offgebot sein soll – met e su ener langen Zieherei es dat en onüwle Saach. Mariä Geburt brauchen mer Geld, mer haon Zinsen zo zaohlen; zaohlen mer se net, hammer kein Dach mieh üwerm Kopp. – Voran, Jong, waofor biste dann dän schienen Lorenz!«

Der Bursche antwortete keine Silbe. Er nickte nur mechanisch mit dem Kopf, als der Alte ihm mit der schweren Faust einen ermunternden Puff in die Seite gab. Wie versteinert stand er, auf seine Schippe gelehnt, und blickte vor sich hin in die glanzvolle Mittagshelle. Der Bauer ging mit festem Schritt ins Haus; der Lorenz stand allein, und seine Hände umklammerten fast krampfhaft den hölzernen Stiel.

»O, die Barbe!« Der Bursche stöhnte laut. Wie glücklich hätte er sein können, alles konnte gut und schön werden, wenn nur die Barbe nicht wär, die Barbe! Eine namenlose Wut stieg in ihm auf. Wenn er sie jetzt hier gehabt, er hätte ihr in's Gesicht schlagen mögen und sie an den langen Haaren reißen. – Sie, sie allein war schuld an allem Elend, an der Angst, die ihn des Tags umjagte, des Nachts nicht schlafen ließ, sich bitter in jeden Kuß mischte, den er der schönen Anna auf die roten Lippen drückte.

»O dau, dau!« Der Lorenz ballte die Faust und biß die Zähne aufeinander, daß sie knirschten. »Wärste erscht fort, meinetwegen unnen in –«

Er stockte, das dumpfe Schnaufen einer Kuh ließ ihn zusammenfahren; mit abergläubischem Entsetzen blickte er nach der Tür des kleinen Bretterverschlages, hinter der die Magd einst geschlafen hatte. Ihm war, als hörte er dort ihre Stimme, heiser raunend und doch wie Hammerschläge: – »Ech schwören bei der Allerheiligsten, bei meiner Seelen Seligkeit –«

»Jao, still, still!« Der Bursche ließ die Schippe fallen, er fühlte, wie ihm kalter Schweiß über den Rücken rieselte; er stemmte die

Hände gegen die Ohren, kniff die Augen zu und rannte davon wie ein Verfolgter.

An diesem Abend ging der Vater allein auf den Ramstein, der Sohn lag im Heu, sinnlos betrunken, und schlief seinen Rausch aus.

»Hän es onüwel gäwen«, sagte der Pfalzelbauer zu seiner zukünftigen Schwiegertochter und klopfte ihr die weichen Wangen. »Ville Grüß. On morgen kömmt dän Lorenz!«

Als der Lorenz in der anderen Frühe erwachte, mußte er sich lange besinnen, was eigentlich gewesen war. Bah, heut in der köstlichen Morgenfrische erschien ihm alles gar nicht mehr so verzweifelt wie am gestrigen Tag. Er saß aufrecht im Heu und guckte durch die Fensterluke hinaus auf die Waldhöhen und weiter hinüber zu der Ehranger Chaussee, die sich obstbaumbesetzt neben der Mosel einherschlängelt.

Da weit, weit hinunter mußte sie! Sie war gut zu Fuß, jung, wieder kräftig; – aber das Kind, das Kind?! Der junge Mann rieb sich die Stirn, senkte den Kopf in beide Hände und grübelte. Plötzlich sprang er auf und schlug sich auf den prallen Schenkel, daß es klatschte: hei, so mußte es gehen! – Ja – und vorderhand waren doch immer noch ein paar Tage Zeit; gepriesen seien die sieben Nothelfer! Kommt Zeit, kommt Rat – ei, was war er doch für ein Schlaukopf!

* * *

Zu Ehrang war kein Mensch im Haus, schreckensbleich standen die Leute auf der Gasse beieinander.

Die einzige, die sich daheim hielt, war die Katrein Holtzer. Die lag im Bett, hatte sich den schmierigen, laubgefüllten Sack, der ihr zur Decke diente, bis über die Ohren gezogen; unten guckten die verkrümmten Fußspitzen vor. Sie schwitzte, ächzte und winselte zum Steinerbarmen. Sie hatte Schmerzen – wo denn nur? Überall, überall!

Selbst durch das kleine verhängte Fensterchen des Armenhauses drang das erregte Hinundher der Menge mit seinenjammernden Ausrufen, seinem entsetzten Aufkreischen.

Und während so in Ehrang ein dunkles, geheimnisvolles Etwas die Hütten entlangschlich, Mann und Weib mit knöchernem Finger auf die Schulter klopfte, daß sie die Arbeit verließen, um von Grausen geschüttelt beieinander zu stehen, saß zu Trier der Staatsanwalt Milde vor seinem Schreibtisch und starrte auf ein Telegramm in seiner Hand. Das Fenster war geöffnet, eine köstlich heitere Sommerluft strömte herein; es roch nach Linden, nach Rosen, nach Jasmin. Der Himmel hing über der Erde wie ein leuchtend blaues Gottesauge; von der nahen Domuhr hallten Schläge, langsam, feierlich, und von hundert Glöckchen bimmelte es – Mittag.

Der Staatsanwalt fuhr auf, das Blatt in seiner Hand knisterte. Da stand es, deutlich, leserlich, mit den großen Buchstaben des Blaustifts:

»Ehrang, 20. Juli
10 Uhr 50 Minuten.

Sohn des Pfalzelbauern ermordet
Leiche heut gefunden im Ramsteiner Forst unweit Genofevahöhle am Bach

Kohlhas, Ortsvorsteher.«

»Himmel!« Milde griff sich nach der Stirn, die Buchstaben schwammen ihm vor den Augen. War's möglich, des Pfalzelbauern Sohn, der schöne Lorenz?! Noch vor wenigen Wochen war der Bursche in seiner ganzen Jugendfrische des Wegs geschritten! Noch nicht vierzehn Tage waren vergangen, daß ihm die Ramsteiner Anna leuchtenden Auges, mit heißen Wangen, zum ersten Mal von ihrem Liebesglück erzählt! An jenem Sonntag noch, bei seinem einsamen Spaziergang im Walde, hatte er den Lorenz mit geschmeidigem Satz über den Bach springen sehen – damals stieg er zur Höhle hinauf – und jetzt, jetzt lag er vielleicht tot und starr an demselben Platz, und sein Blut rieselte über die moosigen Steine. Dem Staatsanwalt grauste, ein häßlicher Verdacht schoß wie ein Blitz durch sein Gehirn. – »Nicht möglich, nicht möglich!« Er bewegte abwehrend die Hand. Seine Augen hefteten sich starr auf einen Punkt. Er sah nicht mehr die Stubenwände, nicht mehr das Stück Papier auf dem Tisch – vor ihm lag der sonnenbeschienene Plan, und mitten im Glanz saß die junge Mutter, wiegte ihr Kind und sang. Das lange blonde Haar floß ihr um die Schultern, sie summte: »Su, su – heija popaija –«; aber sie lächelte nicht wie damals. Ihre dunklen Augen blickten finster drohend; wie ein unheilvoller Faden spann es sich von hier herunter zu dem Ermordeten am Weg.

»Mein Gott!« Der Staatsanwalt seufzte und richtete sich mit energischem Ruck aus seiner zusammengesunkenen Stellung empor. Er klingelte; pantoffelklappernd trat seine Magd, die alte Lisett, ein. Neugierig ließ sie die wasserblauen Äuglein von ihrem Herrn zu dem Telegramm auf dem Tisch gleiten.

»Is wat Besonners passiert, Herr Erster, soll ich en Droschk nehme gehn?« Die Lisett wußte schon, wenn der Herr so ein Gesicht machte, war die Sache pressiert.

»Lisett, laufen Sie rasch zu Herrn Strupp, er soll sofort herkommen. Dann bestellen Sie drüben bei Klepper einen Wagen, mit den Eisenbahnzügen paßt's nicht; in einer halben Stunde müssen wir fort sein. Es ist eilig!«

Lisett trabte davon; kaum war eine halbe Stunde verflossen, so saßen der Staatsanwalt und Strupp, sein Sekretär, im Wagen. Die Pferde liefen, was sie konnten; im Sonnenflimmer blieb bald die Stadt dahinten, über die staubige Chaussee rollte das Gefährt. Auf der einen Seite die roten Sandsteinfelsen mit ihren überhängenden Perücken von Grün, auf der andern die in der trockenen Sommerzeit recht schmächtig gewordene Mosel.

Der Sekretär seufzte und rückte unruhig auf seinem Sitz hin und her:

»Verdammt heiß heute, Herr Staatsanwalt – o jemmich!«

»Hm!« Weiter gab's keine Antwort. Milde lehnte scheinbar schlafend in der Wagenecke, und doch arbeiteten seine Gedanken rastlos. Wie ein Kreisel drehte es sich in seinem Kopf, immer und immer um den einen Punkt, um das blondhaarige Weib im Sonnenglanz.

Es schien neben dem Wagen herzuschweben, ihm mit den brennenden Augen wild in's Gesicht zu starren, dann drohend und klagend zugleich die Hände zu erheben. Das war eine Qual!

So ging es eine bis zwei Stunden.

»Ehrang!« Der Kutscher knallte mit der Peitsche. Vor ihnen lag das liebliche Nest, silbern blinkte die Kyll, und vom Wald her schien Kühlung zu fächeln. Sie fuhren in die Dorfstraße, ein Menschenschwarm wälzte sich ihnen entgegen; in dumpfem Schweigen nahm der den Wagen in die Mitte. Langsam konnten die Pferde nur vorwärts; die Leute drängten sich dicht an die Räder, hinten hingen sich wie Kletten ein paar Buben an. In bedrückter Stille, in schauriger Spannung schob sich die Menge vorwärts. Da war nun der Herr Staatsanwalt aus Trier, was würde der sagen?!

Der Ortsvorsteher kam aus seinem Hause gestürzt, er sah bleich und bekümmert aus; so lange er im Amte, und das zählte schon eine Reihe von Jahren, war so was Schreckliches noch nicht in Ehrang passiert. Er stieg zu den Herren in den Wagen, der Kutscher fuhr nach erhaltener Weisung rascher dem Walde zu. Die Dorfhäuser blieben zurück, nur oben von der Berglehne grüßte mit bröckligen Mauern und gedrückten Fensterscheiben der Hof des Simeon Pfalzel; auch der war von Neugierigen umlagert. Sie machten kehrt, als sie den Wagen erblickten, und schlossen sich dem Trupp an, der in einiger Entfernung dem Gefährt folgte.

Der Weg zu seiten der Kyll ward nach und nach schmaler, die Bäume ragten höher; nun hielt der Kutscher die Pferde an. Die Herren verließen ihre Plätze und schritten seitab in die enge Schlucht hinein, die dem Aufstieg der Genofevahöhle zuführt. Milde ging voran, sein Sekretär drängte sich dicht hinter ihn, zuletzt kam der Ortsvorsteher; der brave Mann zitterte ordentlich und bekreuzte sich alle zehn Schritte heimlich. Aus dem Buschwerk trat ihnen jetzt der dicke Lippi, der Gendarm, mit einigen Männern entgegen. Sie hatten hier Wacht gehalten, den Ort der Tat gegen den Andrang Unberufener geschützt. Der dicke Lippi grüßte militärisch und machte Front.

»Währ Staatsanwalt, ze Befehl, noch zwanzig Schritt hier dorch'ts Gebüsch geholt, dann rechtsum kehrt on tapper dorchgetroten – dao liegt hän!«

Schweigend drängte sich Milde durch die Büsche, ebenso, ohne Laut, die übrigen hinterdrein. Die Zweige schnellen vor und zurück auf dem verwachsenen Pfad – nun rechts eine Biegung, da fließt der Bach, leise murmelnd – da hockt eine Männergestalt auf bemoostem Stein, den tiefgeneigten Kopf in den Händen vergraben. Ihr zu Füßen liegt am Boden ein lebloses Etwas.

Kein Vogelton, kein Blätterrauschen, kein Windeswehen, die Natur hält den Atem an; den Männern stockt das Blut, sie schauen sich in bleiche Gesichter. Der Gendarm rüttelt die zusammengesunkene Gestalt auf dem Stein.

»Pfalzelbauer, dän Hähr Staatsanwalt aus Trier!«

Der Pfalzelbauer schreckt zusammen und hebt das durchfurchte Gesicht aus den Händen, er fährt mechanisch nach dem Kopf, als wolle er die Mütze ziehen; er hat keine, barhaupt ist er davongestürzt, als die Schreckenskunde in seinen Hof gedrungen. Er scheint in wenigen Stunden um Jahre gealtert. Das wetterharte Gesicht ist greisenhaft welk, die Mundwinkel schlaff herunterhängend, die Augen blöde, ohne Glanz. Er ist wie ein Baum, der trotzig und stark noch im Walde gestanden, nun vom Wetterstrahl getroffen, in sich zusammensinkt und, als Häuflein faulenden Holzes, dem Beschauer die innere Morschheit weist.

Der Staatsanwalt streckt ihm die Hand entgegen, ihn dauert der Mann.

»Pfalzelbauer gebt mir die Hand; Ihr habt viel verloren!«

Der andere zuckt zusammen, er ergreift die Hand nicht. Dicht tritt er an Milde heran, ein Zug wilden Hasses fliegt über sein Gesicht, er zischelt:

»Hähr Staatsanwalt, finnen Se dän eraus, on ech – ech –« mit einem unartikulierten Laut wendet er sich plötzlich zur Seite und stürzt neben der Leiche des Sohnes in die Knie. »Lorenz, Lorenz!« Mit markerschütternder Stimme ruft er's. »Lorenz, duh de Aogen uf – gel, dau schläfst nor e su fest? Nau gieht ales kaputt, nau es ale Müh ommesunst, nau kann ech betteln giehn – Lorenz, Lorenz!«

Schrecklich hallen die rauhen Töne durch die Stille des Waldes. Der Bauer hat fast nichts Menschenähnliches mehr, sein Gesicht ist verzogen, seine Augen rollen, er schlägt sich mit den geballten Fäusten gegen die Brust und krallt dann die Hände in sein zerwühltes Haar.

»Lorenz, Lorenz!«

»Hähr Staatsanwalt«, raunt der Gendarm, »hän haot dän Lorenz immer kujeniert, nau sollten dän awer de reiche Pardie duhn on dem Vadder aus der Bredullich helfen, nau es't nix dermit, dao es dän Alten doll gäwen –«

»Sei dem, wie es wolle!« Milde schiebt den dicken Lippi zurück und legt dem Bauern die Hand auf die Schulter. »Pfalzelbauer, steht auf, geht zur Seite, wir müssen den Tatbestand aufnehmen; Ihr stört uns.«

»Hähr Staatsanwalt, finnen Se dän, finnen Se dän!« Dumpf murmelnd richtet sich der Verstörte auf, tut ein paar wankende Schritte zur Seite und sinkt auf seinem früheren Sitz zusammen, das Gesicht wie vordem in den Händen bergend.

Milde beugte sich zu dem Ermordeten nieder.

Er lag auf dem Rücken, die verglasten Augen weit aufgerissen – so hatten ihn Holzfäller am Morgen gefunden; noch hatte keine glättende Hand über die Züge gestrichen, sie waren verzerrt. Der Kopf war hintenüber gesunken, Ameisen und Spinnen rannten durch die braunen Ringellocken; rundum war das Moos aufgewühlt, Gras und Kraut zertrampelt. Bis hinauf in das bleiche Gesicht und weit im Bogen war das Blut gespritzt; der Körper lag in einer dunklen Lache, hinunter zum Bach war der klebrige Saft gelaufen, die grünmoosigen Steine mit roten Flecken besudelnd. In der Brust saß die Todeswunde; ein tiefer Stich war bis zum Herzen gedrungen. Die Rechte hatte wohl noch mit letzter Kraft nach der Brust gegriffen und den Mordstahl herausgerissen – sie war blutüberströmt – die Linke war krampfhaft geballt. Nebenbei, halb verborgen im Moos, ein Messer, ein altes verrostetes Küchenmesser, aber lang und spitz; die schartige Klinge rot bis zum Heft.

Es mußte eine kräftige Faust gewesen sein, die den Stoß geführt hatte – oder eine wahnsinnige Energie. Milde dachte unwillkürlich an jenen Blick des Weibes vor der Höhle; es hatte damals bei dem leisen Geräusch, das er verursacht, die Augen herumfahren lassen, groß, scheu und wild drohend – er gedachte der Inbrunst, mit der die Mutter ihr Kind an sich gedrückt, er hörte ihre stammelnden Liebesworte – »o dau, dau – dau mein Hergöttche –« Der Schweiß trat ihm auf die Stirn, er faßte nach der krampfhaft geballten Faust des Toten und löste die starren Finger voneinander. Was hielten sie doch? Himmel! Ein Büschel blonder Frauenhaare glänzte ihm entgegen; wie goldiges Gespinst hingen sie zwischen den wächsernen Fingern. Der Staatsanwalt zitterte, er wurde totenblaß, mit lähmendem Schrecken überfiel es ihn. Eine fürchterliche Gewißheit drängte sich ihm auf – ja, da hielt er sie in der Hand, lang und seidig, wie gefangene Sonnenstrahlen schimmerten die einzelnen Fäden – allbarmherziger Schöpfer, das waren die Haare jenes Weibes! Gewaltsam mit den Wurzeln aus dem Haarboden gerissen, von der Hand des Lorenz im Todeskampf gepackt – o!

War das eine Halluzination, ein entsetzliches Spiel seiner Phatasie? – Wie ein Gespenst sah er sie durch die Waldbäume gleiten, langsam – näher und näher kam sie – mit der einen Hand drückte sie ihr Kind an's Herz, in der andern hielt sie ein Messer, lang, spitz und schartig – nun war sie da – nun hob sie das Messer, es schimmerte rot bis zum Heft –

Milde fühlte seine Knie beben, er tastete wankend um sich, gleich Nebel schwamm's ihm vor den Augen; wie aus weiter Ferne hörte er den Lippi flüstern: »Hän es onüwel gäwen, Wasser!«

»Kein Wasser!« Mit einer gewaltsamen Anstrengung raffte sich Milde auf. »Mir ist nichts. Schafft den Toten in's Dorf, im Spritzenhaus legt ihn nieder. Die Herren vom Amtsgericht und der Kreisphysikus werden inzwischen eintreffen und dort die Obduktion vornehmen. Voran, Leute!«

Ein paar Männer traten näher. Sie hatten inzwischen aus Stangen und Reisig eine kunstlose Bahre gemacht. Man legte den Leichnam darauf nieder. Eine Pferdedecke wurde über den Körper geworfen, ein buntgewürfeltes Taschentuch verhüllte das krasse Totenantlitz. Schweigend laden die Träger die schauerliche Last auf, keiner wagt den Blick zu heben; eine bange, furchtbare Schwüle erstickt jeden Laut. Langsam schreiten sie voran, wie entsetzt schnellen die Zweige der Büsche zur Seite;

mit dumpfem Stöhnen erhebt sich der Pfalzelbauer und wankt hinterdrein. Der dicke Lippi schickt sich an, mit martialischem Säbelgerassel den Zug zu eskortieren, da winkt ihm der Staatsanwalt.

Dieser hatte während der Vorbereitungen zur Wegschaffung des Toten stumm und schwer an einem Baum gelehnt. Sein Blick starrte schier teilnahmlos in die Ferne, er hatte die Hände verschlungen gehabt und preßte die Finger gegeneinander, daß sie knackten; die Brust arbeitete wie bei einem, der einen rasenden Lauf getan. Aber weit mehr noch arbeiteten die Gedanken in seinem Kopf, jagten sich und trieben ein sinnverwirrendes Spiel. Unzählige Mal hatte er in seiner Amtspflicht dem Verbrechen gegenübergestanden; wie viel Wallungen hatte sein Herz nicht schon durchgemacht! Es war aufgebraust in Zorn und Empörung, es hatte geklopft in Mitleid und Erbarmen, aber nie hatte es wie heute gepocht, so ungebärdig, so angstvoll, nie war ihm sein Beruf so schwer erschienen! Eine tiefe Bitterkeit quoll in ihm auf; was war er? Ein hilfloser Mensch, ein Nichts in der Hand des Schicksals. Griffen seine Finger auch in die Speichen der Räder, auf denen finstere Gewalten über die Erde dahinrollen, seine schwachen Hände vermochten nicht Einhalt zu tun. Unaufhaltsam, unabwendbar jagten sie näher, sie stießen um, was im Wege stand – Mitleid, Menschenliebe, Erbarmen – sie gingen darüber hinweg, sie packten die schuldige Mutter und das unschuldige Kind, sie rissen es in den Staub und zermalmten sie – Unschuld und Schuld, alles zusammen ein unentwirrbares Chaos! – Ein grenzenloses Erbarmen mit der elenden Kreatur überkam den Mann. Er hatte sie gesehen droben auf dem grünen Plan, arm, verlassen und doch selig, von Sonnengold und Mutterglück wie mit einer Glorie umwoben; er hatte ihre Liebesworte gehört, dazu das Lallen des kleinen Geschöpfes an ihrer Brust – nun sollte er dazwischentreten und die Hand erheben: Im Namen des Gesetzes! – Den Staatsanwalt schauderte, wie ein Erlösungsstrahl durchschoß ihn der Gedanke – wenn sie unschuldig wäre?! Wenn! – »Ja, sie ist unschuldig, sie muß es sein!« flüsterte eine Stimme in seinem Herzen, aber eine andere dagegen: »Sie ist schuldig, sie muß es sein!« Wie giftige

Schlangen ringelten sich hier die blonden Haare, sie wuchsen, sie verlängerten sich, sie wanden sich den Abhang hinauf wie ein hänfener Strick, ein Strick, mit dem man den Mörder bindet – und die – Mörderin!

Hatte er es nur gedacht, hatte er es laut gerufen?!

»Ze Befehl, Hähr Staatsanwalt.« Der dicke Lippi pflanzte sich vor ihm auf und zwirbelte unternehmend den Schnurrbart. »Wat nu, Hähr Staatsanwalt?«

»Rufen Sie noch ein paar Leute zusammen!« Fast tonlos fielen die Silben von Mildes Lippen. »Wir steigen dann hinauf zur Genofevahöhle, ich – ich –«, er stockte, wie Blei wurde die Zunge in seinem Mund, fast erstickt stieß er die letzten Worte hervor: »Ich habe – einen Verdacht!«

Wie im Traum schritt Staatsanwalt Milde den Berg hinan; er achtete nicht auf Wurzeln und Geröll. Damals, als er hinaufgeklettert war, ein harmloser Sparziergänger, in wonniger Abendkühle, von leisem Gesang angelockt, damals war sein Fuß ausgeglitten, er mußte sich an Sträucher und Zweige klammern. Jetzt ging er wie ein Trunkener, halb betäubt, jetzt kam er als Ankläger, als Henker, und doch schritt sein Fuß so sicher, als träte er auf sammetnen Wiesenrain; er strauchelte nicht. Welch ein Hohn!

Milde faltete die Hände wie zum Gebet. – »Und vergib uns unsere Schuld!« – er konnte nicht beten, nichts weiter, nur: »Vergib uns unsere Schuld, vergib uns unsere Schuld!« Er schritt dahin, selbst wie ein Schuldiger, den Kopf tief geneigt, das Auge umflort. Was würde kommen? Was tat er?

Hinter ihm drein keuchten die Männer; sie wagten nicht zu fragen, die finster zusammengezogene Stirn, das bleiche Gesicht des Herrn schreckten sie ab. Man hörte nichts als das rasche Atmen der Steigenden, das Knicken der Äste, das Rauschen des Laubes.

Nun waren sie oben, das Buschwerk tat sich voneinander – da lag der grüne Plan, sonnbeglänzt, in unberührter Schönheit; die Quelle murmelte, tausend Blumen blühten, Waldvögel saßen umher, aber sie flatterten auf beim Nahen der Tritte. Kein Mensch zu sehen. Alles still, einsam, ein wunderbarer Friede über dem kleinen Platz. Wenn sie entflohen wäre! Ein erlösender Seufzer wollte sich über Mildes Lippen drängen – aber da ragte die Felswand empor, und mitten drin gähnte die Höhle, dunkel, geheimnisvoll, der Eingang halbverborgen von blühendem Rosengesträuch und rankendem Grün.

Der Staatsanwalt hob den Finger: »Dort hinein, Leute – sucht!«

»Aha!«

Sie stampfen durch's Gras, sie treten die Blumen nieder, sie reißen den blühenden Vorhang ungestüm zur Seite und drängen vorwärts. Niemand zu sehen; tiefe Dämmerung erfüllt den Innenraum; nach der warmen Himmelsluft draußen hier schaurige Kühle. Leise fallen Tropfen von der Decke.

Der dicke Lippi streicht ein Zündholz an und bringt einen alten Kerzenstummel zum Vorschein: »Mer müssen Licht anfänken, hän hat sech verstoch!«

Halb geblendet tappen sie umher. Der unsichere Schein fällt auf die Höhlenwände, auf den großen Stein in der Mitte, der fast die Gestalt eines Tisches hat, auf die lange Sandsteinbank an der einen Seite. Da liegen ein paar zerfetzte Decken, eine Schütte Stroh, Reisig, ein alter Kessel, ein umgestürzter Korb und wenige Kleidungsstücke. Die Suchenden fahren darauf los und reißen alles auseinander. – Horch, was ist das?!

Ein Wimmern! –

Dumpf hallt es wider, unheimlich verlängert, ein übernatürlicher Klageton; von abergläubischem Entsetzen gepackt drängen sich die Männer auf einen Haufen. Milde steht allein; auch er bebt, und die Hand, die in den entferntesten, dunkelsten Winkel weist, zittert.

Entschlossen hebt der Gendarm seine Leuchte – da – ein vielstimmiger Aufschrei, donnernd geben ihn die Felsen zurück. Dort – dort – hinter dem Vorsprung, dicht an die Wand geschmiegt, kauert eine Gestalt, eine Weibsperson, bewegungslos, starr, selbst wie Stein.

Verdutzt stehen die Männer, sie starren auf die zusammengekrümmte Gestalt; mit einem Schritt steht der Staatsanwalt neben ihr und legt ihr die Hand auf ihre Schulter.

»Ich verhafte Sie im Namen des Gesetzes!«

Kein Laut zur Antwort, ohne Regung hockt das seltsame Wesen am Boden.

»Barbara Holtzer, stehen Sie auf, Sie sind verdächtig des Mordes an Lorenz Pfalzel, dem Sohn des Simeon Pfalzel zu Ehrang.«

»Wat – wat – de Barbe – dat Barbara Holtzer – de Magd vom Pfalzelbauer – es et menschenmielich? Jesses Maria, e su wat!« Erregtes Murmeln, das sich bis zu brausendem Getöse steigert, erfüllt den Raum. »Packt se, packt se, se es verdächtig!«

Das Weib am Boden ist wie taub. Derbe Fäuste reißen die Unglückliche empor, man zerrt sie, man stößt sie zur Höhle hinaus – da steht sie, im zerlumpten Friesrock, das grobe Hemd mit Blut bespritzt, die Haare verwildert; am Wirbel ist ihr ein Busch ausgerauft. Sie steht und hat die Augen auf den Boden geheftet, ihr Gesicht ist fahler als das des Toten. Die Rechte hängt ihr schlaff herunter, mit der Linken hält sie ein Bündel Lumpen an sich gepreßt, drin regt sich ihr Kind und weint. Scheu weichen die Leute von ihr zurück; der Lippi knotet ein paar Halstücher zusammen, um ihr die Hände zu binden. Willenlos läßt sie es geschehen; nur einmal hat sie den Blick gehoben, ein herzzerreißender Ausdruck ist über ihr Gesicht geglitten, als man das Kind von ihrer Brust genommen. Einer der Männer trägt jetzt das Bündel. Der hat auch ein Kind daheim, ein kleines, hilfloses Wesen wie dieses; es jammert ihn, er hält das Bündel sorglich im Arm. Milde hat jenen einen verzweifelten, angstvollen Blick aufgefangen, mit dem die Mutter nach ihrem Kinde schaut; er läßt den Mann neben Barbara treten. Und nun gehen sie, die Verbrecherin in der Mitte, die Hände sind ihr auf dem Rücken zusammengeschnürt; hinterdrein marschiert der Lippi mit gezogenem Säbel.

Die Büsche schlagen wieder zusammen, weit dahinten bleibt der sonnige Rasenfleck.

* * *

Die aufgehende Morgensonne des folgenden Tages lugte durch das winzige, vergitterte Fensterchen an der Seitenwand des Ehranger Spritzenhauses. Dort lag die Kammer, in der man sonst allerlei Gerät aufbewahrte, in der man jetzt die Verbrecherin für die Nacht eingesperrt. Nebenan in dem großen Raum hatte man gestern abend noch die Obduktion des Ermordeten vorgenommen und ihn dann hinauf zum Pfalzelhof, unter das Dach seiner Eltern, geschafft.

Die Bäuerin war mit gellendem Schrei an der Bahre niedergestürzt – sie lag in Krämpfen – der Bauer saß wie ein Klotz neben der Leiche des Sohnes; er rührte sich nicht, tonlos murmelten nur seine Lippen in langen Pausen: »Alles ommesunst – ommesunst – waach uf, Lorenz! – Lorenz!«

Vor dem Spritzenhaus stand der Lippi mit gezogenem Säbel und hielt Wache. Für ein paar Stunden hatte ihn wohl der Nachtwächter abgelöst, aber nun war er selbst schon wieder da. Ja, der Lippi wußte, was ihm gebührte, er war jetzt eine wichtige Persönlichkeit. Gestern und heut, das waren Lichtmomente in seinem Dasein, die ließ er sich nicht verkürzen. Rasselnd schritt er auf und ab und drückte die Brust heraus. Was hatte er nicht zu tun gehabt, gestern beim Transport hierher und bei der Ankunft im Dorf! Die Leute waren kaum abzuwehren gewesen. Einem Lauffeuer gleich hatte sich's verbreitet, die Barbara Holtzer sei verdächtig des Mordes an Lorenz Pfalzel, nun werde sie eingebracht. Mit wütendem Geschrei, mit geballten Fäusten hatte man sie empfangen; ein Hagel von Steinen war gegen Wand und Gitterfenster des Spritzenhauses geflogen.

Jetzt war es noch still, sehr früh am Morgen. Der Lippi pfiff sich leise eins; da knarrte drüben die Tür am Hause des Gemeindevorstehers, der Herr Staatsanwalt kam über die Straße. Er hatte wohl schlecht geschlafen, gestern noch bis spät in die Nacht zu tun gehabt, und jetzt schon wieder munter?

»Gendarm, schließen Sie das Spritzenhaus auf!«

»Ze Befehl, Hähr Staatsanwalt!«

Lippi klirrte umständlich mit den Schlüsseln, das Tor knarrte und bewegte sich schwerfällig in den Angeln.

»Gehen Sie nur, ich schließe mir allein weiter auf!«

Der Herr Staatsanwalt nahm dem Lippi das Schlüsselbund aus der Hand; sehr unbefriedigt blieb dieser zurück, er hätte gar zu gern bei der Gefangnen hineingeguckt. Milde schloß das Tor hinter sich, eilte mit raschem Schritt durch den öden, scheunenähnlichen Raum, in dessen Mitte jetzt einsam die Spritze stand, und steckte den Schlüssel in die niedrige Tür zur Rechten.

»In Gottes Namen!« murmelte er, öffnete leise und trat ein.

Durch das vergitterte Fensterchen drang Licht genug; ein heller Strahl fiel auf die Strohschütte am Boden und zeigte ihm die zusammengekauerte Gestalt der Barbara Holtzer. Sie saß dort in derselben Stellung wie gestern in der Höhle, den Kopf etwas vorgestreckt; die Augen unverwandt auf einen Punkt stierend.

»Barbara Holtzer!« Milde trat näher und berührte leicht ihre Schulter; sie zuckte und drückte sich scheu noch mehr zusammen. »Barbara Holtzer, Ihr seid eines schweren Verbrechens angeklagt, habt Ihr etwas zu sagen, was Euch –«

»Mein Könd, mein Könd!« Mit jammerndem Laut fuhr die Unglückliche auf und tastete mit den Händen um sich; das Stroh war leer, sie hatten ihr gestern das Kind genommen und nicht wiedergegeben. »Mein Könd, mein Könd!«

Wie das Ächzen der gemarterten Kreatur klang der Wehruf der Mutter; Milde fühlte, wie es ihn überlief, er ließ sich auf dem Schemel neben dem Strohlager fallen und sagte mild:

»Seid ohne Sorge, Barbara, Euer Kind ist gut aufgehoben, ich habe dafür gesorgt.«

»Sie – Sie?« Ein ungläubiges Staunen klang aus der Stimme des Weibes. »Sie sein e su gud gewest, e su gud?!«

»Ja, ich! Glaubt Ihr, das unschuldige Kind soll die Schuld der Mutter entgelten? – Barbara Holtzer, die Beweise für Eure Schuld häufen sich. Das Messer, mit welchem Lorenz Pfalzel die Todeswunde beigebracht wurde, ist ein Küchenmesser aus dem Pfalzelhof; seit Eurem heimlichen Abgang von dort mitverschwunden. Ich weiß alles. Es ist Eure Hand, die dem Lo-renz den Todesstoß versetzt hat – sprecht, entlastet Euer Gewis- sen!«

Der Staatsanwalt hatte nicht hart gesprochen; sanft wie man einem unvernünftigen Geschöpf zuredet, klang seine Stimme.

Einen Augenblick war's still in der Kammer, ganz still, dann ein tiefer, zitternder Atemzug.

»Ech sein et gewest, jao!«

Ging die Welt nicht unter, mußte der Himmel nicht auf die Erde fallen?! Nein, die stand unverändert, der Himmel spannte seinen Bogen, Minuten gingen gleichmäßig weiter, die Sonne trübte nicht ihren Schein! In mitleidsvollem Entsetzen glitt der Blick des Mannes zu der jugendlichen Missetäterin – Welch ein Abgrund von Elend!

Er seufzte aus Herzensgrund: »O, du Unglückliche!«

Sie hob die Augen und schaute ihn an; ihm fiel jener Hund ein, den er neulich auf der Moselbrücke gesehen. Knaben trieben da ihr Wesen, hatten dem Tier einen Strick um den Hals gebunden, daran einen schweren Stein; zitternd stand die arme Kreatur, des Stoßes gewärtig, der sie hinunterschleudern sollte in den Fluß. Er hatte das erbärmliche Geschöpf aus den Händen der Peiniger befreit, und es hatte ihn angesehen mit einem Blick – einem Blick – ja, so blickte dieses Weib auch! In den trüben, irren Augen glomm ein scheu verwunderter, dankbarer Strahl auf, dann neigte sich der blonde Kopf, ein jammervolles Stöhnen drang aus der gequälten Brust.

»Barbara Holtzer, du dauerst mich, sprich, was hat er dir getan?«

Lange Pause – und dann ein Schluchzen, wild und heftig, als wolle es alle Bande sprengen, ein unterdrückter Schrei! Sie springt auf die Füße, sie streckt die Hände abwehrend von sich, fällt dann auf die Knie und schlägt die Stirn dröhnend zu Bo-den:

»Mein Könd, mein Könd!«

Dem Mann stockt der Atem, kein Laut will über seine Lippen; vor diesem Ausbruch der Verzweiflung verstummt das Menschenwort. Eine lange Weile verstreicht, tiefe, bange Atemzüge zittern durch den Raum, in der Ecke nagt eine Maus und huscht über den Estrich; und nun legt der Richter die Hand sanft auf das blonde Haar. Sie hebt das verstörte Antlitz, sie klammert die bebenden Hände in seinen Rock.

»Ähr, Ähr, helfen Se mer – mein Könd!«

»Ich kann dir nicht helfen!« Stockend fallen die Worte von Mildes Lippen. »Dein Verbrechen schreit zum Himmel. Aber sprich offen zu mir, denke, ich sei der Beichtiger, dem du das

Innerste deines Herzens offenbarst – denke, ich sei dein Vater. Ich bin traurig um dich, mein Kind. Steh auf!«

Sie erhebt sich nicht, sie bleibt auf den Knien liegen, ihre Hände klammern sich fester an seinen Rock:

»O Hähr, guder Hähr, ech sein e su elendig gäwen, verlaossen von Gott on der Welt – äwer, Hähr, Hähr, dän Lorenz hat mech daoderzu gemaach! Hän haot üwel an mir gedahn, hän haot mei Könd hole wollen, mein Könd!« Sie springt mit blitzenden Augen auf und rüttelt ihren Zuhörer: »Verstiehn Se, Hähr, mein Könd! Einsam haon ech gesäß owen in der Genofevahöhl, dän Lorenz hat mech loa verstoch gehatt met meim Könd, ech sein e su glücklich gewest, bis –. Mein Tant, de Katrein Holtzer, es einen Dag kommen, se hat mer verzahlt, dän Lorenz wullt sech verännern, dat Anna vom Ramstein heiraoden. Hähr, dat hän mech net heiraoden konnt, haon ech gewußt, äwer en annere – ne – hän haot geschwor vor der Allerheiligsten! On gekommen is hän alleweil aach net mieh.

Ech haon owen gesäß met der Höll im Herzen, ech haon em offgeluert, als hän awends vom Ramstein kommen es, ech haon gekrisch on gebitt, uf de Knien haon ech vor em gelän – hän is falsch gäwen, hän haot mech von sich gestoß: ›Laoß mech in Frieden!‹ Ech han em beschworen bei seiner Seelen Seligkeit, bei onsem Könd – ommesunst! On de ganz Nacht haon ech owen gesäß on de Gedanken sein in meim Kopp erum gejagd wie doll, immer erum, immer erum – o! –

On am annern Awend haon ech alleweil widder uf en geluert, on dat Messer haon ech im Sack verstoch – Hähr, Hähr, ech dahte sälwer net wissen waorum – on als ech em e su ville Mal gebitt haot on hän saot, mer wollten dat Kind dem Anna uf em Ramstein for de Dihr lägen on hän wollt dat Anna on er Eltern beräden et zu behalen als en gude Fürbitt im Himmel, on nach der Hochzeid wollt hän dat Könd zu sech holen on gud behanneln, äwer ech sollten giehn – ech! – duh packt mech de Wut!

Ech haon em dat Messer gewiesen: ›Lorenz, Lorenz! Ech giehn net von meim Könd – nimm dech in Aacht, Lorenz, Lorenz!‹ Aewer dän Lorenz packt mech on schlät mech in't Gesicht:

›Vettel, schär dech! Biste still, sunst murksen ech dech af!‹ – on wie hän mech packt on dat Messer mer aus der Hand reißen will, duh – o Hähr, onsen Hähr Jeses Christ soll mer vergäwen – duh stoßen ech zu – um fällt hän ohne Muck!«

»Um Gottes Willen!« – den Zuhörer schaudert. – »Weib, was hast du getan!«

»Gedahn?« Sie sieht ihn starr an und nickt dann langsam mit dem Kopf, auf ihrem Gesicht liegt ein starrer Trotz: »Ech giehn net von meim Könd.«

»Und du wirst doch gehen müssen, Unglückselige«, murmelt Milde.

Sie hört ihn nicht, sie hebt die Hände und streckt sie weit von sich ab, ihre Augen haften mit starrem Entsetzen auf den eigenen gespreizten Fingern.

»Blud es dran – Blud – huh!« – Sie schüttelt sich, ihre Zähne schlagen aufeinander, sie redet tonlos wie im Traum: »Ech sein gerennt, ech haon mein Könd geholt, ech haon mech verstoch tief innewendig, on eweil, eweil« – sie fährt zusammen – »sein ech gefang!« Und nun ein markerschütternder Schrei: »Hähr, helfen Se mer – mein Könd, mein Könd!«

Sie heult auf wie ein wildes Tier, sie klammert sich an ihn in Angst und Verzweiflung, sie stürzt vor ihm hin, ihre Stirn schlägt wieder und wieder auf seine Füße. Er selbst ist bleich wie die Verbrecherin am Boden, der Schweiß perlt ihm auf der Stirn; mühsam windet er seinen Rock aus ihren Händen.

»Ich kann dir nicht helfen, Barbara Holtzer; Gott erbarme sich deiner!«

Er geht, die Tür fällt hinter ihm in's Schloß; ihr trostloses Wimmern schneidet ihm durch's Herz.

* * *

Es war wenige Stunden später.

Eine aufgeregte Menge füllte wieder die Dorfstraße und umwogte das Spritzenhaus. Die Sonne schien vom wolkenlosen Himmel nieder, heiß und grell. Der Lippi stand und wischte sich den Schweiß von dem roten Gesicht, er war in Wichs; dort stand das Chais'chen mit ein paar starken Ackergäulen bespannt, das die Mörderin nach Trier bringen sollte.

»Vill ze fein for so en Luder!« meinten die Leute und ballten die Fäuste.

Die Herren vom Gericht waren schon wieder fort, nur der Staatsanwalt weilte noch im Dorf, aber sein Wagen ward auch angespannt. Bald würden sie alle weg sein, nur oben im Pfalzelhof lag noch der Tote und harrte der Bestattung.

In der Putzstube des Ortsvorstehers waren die Fenster verdunkelt, trotzdem herrschte eine drückende Schwüle in dem giftgrün tapezierten Raum. Die Fliegen surrten, es roch nach getrockneten Kräutern und Käse; auf der Fensterbank pflegte die Frau Gemeindevorsteher ihre Schmantkäschen zu sonnen. Auf dem Roßhaarsofa mit der weißen gehäkelten Schutzdecke saß Staatsanwalt Milde. Er hatte den Kopf in die Hand gestützt wie in schweren Gedanken; er wartete. Da klopfte es an die Tür.

»Herein!«

Auf der Schwelle stand die Ramsteiner Anna, in tiefe Trauer gekleidet, um das verweinte Gesicht ein schwarzes Tuch geknüpft.

»Guten Tag, Fräulein Anna! Ich habe Sie rufen lassen; weil ich Sie gern sprechen wollte; ich danke Ihnen, daß Sie gekommen sind.«

Er schüttelte ihr die Hand, sie brachte kein Wort hervor; bei seiner Anrede schossen ihr auf's neue die Tränen in die Augen, um ihren Mund zuckte es, und ihre Hand zitterte.

»Armes Kind, setzen Sie sich!«

Schluchzend ließ sich das Mädchen auf einen Stuhl fallen.

»O, Herr Staatsanwalt, Herr Staatsanwalt, es is alles e so gräßlich – ich bin wie verwirrt, da drinn in meiner Brust is alles ausgelöscht und umgedreht, ich lieg auf den Knien und kann net beten, ich sehn zu mei'm Muttergottesbild auf und bin wie blind – mein Gott, was is mit mir geschehn?«

Sie rang die Hände; teilnahmsvoll ruhte Mildes Blick auf ihr. Sie war wie ausgetauscht. Das hübsche sonnige Gesicht schaute so vergrämt, um Jahre älter, eine fremde Leidenschaft mischte sich in ihr Gebaren; die sonstige Schüchternheit war verschwunden, die Worte flossen ihr in hastiger Erregung:

»Herr Staatsanwalt, den Lorenz is tot, all mein Glück is hin – und e so schrecklich, e so schrecklich! Wär' er noch gestorben, daheim in sei'm Bett, versehen mit den Sterbesakramenten unsrer allein seligmachenden Kirch, ich wollt' mich trösten, aber so, so!« Sie schüttelte den Kopf und ließ die Arme fassungslos in den Schoß sinken, dann sprang sie auf und faßte wie beschwörend die Hand des Herrn: »Gelten Se, Herr Staatsanwalt, ich gehn net irr, den Lorenz hat unrecht an der Barbara Holtzer getan? Es hat mer zwar kein Mensch ebbes davon gesagt, der Vadder antwort mer net, und die Mutter weint alleweil; aber gelten Se, die Barbara hat ein Recht an den Lorenz gehabt, er is der Vadder von ihrem Kind gewest, und weil er mich hat heiraten wollen, drum hat sie ihn umgebracht? – O, die schlechte Person! – O, ich arm Dingen! – Ich sein schuld an all dem Elend – ich kann net mehr in der Welt leben, ich gehn in ein Kloster. – Lorenz, mein Lorenz, ich bin dir e so gut gewesen, nun muß ich dir e so bös sein!«

Herzbrechendes Schluchzen erstickte ihre letzten Worte. Milde ließ sie ruhig ausweinen, hielt nur ganz still ihre Hand in der seinen und streichelte sacht darüber hin.

»Anna«, sagte er dann, »kleine Anna, ich bin verwundert, woher wissen Sie das alles?«

Sie errötete tief, für einen Augenblick schien es, als wollte die alte Schüchternheit wiederkehren; dann preßte sie die Hände auf's Herz und sagte mit einem tiefen Atemzug: »Herr Staatsanwalt, ich bin ihm so gut gewesen!« Sie sagte das ganz einfach, mit rührendem Ausdruck; dann fuhr sie wehmütig fort: »Ja, ja wann mer einen so lieb hat, da gehn ei'm die Augen auf über Sachen, die mer vorher net geahnt hat, da is mer auf einmal kein Kind mehr! Was hab' ich denn in meiner Klosterschul von der Welt gelernt? Aber als mich den Lorenz zum ersten Mal geküßt hat, da hab' ich gewußt, was unsen Herrgott will, wann er zwei Menschen zusammenführt. Mit jedem Tag hab' ich mehr gelernt, und als ich gestern den Lorenz tot gesehen hab« – sie schauderte unwillkürlich – »und se drauf die Barbara in's Dorf gebracht haben mit ihrem Kind – da, Herr, da hab' ich alles gewußt. Der Vadder flucht dem Lorenz und flucht der Barbara – ich, ich weiß net, was ich tun soll! Die ganz Nacht hab' ich vor der Muttergottes gelegen, ich hab' sie mit blutigen Tränen angerufen, ich hab' geglaubt, sie müßt den Finger heben und den Mund auftun. Kein Wunder is geschehen, mein Jammer is heut wie gestern. Es is so dunkel um mich, ich seh' keine Sonn' mehr – o Jesus, ich gehn in's Kloster, ich gehn zu die Klarissen, ich will kein Wort mehr sprechen und in meim Sarg schlafen – o – o –«

»Anna«, die Hand des Mannes strich über ihren gebeugten Scheitel, »hören Sie mich einmal ruhig an.«

Sie nickte stumm; und nun begann Milde zu sprechen wie von einer plötzlichen Eingebung beseelt, innig und eindringlich klangen seine Worte durch den verdunkelten Raum. Es war die Geschichte Barbara Holtzers, die er in wenigen Zügen entrollte. Er sprach einfach, dem Fassungsvermögen seiner Zuhörerin angepaßt, aber durch die schlichte Erzählung klang ein Herzenston. Über die heißen Wangen des Mädchens flossen die Tränen wie Regen, es lauschte mit vorgeneigtem Kopf, mit geöffneten Lippen. Ein düsteres Gemälde rollte sich auf; ein Buch ward aufgeschlagen, darin stand auf jeder Seite in finsteren Buchstaben etwas von Schuld, Not und Verzweiflung. Nun neigte die Erzählung sich ihrem Ende. Milde atmete rascher, seine Stimme bekam einen noch wärmeren Klang, mit festem Druck faßte er beide Hände des Mädchens und sah ihm tief in die Augen.

»Anna, können Sie verstehen, was ich von Ihnen will? Sie sagen, Sie wissen nicht, wohin mit sich, Sie wollen in ein Kloster? Das ist Verbrechen. Sie sind zu jung, es wird wieder eine Zeit kommen, in der Ihre Jugend von neuem erwacht, soll dann Ihr Kopf an unübersteigliche Mauern rennen, Ihr Herz hinter kalten Eisenstäben verbluten? Glauben Sie damit den Himmel zu erwerben? Hören Sie mich, ich weiß ein Werk, das Gott wohlgefälliger ist! Er hat ein Kind zur Erde geschickt, ein Geschöpf, rein und unschuldig, wie wir alle einst geboren wurden. Es ist jetzt verlassen. Wissen Sie, welches Kind ich meine? Das Kind jener armen Ausgestoßenen, an Gott und der Welt Verzweifelnden. Nehmen Sie sich seiner an, denken Sie, es sei übriggeblieben von dem Toten, ein Stück von ihm; bewahren Sie das hilflose Wesen vor dem Umhergestoßenwerden in einer kalten und lieblosen Welt! Sie werden nicht unbelohnt bleiben, Sie werden einen Segen empfinden, der überschwenglicher ist als jeder andere auf Erden – glauben Sie mir, Anna, Kinder sind Führer zum Paradies – Anna, verstehen Sie mich? Sprechen Sie ›Ja‹, und ich will Sie unterstützen nach besten Kräften! Nehmen Sie mir die Last vom Herzen, lassen Sie mich der unglücklichen Mutter sagen: ›Sei ruhig, dein Kind ist gut aufgehoben!‹ Anna, antworten Sie, lassen Sie mich nicht umsonst bitten!«

Er schwieg tief atmend, ein forschender Blick streifte die schwarze Mädchengestalt – kein Laut! Wie Angst stieg es in seinem Herzen auf: hatte er auch das rechte Wort gefunden, den rechten Fleck getroffen?

Er lauschte gespannt – da – sie schüttelte den Kopf, ein dunkles Rot überzog ihr Gesicht.

»Herr Staatsanwalt, ich versteh' Sie net! Ich – ich soll das Kind aufnehmen, das Kind von der da?« Sie sprang auf, sie stieß den Stuhl zurück, fassungsloses Staunen malte sich auf ihrem Gesicht: »Es is wohl Ihr Ernst net, Herr Staatsanwalt? Doch? – Sie nicken! Ja, das tut mir leid, das kann ich net. Ich tät Ihnen gern was zulieb, herzlich gern, aber was denken Sie von mir? Ich fluch' dem Lorenz ja net und net der Barbara, ich zürn' net emal mehr, das haben Sie zuweg gebracht, Sie haben e so schön geredt, daß mir das Mitleid gekommen is, aber da dermit is't auch genug – wie können Sie von mir verlangen, ich soll mich um das Kind annehmen?! Herr Staatsanwalt, grad ich! Das ist zuviel verlangt!« Die Stimme des Mädchens nahm einen beleidigten Klang an und zitterte vor Erregung, das weiche Gesicht wurde streng; so glich Anna ihrem Vater, dem Ramsteiner Bauern. »Ich bin betrogen und hintergangen worden, ich sein e so gekränkt, und Sie, Sie denken –! Als Sie so erbaulich geredt haben, konnt ich's wohl für ne Weil vergessen, aber alleweil regt sich's ei'm da innen – was bin ich denn? Ich bin kein' hergelaufene Person, ich bin de Ramsteiner Anna. Meine Lieb' hab ich an dän Lorenz gehängt, ich hab' net gefragt: Biste arm oder reich? Und jetzt, was hab ich dervon? Daß de Leut nach mir gucken und hinter mir drein schwätzen, und daß ich auf dem Gericht zu Trier meine Aussag machen muß! Ich muß mich schämen. Von der ganzen Sach bleibt doch ebbes an mir haften – und ich, ich sollt meine Hand noch bieten und e so en Kind nehmen, auf dem der Fluch liegt – nein! Beten will ich fleißig für das arme Wurm und for den Lorenz und die Barbe Messen lesen lassen – aber selbst, selbst –« ihre Stimme wurde wieder fest – »niemals, ich kann net – nein, nein! – Herr Staatsanwalt, Sie sind so en guter Herr« – sie trat an ihn heran und legte die Hand auf seinen Ärmel – »aber, Herr Staatanwalt, Sie passen net for de Welt! Denken Sie an, was würd' mein Vadder und meine Mutter sagen, was würden de Leut denken? Sie würden mit Fingern auf mich zeigen! Und ich – ja, ich tät Angst haben, das Kind von der Mörderin könnt auch emal im Zuchthaus en End nehmen. Sie sind eben anders, Herr Staatsanwalt! Ich hab' in em Buch gelesen, es gibt Leut, die alleweil nur das Gute glauben; wann's regnen tut, sagen sie: gleich wird die Sonn wieder scheinen, und wann der Himmel grau ist, sagen sie: in einer Viertelstund is er wieder blau. Ich meinen, e so einer sind Sie! Nehmen Sie es net übel, Herr Staatsanwalt, daß ich so frei bin und Ihnen das sag'! Und denken Se, wann ich net in's Kloster gehen sollt, dann muß ich später heiraten, es geht doch emal net anders, und was soll ich dann mit dem Kind? Lieber Herr, es tut mir e so leid, daß ich Ihnen net den Gefallen tun kann, aber bei allen Heiligen, gewiß und wahrhaftig, es geht net! Sind Sie mir bös?« Sie sah ihn mit tränenschwimmenden Augen an, er schüttelte nur stumm den Kopf. »No, dann adieu, Herr Staatsanwalt, ich muß jetzt gehen! Im Kapellchen is die Totenmeß for den Lorenz – horchen Se, sie bimmeln schon!«

Er ließ sich von ihr die Hand drücken.

»Adieu!«

Sie ging, das schwarze Kleid verschwand hinter der Tür.

Milde sank auf den Stuhl wie einer, dem eine schöne Hoffnung zunichte geworden war.

Da ging sie hin, da stand das Bäumchen, das er über und über voll rosiger Blüten geglaubt, kahl und leer! Er schlug sich vor die Stirn, und sein Murmeln hatte einen bittern Klang:

»Ich Narr, ich lächerlicher Schwärmer! Ja, sie hat recht, ich kann ihr nicht zürnen. So jung und so verständig! Und ich – so alt und so unverständig!«

* * *

Draußen hält noch immer, von Neugierigen umlagert, das Chais'chen am Spritzenhaus. Die Ackergäule scharren ungeduldig und der Lippi flucht leise:

»Zapperment, dat es kein vergnügliche Saach, hei bei der vermaledeiten Hitz zu stiehn; dän Hähr Staatsanwalt wollt doch gleich kommen, on eweil dauert dat en halwe Ewigkeit – Gott sei gelobt, eloa is hän endlich!«

Milde kommt rasch näher:

»Schließt auf, bringt die Gefangene heraus!«

Mit dumpfem Gemurmel, mit halblauten Flüchen und Verwünschungen rückt die Masse der Neugierigen näher.

»Platz gemaach, hei werden net Maulaffen feil gehaalen! Dao soll doch gleich en heilig Kreizdunnerweder –« Der Lippi flucht kannibalisch.

Der Staatsanwalt ruft:

»Schämt euch, ihr Leute! Haltet euch ruhig, tretet zurück!«

Widerwillig schiebt sich die Menge zur Seite, mit wütendem Umherblicken und Säbelgerassel verschwindet der Lippi in der Spritzenhaustür; ihn begleitet der Kollege, der heute von Trier eingetroffen ist. Eine Weile verstreicht. Atemlose Stille draußen – da – alle Hälse recken sich, die Tür knarrt in den Angeln, sie geht auf.

»Ah!«

Der Herr Staatsanwalt hebt die Hand:

»Ruhe!«

Da tritt sie über die Schwelle, die Hände gefesselt; rechts und links von ihr ein Gendarm! Ihre Blicke sind stier zu Boden gesenkt, kein Muskel in dem todbleichen Antlitz regt sich; sie sieht aus wie eine Abgeschiedene. Mechanisch tut sie die wenigen Schritte vorwärts. Der Wagenschlag wird geöffnet, die Gendarmen heben sie hinein, zu jeder Seite nimmt einer Platz;

der Kutscher haut auf die Pferde – sie ziehen an – Rädergerassel – eine Staubwolke.

Im blendenden Sonnengeflimmer verschwinden die Häuser des Dorfes; nun ist das letzte Haus erreicht, noch diese Wegbiegung, dann liegt Ehrang versunken hinter Büschen und Bäumen, mit ihm alles, was –

»Mein Könd, mein Könd!« Mit einem herzzerreißenden Schrei springt die Gefangene auf, wendet sich zurück und hebt die gefesselten Hände. »Mein –« Die Gendarmen ziehen sie unsanft nieder auf den Sitz.

Die Räder rollen weiter; in Staub und Sonne verschwindet alles.

* * * * *

Das Miseräbelchen

Du lieber Gott, was für ein armseliges Kind war der Christoph Nepomuk!

Er hatte einen Buckel auf dem Rücken und einen Bukkel auf der Brust, die dünnen schlotternden Beinchen trugen den Körper kaum, und zwischen den hohen Schultern saß der dicke Kopf mit dem zwergenhaft alten Gesicht. Die Wangen so abgezehrt, so gelb, kein Hauch von Farbe auf ihnen! Um den Mund zogen sich tiefe Falten, ach, und die großen schwarzen Augen blickten nicht kinderfroh und unbewußt in die Welt; in ihrer traurigen Tiefe brannte ein unnatürlich glänzendes Licht, ängstlich flackernd wie die Totenkerzen am Allerseelentag.

Was nützte es dem Christoph Nepomuk, daß er zwei schöne Heilige zu Paten hatte?! –

Drunten im Tal lag die Stadt mit den vielen Kirchen und Türmen, und nicht weit von dem alten römischen Stadttor war der heilige Christophorus an die Mauer gemalt, riesengroß und prächtig, blau und rot; auf seinen Schultern saß das Christuskind, das hob segnend die Rechte. Und der zweite Pate, der heilige Nepomuk, der stand weit draußen im Böhmerland auf der Moldaubrücke, trug einen goldenen Sternenkranz ums Haupt, und die Schiffer beteten zu ihm.

Des Christoph Nepomuks Vater war auch ein Schiffer gewesen, aber nur ein Knecht, und sein Schiff war nicht flott gesegelt. Tagaus, tagein hatte er keuchend, den Riemen um die Brust, den Steinkahn die Mosel hinauf gezogen, die Erde mit Schweißtropfen netzend, die Lebenskraft tauschend für armseligsten Lohn. So war es gegangen, Jahr für Jahr, bis ihn einst die Kameraden nach Hause brachten, bewußtlos und röchelnd. Der Riemen hatte ihm was in der Brust zerquetscht. Da half kein Doktor und keine geweihte Kerze mehr; nach zwölf Stunden war er tot, die Witwe saß allein, blutarm und blutjung, und hatte ein zweijähriges Kind auf dem Schoß, das war ein unglücklicher Krüppel.

»En Miseräbelchen«, sagten die Leute. – Seitdem waren nun acht Jahre vergangen, acht Jahre voller Hunger und Not. Das blühende Weib war verwandelt; die frische Farbe, die jugendliche Rundung waren geschwunden; die sehnigen braunen Arme, der gekrümmte Rücken trugen schwere Lasten. Im Tragkorb schleppte die Ursel im Frühjahr den Dünger, den Schiefer auf die Weinberge, die so steil vom Fluß aufstiegen, daß sie aussehen wie senkrechte Mauern, an denen der Fuß mühsam einen Halt sucht. War sie nicht im Taglohn der Weinbauern, so suchte sie Beeren im Wald; Erdbeeren, Blaubeeren und in den Spalten der sonnigen roten Felsen würzige Himbeeren. Im Winter saß sie Abende und Nächte und band Besen, große und kleine, und am frühen Morgen ging sie den weiten Weg zur Stadt, irrte durch die Straßen und rief von Haus zu Haus: »Kaaft Besen, kaaft Besen!«

Das war ein schweres Brot, sie war oft müde und verdrossen, und wenn die Leute zu ihr sprachen: »Jao, wann dir nor dat Könd, dat Miseräbelchen net hätt, duh könnt dir Eich besser helfen« – so sagte sie nicht nein.

Kam sie dann nach Hause und sah das Miseräbelchen sie mit den schmerzlichen Augen an, so riß sie es wohl heftig an sich und küßte es; und am Sonntag kaufte sie von den mühselig abgedarbten Pfennigen ein dünnes Licht, das zündete sie in der kleinen Bergkapelle unter dem Muttergottesbild an, lag davor auf den Knien und betete: »Heil'ge Moddergott's, bitt for ons! Heil'ge Moddergott's, laoß hän baal en Engelche gänn!« Und damit meinte sie das Miseräbelchen.

Aber das tat ihr nicht den Gefallen. Es wurde kein Engel, trotz aller geweihten Kerzen; es wurde wohl alle Jahr elender und schwächer, aber es starb doch nicht.

Strich der Lenzwind über die Berge und küßte der warme Strahl der Sonne das erste Grün wach, dann kam des Miseräbelchens gute Zeit. Dann kroch es hervor aus seiner dunklen Höhle und hockte auf der Schwelle der Hütte, streckte die wachsgelben, durchsichtigen Hände der Sonne entgegen und wärmte sie; sie waren so eiskalt. Die jämmerliche kleine Gestalt saß Tag für Tag vor der niederen Tür, elend, verkommen, und ringsum lachte die Welt, so heiter, so lenzesfrisch wie am ersten Schöpfungsmorgen.

Unten im Tal schlängelte sich der Fluß in sanftem Bogen und spiegelte den Himmel in seinem klaren Blau; von den Bergen stürzten Kaskaden von Blüten, wie milchiger Schaum schimmerten die Obstbäume mit ihrem Blütenschnee. Und jenseits des Wassers lag die alte Stadt mit den grauen Schieferdächern, überglänzt von Sonnenschein. Die Glocken des ernsten Domes riefen die Gläubigen zur Maiandacht. Überall Frieden, Schönheit, Versöhnung. Selbst die armseligen Hütten des Dörfchens, die wie Schwalbennester an der Felswand kleben, lagen eingebettet in riesigen Blütensträußen; auf ihre Dächer hingen Goldregen und Flieder in duftenden Dolden, das nackte Elend mit üppiger Fülle verdeckend. Der Frühling erbarmte sich über die Höhlen der Armut; sie störten nicht mehr die Schönheitsharmonie, sie paßten zu Amselruf und Nachtigallensang.

Aber unter den Blüten saß das Miseräbelchen, ein Mißklang in der Schöpfung, ein Hohn auf die jubelnde Natur.

Des Kindes Blicke schweiften mit unbewußtem Staunen über Berg und Tal, den Fluß hinauf und hinunter; dann richtete es sich auf und kroch mühsam die Mauer entlang, an dem Stückchen Zaun vorbei, bis zur benachbarten Hüttentür. Da lag ein flacher Stein, auf den sank es nieder, und dann rief's: »Toni! Josepha!« Die Stimme klang dünn und schwach, aber sie wurde doch gehört.

Aus der Tür sprangen zwei Kinder, ein sonnverbrannter Bube und ein flachshaariges Dirnchen, Bruder und Schwester, des Miseräbelchens treue Gefährten. Sie faßten den kleinen Krüppel in die Mitte; sie schleppten ihn ein Stück weiter, bis hinüber zu dem grünen Rasenfleck, auf dem die Kuckucksblumen blühten, Himmelschlüssel und Wiesenschaum, Hahnenfuß und Sonnenröschen.

Dort saßen die drei nieder. Die Josepha pflückte von den gelben Blumen, steckte die Stiele ineinander und machte eine lange Kette, die hing sie dem Miseräbelchen um den Hals. »Nau biste e su schien, Miseräbelchen«, sagte sie, »nau spille mer Prozession!«

Das waren glückliche Stunden für den Christoph Nepomuk. Er saß im warmen Sonnenschein auf dem weichen Rasen und spielte »heiliger Christophorus«. Der Toni und die Josepha zogen an ihm vorbei, langsamen Schritts, statt des Lichtes eine gelbe Blume in der Hand; sie plapperten und kreuzten sich, knicksten und beteten: »Heiliger Christophorus, bitt' for ons! Heiliger Christophorus, laoß dat Miseräbelchen baal en Engelche gänn!«

Und das Miseräbelchen nickte seelenvergnügt mit dem Kopf; es war zu schön. Und als die Sonne sank, packten es die Kinder wieder und schleiften es zu seiner Tür zurück; sie meinten es sehr gut, aber sie rissen ihm beinah die Arme aus.

Noch einen Freund hatte der arme Krüppel, den liebte er fast mehr als den Toni und die Josepha. Das war der Peter, ein großer schwarzer Kater. Der hatte sich einst bei strömendem Regen in die Hütte geflüchtet, hatte dort Mäuse und freundliche Aufnahme gefunden und war geblieben. Damals war er ein junges Kätzchen, halberstarrt vor Kälte, halbtot vor Hunger und so elend, daß er dem Miseräbelchen glich; nun war er ein mächtiges Tier mit scharfen Krallen und bösen Augen. Eine Schönheit war der Peter noch immer nicht, die Knochen standen ihm verdächtig heraus, aber er war doch des Miseräbelchens größter Schatz, sein Freund, sein Gespiele, sein Reichtum, sein ganzes Glück. Dem Toni und der Josepha wurde es oft langweilig, still bei dem Krüppel zu sitzen; sie sprangen davon, mit den andern Kindern durch die Berge zu streifen oder in wilden Spielen auf der Gasse zu tollen. Wie Schwalbengezwitscher klang das Rufen und Lachen der Kinder von ferne; das Miseräbelchen saß allein auf der Schwelle und hielt seinen Peter im Arm, der schnurrte und rieb den dicken schwarzen Kopf an der abgezehrten faltigen Wange des Kindes. Beide starrten hinaus in die Luft. Der Kater sah mit den gläsernen grünen Augen unverwandt nach dem Vogelnest auf dem Baum, und das Kind blickte zum Himmel auf – ohne Wunsch, ohne Klage.

So saßen sie beisammen die langen Sommerabende, bis die Mutter von der Arbeit heimkam; teilten das Stückchen Brot, das Schlückchen Milch miteinander, und der Kater erhielt den Löwenanteil. Das Miseräbelchen brauchte nicht viel. Sie sahen die Fledermäuse flattern und die Sternschnuppen in den Fluß fallen. Des Katers Augen glänzten im Halbdunkel wie Feuerkugeln, des Knaben Augen wurden immer größer und weltentrückter. Aus der armen, gedrückten Brust rang sich ein pfeifender, trockener Husten; die Leute sagten: »Et is bal aus mit em Miseräbelchen,

Gott sei Dank!« – Als der Hochsommer kam mit sengender Glut und drohenden Wettern, konnte das Miseräbelchen nicht mehr allein vor die Tür, die Mutter mußte es hinaustragen und dort auf einen Strohbund und eine alte Decke legen; das tat sie am frühen Morgen, dann ging sie fort, sie mußte in den Taglohn. Ab und zu sahen die Nachbarn nach der verlassenen Kreatur und reichten ihr etwas zur Labung; auch der Toni und die Josepha kamen, aber es wurde ihnen bald langweilig, das Miseräbelchen sprach nichts, und graulich war's auch. Der Peter war der treueste; er legte sich dem Kind auf die Füße und wärmte sie; er schmiegte sich an seine Seite und leckte ihm die Wange; und die matten Händchen streichelten das ruppige Fell. Ein Doktor wurde nicht zu dem Miseräbelchen gerufen; wozu auch? Aber Hochwürden, der Herr Kaplan, kam und betete mit dem Kinde; und die Mutter ging nun auch nicht mehr fort.

Endlich zog ein Tag herauf, trocken, sengend, voll dörrender Hitze. Am Horizont ballten sich dunkle Wolken schon am frühen Morgen, die zogen herauf bis zum Mittag. Alles in der Natur harrte in atemlosem Schweigen, die Blätter hingen schlaff und verstaubt, die Blumen senkten die Köpfe, und die Vögel versteckten sich im Gebüsch. Noch schoß die Sonne glühende Pfeile, dann wurde es plötzlich dunkel, ein heulender Windstoß folgte, ein greller Blitzstrahl hüllte die Gegend in schwefliges Licht – der erste Donner krachte durch die Lüfte.

Es war ein schweres Wetter.

Drinnen in der verdunkelten Hütte lag die Mutter auf den Knien und hielt sich die Augen zu; sie betete, was sie konnte. Das Miseräbelchen röchelte auf dem Bett in den letzten Zügen. Der Peter stand auf der zerfetzten Decke des Lagers, er sträubte das Haar; draußen, im dunklen Gang, kauerten der Toni und die Josepha, dicht aneinandergeschmiegt.

»Wann dat Miseräbelchen stärwen duht, kömmt dann dän Peter met in dän Himmel?« fragte die zitternde Josepha.

»Still«, flüsterte der Bruder und stieß sie an. »Dat glauwen eich –« Das Wort erstarb ihm im Munde; ein furchtbarer Blitz, ein entsetzlicher Donnerschlag ließen die Erde erzittern. Die

Tür zur Stube sprang auf, schreiend jagte die Katze heraus, die Bodentreppe hinan. Drinnen kreischte die Mutter laut auf.

Das Miseräbelchen fuhr gen Himmel. –

Und der erlösende Regen prasselte nieder. Er schwemmte mit seinen Fluten Dürre und Staub hinweg, er erquickte die lechzende Kreatur.

»Ursel, kreischt net su«, sagte die Nachbarin zu der Mutter; »dankt alen Heil'gen, dir haott eweil aach en Fürbitt im Himmel!«

»E jao, e jao«, sagte die Mutter, »dir haott rächt. Nau machen eich bei 'm Bauer in Dienst, loa haon ech mein Äßen on Drinken on weider kan Onverlegenhaat; äwer leid duht mer't doch!«

Und sie heulte von neuem. –

Auf dem kleinen frischen Grab am Kirchhofszaun hatte man ein ärmliches, schwarzes Holzkreuzchen errichtet, darauf waren der Name und die Jahreszahl vermerkt: Christoph Nepomuk Vogl, geboren dann und dann, gestorben dann und dann. Aber am andern Morgen war der Name durchstrichen, und es stand mit Kreide, in den steifen Buchstaben einer ungelenken Kinderhand darüber:

»Das Miseräbelchen«.

* * * * *

Die Zigarrenarbeiterin

Alle Tage, Punkt zwölf Uhr, kamen sie den Berg herunter; ihrer sieben, acht. Maria Josefa Brand voran. Ihr blaues, bedrucktes Kleid wehte im Wind, im Nacken flatterten ihr die zerzausten braunen Strähnen, mit den leichtgeröteten Augenlidern blinzelte sie in's Licht.

Ein durchdringender Tabakgeruch ging vor den Mädchen her; er wehte wie ein beißender Dunst aus ihren Haaren, aus ihren Röcken. Sie hatten alle dieselben geröteten blinzelnden Lider, und wenn sie sprachen, klangen ihre Stimmen bedeckt – Zigarrenarbeiterinnen.

Von morgens sieben bis zum Mittag, und dann wieder vom frühen Nachmittag bis an den dunklen Abend, hockten sie zu Ober-Manderscheid in den niedrigen Zimmern der Tabakfabrik. Sie bückten die jungen Leiber über die Gefächer mit den vertrockneten Blättern, emsig raschelten ihre Finger darin; der beißende Geruch füllte die Augen mit Tränen, ein Kitzelhusten quälte die Kehle. Die Fensterscheiben liefen an in der dicken Luft.

Maria Josefa Brand war die beste Arbeiterin, die flinkste. Sie sah nicht auf, keine Blutwelle färbte ihr blasses Gesicht höher, sie sprach nicht; durch ihre Gedanken surrte es einzig: »Dreißig Pfennig das Hundert, dreißig Pfennig!« Sie preßte die Lippen aufeinander, wenn die anderen lachten. Und doch war sie jung. In ihren schlanken Gliedern zuckte es von Leben, das Blut siedete ihr zuzeiten und klopfte verlangend; in beklommenen Nächten warf sie sich ruhelos auf den Strohsack, und hörte sie im Busch ein Liebespaar flüstern, lief's ihr heiß und kalt über. Aber sie sah keinen Burschen an. Sie ließ sich auf keiner Kirmes ein buntes Band oder ein Zuckerherz schenken; sie ging nie zum Tanz.

Unten in Nieder-Manderscheid, in der dunklen Hütte, die wie ein Schwalbennest an die mächtige Burgruine gekleckst ist, saß sie bei dem alten Großvater. Den ganzen Sommersonntag verflickte und verstopfte sie; zerlumpt mochte sie nicht gehen, und in der Woche nahm die Fabrik alle Zeit. Wenn dann die Schatten lang und tief die Bergwände hinab reichten, rieb sie sich die müden Augen – die taten immer weh vom beißenden Tabaksdunst gähnte und reckte die bräunlichen Arme über'm Kopf.

»Woar giehste?« fragte der alte Großvater.

Der war immer argwöhnisch, er traute niemandem; sehen konnte er nicht mehr gut, hören erst recht nicht, er lebte in einer Zeit, zwanzig Jahr zurück. Winters und Sommers kauerte er beim Herd, schneeweiße Bartstoppeln um den verwitterten Mund, ein kindisches Blicken in den blaßblauen Augen. Heraus an's Licht mochte er nicht, wohl war ihm nur drinnen in der dumpfen Luft; unwillig knurrte er, tänzelte durch den Türspalt ein vorwitziger Sonnenstrahl und bestrich ihm golden die schmutzigen Hände.

»Woar giehste, Lena?« fragte sein zahnloser Mund, wenn die Enkelin am Sonntag sich reckte. »Gieh net danzen – Jesses!« Und dann fuhr er sich mit beiden Händen in die struppigen Haare und wiegte den Kopf hin und her: »Heilge Maria, Moddergotts, bitt for ons, jetz on in der Stunde onses Todes! Hähr, erbarm dech ihrer!«

»Großvadder« – Maria Josefa schrie ihm laut in die Ohren – »ech sein net et Lena! E ne, ech giehn net danzen!«

Der Alte grinste befriedigt und tappte sie auf den Kopf: »E su es et recht, Lena – jao, jao!«

Ungeduldig schüttelte sie seine Hand ab, dann warf sie die Lippen mit einem verächtlichen Zucken auf: ba, tanzen! Sie ging nicht tanzen, sie war nicht wie ihre Mutter, die Lena, die jeder Fiedel nachspringen mußte. Was war denn auch das End' vom Lied gewesen? Einer hatte die sitzenlassen, mit einem Kind dazu; der Vater hatte sie geprügelt und die Leute hatten sie ausgelacht – man glaubt gar nicht, wie grausam die Menschen sind! Alt war die Lena nicht geworden, sie lag schon lange oben auf dem Kirchhof; ihr Kind war beim Großvater aufgewachsen – – –

»Maria Josefa, wuh haste denen Vadder?!«

Maria Josefa kannte die ganze Geschichte schon, als sie noch nicht zehn Jahre alt war; um den Kindermund lag ein frühreifer Zug, die Mundwinkel waren herabgezogen:

Nicht tanzen gehn, keinen Burschen ansehn, das war das Rechte! – Mit dem Fuß stieß Maria Josefa die Hüttentür auf und ließ sie knarrend hinter sich in's Schloß fallen; die nägelbeschlagenen Schuhe trappten über's Geröll. Sie hatte nicht weit, die Rückwand der Hütte lehnte sich gegen den trotzig aufragenden Wachtturm. Nun war sie mitten zwischen den Ruinen.

Dämmrig war's schon in dem alten Gemäuer. Aufgeschreckte Vögel fuhren krächzend zum Turm heraus, in den Ecken raschelte und rieselte es; leise kam es geschlichen und drückte sich an ihre Füße. Mit einem Lachen bückte sie sich und hob eine graue Katze, noch ein junges, kaum ausgewachsenes Tier, auf den Arm. Die Freude färbte ihre Backen rot. »Miez, Miez!«

Die Graue schnurrte und schmeichelte, mit dem Kopf stieß sie gegen die Brust des Mädchens.

»O dau« – Maria Josefa preßte das Tier an sich, vor Zärtlichkeit biß sie die Zähne aufeinander, daß sie knirschten – »wuh warste e su lang? O dau – Miez, Miez!«

Die Katze antwortete, leise miauend; aus schrägen grünen Augen blinzelte sie die Herrin an, dann strampelte sie und hüpfte mit einem Satz aus den haltenden Armen. Den Schwanz hoch erhoben, den Kopf immer wieder zurückwendend, ob man ihr auch folge, eilte sie auf die dunkelste Ecke zu. Was hatte sie da?

Maria Josefa kam neugierig näher – die Graue mauzte, ein dünnes Quietschen wie Mäusepfeifen antwortete – das Mädchen fuhr zurück. Sieben kleine blinde Katzen lagen da auf einem Knäuel zwischen dürrem Laub und Reisig, wie im Nest. Die Graue stellte sich drüber her mit gespreizten Beinen, gurrte gleich einer Taube, wendete die unbehilflichen Dinger hin und her und leckte sie zärtlich. Quietschend drängten sich die Jungen an den schlotternden Leib der Mutter.

»Ba!« Maria Josefa verzog den Mund und spuckte aus. »Ba, dau eklig Dier!« Keine Spur von Freude war mehr in ihrem Gesicht; böse, mit zusammengezogenen Brauen starrte sie auf die junge Brut. Als die Graue schwänzelnd und schmeichelnd um ihr Kleid strich, hob sie den Fuß zum Stoß: »Dau sollst net – ech will net!« Ein gepreßter Atemzug hob ihr die Brust; die Augen klein zukneifend wandte sie sich ab.

Die Steine prasselten unter ihren Tritten, an dem Brombeergestrüpp blieb ein Fetzen des blauen Rockes hängen, die Dornenranken schlugen ihr an die Waden. Nun schwang sie sich in die hohle Fensterbrüstung des alten Turmes und guckte gedankenlos ins Weite.

Die paar Häuser von Nieder-Manderscheid lagen schon grau im Grau, verschluckt vom Dunkel in der Schlucht; die Berghänge düsterten, ihr kurzes Grün ins Schwärzliche spielend, nur jenseits, ganz auf der Höhe, lag Ober-Manderscheid mit dem spitzen Schieferkirchturm, gebadet in Abendlicht. Von dort kam Gesang; der wehte nieder und brach sich tiefer an den schwärzlichen Schründen. Das waren die jungen Burschen und Mädchen! Am Sonntag gingen sie gern den Bergrand entlang, johlten sich zu und schmissen polternd Steine die Schlucht hinunter in die schäumende Lieser. Jetzt sangen sie ein Liebeslied; langgezogen hallten die Töne, sie erstarben nicht, immer folgten neue.

Die Einsame zuckte zusammen und preßte die Hände an die Ohren. Lange kauerte sie so auf dem gefährlichen Sitz, die Füße herunterbaumelnd, mit den Hacken unablässig an die morschen Steine klopfend. Unter ihr der Abgrund.

Als sie die Hände von den Ohren ließ, klang kein Liebeslied mehr; einzig die Lieser rauschte und murrte, und die Fledermäuse schwirrten. Es war Nacht. Maria Josefa fürchtete sich nicht; so war ihr Sonntagsvergnügen immer. Langsam schlorrte sie zum Großvater heim. Jetzt stolperte sie über die Steine, sie hatte den Kopf zurückgeworfen und sog mit geblähten Nasenflügeln die feuchte Nachtluft ein.

»Laoß se singen«, murmelte sie trotzig – »laoß se! Dreißig Pfennig dat Hunnert, dreißig Pfennig – ech verdeenen Geld, ech haon niemand nedig – ech will ken Schatz – ech sein net wie et Lena!« Sie lachte kurz auf; im Gemäuer hallte es wider. Jetzt fuhr sie zusammen; es huschte was an ihr vorüber – die Katze! Mit einem Schimpfwort griff sie nach einem Stein und schleuderte ihn ihr nach in's Dunkel.

* * *

Oben zu Manderscheid in dem neuen weißen Haus, das im Sonnenschein grell leuchtet, wohnte einer, der war anders als all die anderen im Dorf. Der war fein, ein Stadtherr, und von weit hergezogen; die Leute begriffen das eigentlich nicht. Er war auch kein Engländer. Er strich durch die Wälder und jagte, oder er saß herum und malte; in der Burgruine war er halbe Tage, selbst der alte Großvater schlurfte in die Hüttentür und stierte hinüber.

Maria Josefa kannte den Fremden auch – er hatte ein Gesicht wie der Ritter Georg, der den Lindwurm totsticht, und Augen, die sahen einem durch und durch; sie mußte die entzündeten Lider niederschlagen, wenn er ihr begegnete. Es war wie verhext; immer beim Mittagläuten, wenn sie den Berg hinuntersprangen, ihrer sieben, acht – Maria Josefa voran – dann kam er herauf. Er bot guten Tag, die Mädchen grüßten verschämt wieder; die eine, die dickliche Trina, versteckte kichernd ihr einfältiges, gedunsenes Kindergesicht hinter Maria Josefas Rücken. Nur die grüßte nicht. Eine unsichtbare Hand drückte ihr das Genick nieder, und doch wollte es ihr wieder den Kopf in die Höhe reißen; sie wußte selbst nicht, wie komisch das war. Er sah sie besonders an, sie fühlte das. Wie gepeitscht jagte sie voran, daß das Geröll hinter ihr drein prasselte; unten am Berg mußte sie innehalten, der Atem war ihr ausgegangen. Scheu sah sie sich um – da stand er noch.

Und eines Tages kam er in die Fabrik, kaum konnte seine hohe Gestalt durch die niedrige Tür. Er schaute sich überall um, der Aufseher führte ihn durch jeden Raum. »Mir sehr interessant, wirklich sehr interessant«, sagte er zu ihm, trat an jeden einzelnen Tisch, faßte die Zigarren an, besah sie sich genau und legte sie dann lachend wieder hin. »Es ist wirklich aller Ehren wert, daß Sie das hier in dem entlegenen Dorfe zustande gebracht haben, das bringt Verdienst unter die Leute. Wieviel gibt's denn für's Hundert?«

Er stand dicht vor Maria Josefa und sah auf sie nieder. Ihre Finger zitterten, das Deckblatt zerriß, der Einlegetabak quoll heraus, der Wickel war unbrauchbar. Unwirsch warf sie ihn der dicken Trina zu; die riß verwundert die Augen auf – das war der Maria Josefa kaum je passiert!

»Ungeschickt gewesen?!«

Der Fremde sagte es gar nicht spöttisch, und doch trieb der Ton dem Mädchen das Blut in die Wangen; was hatte er zu fragen? Blindlings griff sie nach einem neuen Wickel; es flimmerte ihr vor den Augen, die Hand des Herrn mit den blanken Nägeln und dem blitzenden Ring wühlte in den raschelnden braunen Blättern und ließ sie spielend durch die Finger gleiten. Was war das für eine schöne Hand, nicht so knotig um die Gelenke, wohl gebräunt, aber doch nicht wie Leder, und weich dabei! Ob er ein Mädchen hatte, von dem der blitzende Ring war? Wie mußte die wohl aussehen, die dem gefiel – – –?!

Sie schrak zusammen. »Nun, wieviel bekommt ihr für's Hundert? Wieviel kriegst du für's Hundert, Kind?« Er sprach zu der Trina, die wußte nicht zu antworten, die war so dumm! Scham kam über Maria Josefa; was mußte er von ihnen allen denken? Eine glühende Blutwelle schoß ihr ins Gesicht bis unter das braune Gekräusel an den Schläfen – wenn sie das auch noch so mit Wasser strählte und zurückzerrte, es ringelte sich immer neu – sie räusperte sich, der Tabaksstaub kitzelte sie im Halse, und dann sagte sie laut: »Dreißig Pfennig für't Hundert, Herr!« Sie mühte sich, hochdeutsch zu sprechen.

»Nur?!« Die Hand mit dem blitzenden Ring ließ das Wühlen in den trockenen Blättern. »Und wieviel Hundert bringt ihr am Tag fertig?«

»Vierhundert, fünfhundert, je nachdem; ich verdienen als eine Mark zwanzig den Tag – ich verdienen äwer auch am meisten!«

Sie sagte es stolz, sie fühlte sich plötzlich als die beste, die flinkste Arbeiterin .

»Armes Ding!« Seine Hand legte sich ihr auf die Schulter; schwer, warm, drückte die da. Durch das dünne Blaudruckkleid fühlte sie's, es rieselte ihr von dort über den Arm und den Rücken hinunter. Heiß und kalt ging es ihr durch die Adern. Sie hätte den Kopf nicht heben können, um alles in der Welt nicht; sie senkte ihn tiefer und tiefer. Ungeschickt faßten ihre Finger in die Blätter.

»Das ist wenig – eine Mark zwanzig – lieber Gott!« Seine Stimme klang bedauernd. »Warum geht ihr nicht in Dienst? Da habt ihr's doch besser!«

Die umsitzenden Mädchen stießen sich an und kicherten – so dumm, so einfältig – die verstanden ja gar nicht, was der Herr eigentlich sagte! Maria Josefa verstand ihn, sie verstand, daß er sie bemitleidete; und sie wollte kein Mitleid, von dem da am allerwenigsten. Sie machte eine heftige Bewegung, daß die lastende Hand ihr von der Schulter glitt, trotzig sah sie von unten herauf; die dunklen Augen unter den halbgesenkten entzündeten Lidern hatten noch ungetrübten Glanz. »Mir sein net arm, ech brauchen kein Mitleid, ech brauchen niemand! In Dienst? Ne!« Geringschätzig verzogen sich ihre Lippen, sie warf ihm von der Seite einen schnellen Blick zu, er fing den auf und hielt ihn fest. Ihre Lider zwinkerten – was half's, sie mußte aushalten, sie mußte ihn voll ansehen, während ihre Finger mechanisch die Zigarre drehten und in ihren Knien ein Beben entstand, als wäre sie stundenlang über steiles Geröll bergab gelaufen.

»So« – der Fremde wendete sich jetzt langsam ab – »und ich dachte, Sie würden vielleicht bei mir in Dienst kommen. Ich suche ein junges Mädchen, das der alten Frau in meinem Hause hilft. Also Sie wollen nicht? Na, seien Sie nicht zu fleißig – adieu!«

Er nickte ihr zu, ihr ganz allein, so schien es ihr; er hatte sie auch »Sie« genannt, Krufts Trina nur »Du« – und in Dienst hatte er sie nehmen wollen, warum gerade sie – gerade sie – – –? »Ne, ne!« Maria Josefas Wangen flammten, aufspringend stieß sie an den Tisch, daß eine Handvoll Zigarren herunterkollerte.

Die andern drehten einen Augenblick verwundert die Köpfe nach ihr, dann bückten sie sich wieder über die Arbeit. Man hörte nichts als das Rascheln des dürren Krauts und ab und zu ein trockenes Hüsteln. Bräunlicher Staub flog umher, bei jeder Bewegung flatterte der Tabaksgeruch aus den Kleidern, den Haaren der Mädchen; ein beißender Dunst stieg zur weißgetünchten Decke und kroch schwer die Wände entlang.

Heut hatte Krufts Trina mehr Tagelohn als Maria Josefa; die sprang heute auch nicht den anderen voran, den Berg hinunter, mißmutig schlenderte sie hinterdrein. Morgen war Sonntag. Sie hörte die Mädchen einander erzählen; jede hatte ihren Schatz, selbst die dickliche Trina mit dem gedunsenen einfältigen Kindergesicht hatte einen. »Hän gieht met mer danzen morjen«, sagte die Trina und zog den Mund breit – »ze Bleckfeld es Kirmes, mir maachen daorhin. Ju!« Sie lachte, und die andern lachten auch.

Wie im Traum hörte Maria Josefa das Geschwätz. Hinter ihr läutete das Abendglöcklein vom spitzigen Schieferkirchturm, in jedem Glockenton war was von Freude; sanft schwebte der Klang über die Dächer von Ober-Manderscheid und über den Kirchhof mit den weißen Kreuzen am Bergrand.

Maria Josefa stand still und blickte zurück, sie mußte plötzlich an ihre Mutter denken – die lag da.

* * *

Die Häuser von Nieder-Manderscheid sind verschwunden, ganz versunken in Duft. Die Hänge der Schlucht sind nicht mehr grünschwärzlich gefärbt, lange weiße Nebel steigen an ihnen auf und ab. Die Lieser rauscht wild und weißschäumend, von stürzenden Güssen geschwellt. In den dampfenden Wäldern schreien die Hirsche; nächtens dringt der brünstige Schrei bis an die Hütten, bricht sich an den Felswänden und verschwebt in einem hohlen Echo.

Maria Josefa saß wachend auf ihrem Strohsack und hielt sich die Ohren zu; sie hörte doch jeden Schrei, und dann zuckte sie zusammen. Fürchtete sie sich?

Drüben an der Wand lag der alte Großvater und schnarchte; er röchelte manchmal so, daß sie aufstand, Licht anzündete und zu ihm hinging. Er sah aus wie ein Toter, die Augen eingesunken, der Mund offen; aber er war warm, er schlief nur. Sie stand lange vor ihm; riesengroß warf das Licht ihren einsamen Schatten an die Wand und flackerte gespenstisch über das verwitterte Greisengesicht. Der heiße Talg tropfte nieder auf ihre nackten Füße; mit großen gedankenlosen Augen, ohne Gefühl, starrte sie immer geradeaus, und dann schauerte es sie plötzlich, daß sie sich schüttelte.

Sie blies das Licht aus und sprang mit einem Satz auf ihren Strohsack zurück. Sie krümmte sich zusammen, um sich zu erwärmen, sie fühlte die Weichheit der eigenen Glieder, ihr Herz begann zu klopfen, wild und ungestüm; es schlug ordentlich gegen die Rippen. Allerhand Bilder zogen an ihren zugekniffenen Augen vorüber – – – wie Krufts Trina verliebt ihrem Schatz am Hals hing! – – – wie die Frau vom Aufseher in der Fabrik ihr Kleines an der Brust hatte! – – – oh, wie die selig waren! – – – –

Der Schweiß trat ihr auf die Stirn. »Dreißig Pfennig das Hundert, dreißig Pfennig – niemand nötig« – das war ein Zauberspruch gewesen. Früher hatte sie sich den immer vorgesagt und war ruhig geworden, stolz; jetzt nicht mehr. »Armes Ding«, hatte er gesagt; trotz der dreißig Pfennig!

»Jesus Maria!« Sie faltete die Hände. So viel hatte sie noch nie gebetet wie in den letzten Monaten; sie hatte Angst, und doch war's zum Lachen; einen Tag war sie zerknirscht, den anderen hob sie hochmütig den Kopf über die Gefährtinnen. Welche von denen konnte sich rühmen, daß ein feiner Herr ihr nachging, der ein Gesicht hatte wie der heilige Georg, und eine Hand, an der ein blitzender Ring steckte?! Mit dieser Hand hatte er ihr sanft um Backen und Kinn gestrichen, neulich in den Ruinen – und gestern –?!

»Jesses!« Sie schlug mit den Armen um sich, als lange sie nach etwas – nichts! Alles leer, alles dunkel – doch nein, halt! Hinter dem Herd kam's hervorgekrochen, mauzte kläglich und schmiegte sich an ihren zitternden Leib. Die Graue war's! Die war nun auch ganz allein, all ihre Jungen tot! Mit eigener Hand hatte Maria Josefa die in den Bach geworfen, wirbelnd waren die kleinen Leiber dahingerissen worden; teilnahmslos hatte sie ihnen nachgestarrt. Aber als die Graue, jämmerlich klagend, ihr verödetes Nest umstrich, mit gesträubtem Fell und gekrümmtem Schwanz jeden Winkel durchsuchte, da waren Maria Josefa Tränen in die Augen geschossen; mit einem dumpfen Laut hatte sie die Katze umschlungen. Seit der Zeit waren sie unzertrennlich – waren sie nicht beide allein?

Leidenschaftlich zärtlich drückte Maria Josefa jetzt das Tier an sich, ihre Hände krampften sich in's Fell und zausten daran. Dann hob sie die Katze in die Höhe, wie man, spielend, im Übermaß von Liebe ein Kind hebt. Die Katzenaugen funkelten über ihr in grünlichem Licht, zwei feurige Punkte im Dunkel. »Hä, haste mich lief, gel dau, gel –?!« Die Graue knurrte, die Stellung war ihr unbequem; sie kratzte nicht, aber sie legte die scharfen Krallen um die haltende Hand.

Ernüchtert ließ das Mädchen die nackten Arme sinken. Huh, kalt! Herbst. Bald kam der Winter. Und die Hütte so elend, und die Nächte so lang, und immer, immer allein! Früher hatte sie nie daran gedacht; die Fabrik und Kaffee und Kartoffeln und Hitze und Kälte, das war zu denken genug – aber jetzt –?!

Schaudernd zog sie die lumpige Decke bis an's Kinn; die Katze legte sich ihr auf die Brust. Jetzt wurde sie warm, aber sie konnte doch nicht schlafen, die Hirsche schrien dumpf im nahen Wald – durch's Dunkel bohrten sich zwei Augen in die ihren, Augen, die einem durch und durch sehen – und eine Hand fuhr vor ihr hin und her, kam näher und näher, strich ihr so nah über Wangen und Kinn, daß sie den Lufthauch spürte, streckte sich aus nach ihrer Schulter, nach ihrer Brust – – –

»Ha!« Mit einem dumpfen Angstschrei fuhr Maria Josefa empor, daß die Katze von ihrer Brust herunterkollerte. Mit einer wilden Gebärde warf sie die Arme über den Kopf, sie schluchzte: »Ne, ne – ech duhn et net – doch net – un doch net!« – –

Wie der Tag langsam heranschleicht, wie er sich dann hinquält.

Schwer zerschlagen schleppte Maria Josefa ihre Glieder, ihre Augenlider waren entzündeter als sonst. Sie hatte wild in der Fabrik gearbeitet, die Zigarren flogen unter ihren Händen; beim Mittagsläuten war sie den Berg heruntergestiegen, weit, weit hinter den andern – da stand er. Er sagte »Guten Tag« und lachte sie an. Sie hatte wieder lachen und »Guten Tag« sagen müssen, er war doch so schön, ein zu feiner Herr – und wie der Ring an seiner Hand blitzte! Der einzige Strahl der bleichen Herbstsonne funkelte darauf. Lange hatte er auf sie eingeredet.

Und jetzt war es Abend. Draußen alles versunken in tiefes Grau. Stürmisch tost die Lieser und schlägt über's Ufer. Im Wald schreien die Hirsche – Jagdzeit.

Im engsten Winkel der Hütte hockt Maria Josefa, zusammengekauert wie eine Schuldbeladene; undeutlich sieht man sie, kein Licht wird gebrannt, nur das Reisigfeuer auf dem Herd leuchtet. Sie hält die Katze mit beiden Armen umklammert; jetzt bückt sie sich noch tiefer und legt den Kopf auf das weiche Fell. Sie atmet hastig – – –

Was hatte er gesagt? – »Maria Josefa, komm heraus – heut abend, hinter den Ruinen, im Wald bei der großen Tanne – Maria Josefa, du mußt kommen – komm, Maria Josefa, komm!«

»Woar giehste?« fragt der alte Großvater hinterm Herd und blinzelt mit den blöden Augen.

Sie gibt keine Antwort; schwerfällig ist sie aufgestanden, mit schlotternden Beinen geht sie zur Tür.

»Woar giehste –?«

Die Tür schlägt zu. Draußen steht Maria Josefa im Dunkel. Mit Nebeln ist die Welt verhangen. Der Nachttau fällt ihr gleich Tränen auf's Haar, ihre Kleider werden feucht. – – – Komm, Maria Josefa, komm – komm – – –!

Mit durstig geöffnetem, heißem Mund, mit klopfenden, fiebernden Pulsen geht Maria Josefa durch die Nacht, erst langsam, dann rasch. Da braust die Lieser, da ragen die Ruinen wie schwärzliche Klumpen – jetzt, jetzt rauschen die ersten Waldbäume!

Sie geht rasch und rascher, sie stolpert, sie rafft sich auf, sie läuft, ihre Füße rascheln im dürren Laub; ihr Atem fliegt, sie erschrickt vor dem eigenen Keuchen. Unter dem fadenscheinigen Kleid zittert und bebt ihre Brust, ihre Stirn glüht; da ist kein Sinn, kein Gedanke, nur ein Pochen, ein Jagen und ein Drängen.

Mondschimmer gleitet über den Weg, ein Vogel schwirrt auf – sie rennt und rennt.

Da ist die Tanne, an ihrem Stamm ein Schatten, eine Gestalt!

Sie stürzt voran, die Arme vor sich gestreckt, den Kopf hintenüber geworfen – – – –

Und doch!

* * *

Als das Frühjahr kam, tanzte Maria Josefa auf jeder Kirmes, an jedem Sonntag. Sie tanzte wild, mit wehenden Haaren, mit flatternden Röcken und funkelnden Augen. Wenn sie müde war, ging sie auf den Kirchhof zum Grab ihrer Mutter. Da saß sie.

Das Grab war eingesunken, Unkraut und Gras wucherten darauf; am morschen Holzkreuz hing ein zerzauster Kranz.

* * * * *

Margrets Wallfahrt

Oben auf der Eifel wehten schon Herbstwinde. Sie kamen von Norden und schnoben daher, eilfertig und gehässig; sie färbten das magere Gras gelb und zausten die knorrigen Föhren und zitternden Birken. Drunten im sonnigen Moseltal blühten noch die Rosen in den Gärten, gelb, rot und weiß, in den kristallklaren Fluß nickten die obstbeladenen Bäume, die Traube schwoll des köstlichen Geistes voll, Nußbäume und Kastanien sprengten die grüne Hülle ihrer Frucht und ließen den braunen glänzenden Kern zur Erde fallen. Hier oben rochen die Nächte schon nach Winter; die Schlehe hing blau und herb an den dornigen Büschen, kalter Reif versilberte Gräser und Moose, und dicker Nebel hockte in den Mulden. Unwirtlich war's, unfreundlich. Die kalte Eifel mit ihren baumlosen Höhen, ihren rotblühenden Heiden und dunklen Maaren bereitete sich allgemach, ihren gestrengen Herrn, den Winter, zu empfangen.

Da, wo der Wald zu Ende geht und nur struppiges Knieholz mehr fortkommt, liegt ein Häuschen an den Felsen geschmiegt, ein armseliges Nest mit tiefhängendem Moosdach, darauf Hauswurz und Fetthenne gedeihen; sogar ein Tannenbäumchen hat sich naseweis und keck dort angesiedelt. Das Türchen ist niedrig, das Fensterchen mit Papier verklebt, aber auf dem grünen Rasenfleck vor der Schwelle weidet eine genügsame weiße Ziege, und ein paar sturmgewohnte Sonnenblumen nicken protzig und gönnerhaft mit den dicken Köpfen.

In der einsamen Hütte, der armseligsten weit und breit, wohnte die ehrsame Witfrau Anna Maria Balduin. Sie wohnte drin seit langer Zeit; als junge glückliche Braut war sie vor achtzehn Jahren eingezogen an der Seite des Peter Balduin, des tüchtigsten Holzfällers weit und breit; fünf Jahre später trug man ihn hinaus, starr und kalt, und begrub ihn unten in Kyllburg auf dem kleinen Bergfriedhof. Es war ein böses Jahr; die Kartoffeln mißraten, das Brot unerschwinglich, der Hungertyphus wütete in der armen Eifel, früher Schnee fiel, und die gierigen Wölfe schlichen allnächtlich bis an die einsamen Hütten. Im Häuschen der Witwe waren Angst um's tägliche Brot, Kummer um den Verstorbenen, Kälte und Entbehrung zu Gast. Die bleiche Frau saß am Spinnrad und ließ ihre Tränen rinnen, und das Töchterchen, die kleine

Margret, hockte daneben, lachte und spielte mit bunten Steinen und begriff nichts von dem Kummer der Mutter.

Nun waren Jahre vergangen; das frische Grab war eingesunken und Gras darüber gewachsen, wie über die Wunden des Herzens. Die kleine Hütte war baufälliger geworden, und statt der kleinen Margret saß eine große vor der Tür. Sie spann um's liebe Brot für die reichen Bauernfrauen und hatte die Ziege mit einem Strick an ihre große Zehe gebunden; da konnte das Tier grasen und lief doch nicht weg. Margret spann und guckte auch zuweilen halb gedankenlos, halb sehnsüchtig hinauf in den Himmel, der blaßblau und unnahbar kühl sich über den nackten Höhen wölbte. – Mit der Mutter stand's schlimm. Sie hatte Gliederweh, lag seit Wochen und Monaten, krummgezogen und steif, in der wurmstichigen Bettstatt auf den blaugewürfelten groben Kissen, ächzte und stöhnte und konnte kaum die Hand zum Munde heben. »Et es en bedenkliche Saach'«, sprach die kluge Frau aus Kyllburg, die sich auf vieles Bitten und gegen bare fünfzig Pfennig herabließ, zu der armen Hütte heraufzusteigen. Sie nahm das einzige Huhn der Witwe mit hinab und hatte dafür ein wunderwirkendes Tränklein zurückgelassen. Aber das Tränklein tat kein Wunder, die Kranke jammerte noch um vieles mehr, und der Totenvogel, das Käuzchen, schrie jede Mitternacht vorm Hüttenfenster. –

Heut war ein besonders schlimmer Tag. Die hübsche Margret saß am Bett und ließ den Kopf hängen. Ihre fleißigen Finger spannen, aber ihre sonst lachenden braunen Augen füllten sich oft jählings mit Tränen. Sie war ein gutes Kind, hatte weiter nichts auf der Welt als ihre Mutter und ihre siebzehn Jahr; aber auf das bißchen Jugend, da fiel die Sorge um die Mutter wie Hagel im Mai. Es war traurig.

Ein Glück, daß es nun an die Hüttentür klopfte und mit Seufzen und Gepuste eine behäbige Bauersfrau sich über die Schwelle schob: »Gelowt sei Jeses Christes!«

»In Ewigkeit Aomen!« –

Es war die Gevatterin aus Kyllburg, Frau Margareta Rindsfüßer, die Patin der Kleinen. Da kam sie den Berg heraufgeklettert, die gute Seele, und war doch ein bißchen sehr komplett. Und nun packte sie den Korb aus, den sie am Arme trug – Knackwurst, Semmeln, Zichorien und ein paar Eier.

»Dao, Anna, wat micht Ihr, wie gieht et Eich?«

»Schlächt – siehr schlächt!«

»Jao, jao«, nickte die andre, »ech glauwen et sälwer, dat Ihr et net e su lang mieh maachen duht! Gäwt de Hoffnung ald nor uf, bereit Eich zom säligen Stärwen!«

»Oa dau mein Jesses«, wimmerte die Kranke, »ech duhn jao e su gären stärwen – et es mer nor om et Margret, et es noach gaor e su jong!«

»Waohr, waohr«, die Gevatterin zwinkerte mit den Augen und schneuzte sich gewaltig in das rotblaue Sacktuch – »et es haard, siehr haard, äwer duh es kein Hölf net mieh. Jao, wann Ihr eweil zom heiligen Rock erunner naoch Trier maachen kunnt, lao kennt Eich geholf gänn –!«

»Geholf – zom heiligen Rock!?« Margret hatte mit weit aufgerissenen Augen der Sprecherin zugehört, nun näherte sie sich und faßte die Gevatterin am Ärmel. »Tant, ech bitten Eich ville Maol, wat es dat met em ›heiligen Rock‹?«

Frau Margareta Rindsfüßer bekreuzte sich fromm. »Bitt for ons, heiliger Rock, for ons on om Vergäwung onsrer Sünd – Mädchen, dau bis e su domm! Lao unnen ze Trier, duh bimmeln de Glocken Dag on Nacht, wat se kennen; se bimmeln, dat de Fischelcher in der Musel Angst gänn. Mer maant, mer kennt dat Bim-bam hei owen heeren. On aus der ganzen Welt kommen se gerennt de Musel eruf, met Kreizcher on Fähncher on grußen Faohnen, on singen on bäten den heiligen Rock an. Wat meim Vadder sin Broder sin Sohn es, dän Stadtfeld's Hanni, dän haot et mer verzällt, dän es sälwer duh gewest. Weil hän gaor kein Könner krieht, haot hän lao erunner gemaach on haot met seim Trauring dän heiligen Rock anröhren laoßen – dat hilft! Im heiligen Duhm zeigt em de hohe Gaastlichkeit, on wän krank es, dän verliert esubaal sin Onüwelkaat – jao! On wän en Kranken derhäm haot on holt ebbes von em met, en Hemd oder en Bettduch or sunst ebbes, dem sein Kranker werd gesond!«

»Jesses Maria!« Die Kleine faltete die Hände. »Modder, ech maachen daorhin!«

»Et es gaor e su weid« – die Kranke seufzte halb angstvoll, halb sehnsüchtig – »ech laoßen dech net, dau bis mein anzig Könd – wannste zo Schaoden kämst, Jeßmarijusep!«

»O Modder, laoßt mech doach! Ech sein jao schuns met Beeren bis erunner zor Musel gewest, nau giehn ech hald noch ebbes weider; naoch Trier finden ech ganz kommod. On wann ech den heiligen Rock vill dausendmaol bitt, dan hilft hän gewöß, on wanneh ech widder komm', dao seid Ihr gesond – o Modder, die Freid!«

Mit ausbrechendem Jubel umschlang das Mädchen die Kranke. Es preßte seine blühende Wange an die bleiche, abgezehrte. – »Modder, saot neist, ech giehn zom heiligen Rock – morjen!«

»Anna, laoßt dat Margret giehn in Gottes Naomen; on de heilige Jongfrau sei met em«, sagte die Gevatterin. »Ech kommen derweil ale Däg eruf, on kucken naoch der Zieg – on naoch Eich!«

Gerührt nahm sie Abschied.

Der Abend kam, Margret molk die Ziege und kochte die Suppe; dann stand sie am Brunnen und wusch sich und scheuerte sich, als sei acht Tage kein Wasser an ihren jungen Leib gekommen. Blitzeblank und rein, das konnte der heilige Rock verlangen. Dann kniete sie drinnen in der Stube vor dem Muttergottesbild, das aus schmalen Goldrähmchen grell und vielfarbig von der getünchten Wand herunterschielte. Lang und innig war ihr Gebet. Heute betete sie nicht nur das Vaterunser und den Englischen Gruß – die Erwartung, die Spannung, das geheime Sorgen vor dem kommenden Tag drängten ihr eigene Worte auf die Lippen.

Todmüde sank Margret auf ihr Lager. Die Hände auf der Brust gefaltet, atmete sie bald tief und gleichmäßig im süßen Schlaf der Jugend.

Als sie erwachte, graute schon der Tag, und hinter rosigen Wölkchen schien die Sonne den Morgentraum abzuschütteln; es war Zeit zum Aufbrauch. Frau Anna weinte, als die Tochter vor ihr stand, so frisch und rotwangig, das festtägliche schwarze Kleid hochgeschürzt über dem blauen Friesrock, das winzige goldene Kreuz am schwarzen Schnürchen um den schlanken

Hals. In der Hand hielt sie das Bündel, drinnen der Mutter Hemd, durch das der heilige Rock Wunder wirken sollte, ferner die blankgewichsten Schuhe und die weißen Strümpfe; die wurden erst angezogen draußen vor dem Tor der Stadt. Auch das Geschenk der Pate, die Sonntagsschürze mit den bunten Blumen, war eingepackt; sie war Margret's bestes Stück, ihr Stolz und ihre Freude, aber für den heiligen Rock war nichts zu schade.

Zuversichtlich blickten die hellen Mädchenaugen in das Gesicht der Mutter: »Adjö – wann ech widderkomm', seid Ihr gesond!«

Noch ein Händedruck, das Zeichen des Kreuzes auf Stirn und Brust, ein gemurmelter Segenswunsch, ein freundliches Nicken – nun war sie fort, nun stand sie auf der Schwelle, und der erste goldene Sonnenstrahl küßte ihre runden Kinderwangen.

So begann Margret's Wallfahrt. –

* * *

Die Vögel zwitscherten in den Büschen, Tautröpflein hingen gleich Diamanten an Blatt und Gras, als sie leichtfüßig den Berg hinuntersprang. Drunten im Nebel und Morgengrau lag Kyllburg. Die Hähne krähten, aber noch kräuselte sich kein Rauch aus den Schornsteinen, die Leute schliefen alle. Ja, da war's schön in Kyllburg, da mochte einer wohl hausen! Da war man nicht gar so allein wie droben auf dem Berg, und die Mädchen saßen abends in den Spinnstuben und lachten, jede mit ihrem Schatz. So ein Schatz war doch was Schönes! Wie mocht's nur einem Mädchen zumute sein, das einen Schatz hatte? Ob sie, die kleine Margret, wohl auch mal einen bekam? Sicher nicht. »Arme Mädercher kriehn kein Schatz«, sagte die Mutter.

Hopps, da war ein Stein, da wäre sie beinahe gefallen! Das kam von dem dummen Denken; was ging sie ein Schatz an? Sie war die arme Margret und ging zum heiligen Rock – punktum. Und nun zog sie den Rosenkranz aus der Tasche und ließ die kleinen Kügelchen durch ihre Finger rollen, und die frischen Lippen murmelten emsig ein Vaterunser nach dem anderen dazu. Das kürzt den Weg.

Der Wald ward dichter, die krüppligen Föhren und ärmlichen Birken wandelten sich in schlanke Buchen und stattliche Eichen; es sproßte allerhand buntes Blumengesindel, ein warmer Hauch zog durch die Luft und ein Quellchen rannte eilfertig zu Tal. Ah, hier war's schön! Margret stand still und holte tief Atem, sie war wacker zugeschritten, die Sonne stand im Mittag.

Bis jetzt war ihr kein Mensch begegnet, mit sich und ihrem Engel allein, war sie durch die Welt gewandert; aber nun tönte es aus der Ferne wie summende Stimmen, nur wenige Schritte noch, der Wald hatte ein Ende, und sie stand an der breiten Landstraße; jenseits floß ruhig und schön die Mosel. Wie ein silbernes Band schlängelte sie sich, weich und schmiegsam, zwischen den rebenbekränzten Ufern, sanft fluteten ihre Wellen, und die goldene Sonne und der lachende Himmel guckten hinein in den klaren Spiegel.

Margret's Gesicht glänzte. Da war ja die Mosel, nun war's nicht mehr weit, bald mußte sie die Glocken von Trier hören! Und da kam es auch schon daher, langsam und würdevoll, eine stattliche Prozession mit wehenden Fahnen. Voran schritt der Vorbeter, er stimmte einen Gesang an und betete das Ave, und der Chor fiel bei der zweiten Hälfte summend und brummend ein. Margret kreuzte sich und trat zur Seite in den Graben.

Was waren das für viele Leute! Gern hätte sie sich angeschlossen, aber die Weiber am Ende blickten so abweisend, und eine junge, hübsche Person im roten Unterrock musterte sie von Kopf zu Füßen, so daß ihr der Mut fehlte. Sie wartete, bis alle vorbei waren, dann folgte sie in einiger Entfernung dem Zug, der wie ein langer, schwarzer Wurm längs der Mosel dahinkroch. Wo die ganze Herde den Weg weist, da kann das einzelne Schäflein nicht irren. –

Die Sonne brannte, der Staub wirbelte auf, kam das Trier denn noch nicht?! Margret's Magen knurrte, ihr Füße fingen an zu schmerzen – ob's nicht besser war, die Schuhe anzuziehen? Aber nein, die mußten blank bleiben; nur tapfer weiter! Endlos dehnte sich die Straße, ewig wechselten ein Apfelbaum – ein Birnbaum – hier und da ein Steinhaufen und ein Meilenzeiger – o, wie lange das dauerte!

Weit voran waren schon die Wallfahrer, Margret humpelte müde hinterdrein; gern hätte sie auf dem Stein am Wege ausgeruht, aber da verlor sie den Zug aus den Augen, das durfte nicht sein. So zog sie nur ein Stück Brot aus dem Bündel und einen Happen Ziegenkäse; im Weiterschreiten biß sie mit den gesunden Zähnen hinein. –

Die Sonne neigte sich zur Rüste, der Abend umwob mit duftigem Schleier Fluß und Tal; nur oben die Gipfel der Berge schimmerten noch in goldenem Licht, und am Himmel umsäumten sich kleine Wolkenkissen mit zartem Rosenrot. Margret's klare Augen blickten müde, langsamer hob sich ihr Fuß. Ach, wer doch ruhen könnte wie die Vögel, die eben in's Nest schlüpften – da, horch! – surrte nicht ein Ton durch die Luft, tief und klangvoll, und nun noch einer und noch einer, und trug der Wind nicht andere Stimmen herzu, die fielen ein, feiner und dünner, und umrankten mit zartem Gebimmel den einzigen großen Ton? Die Glocken von Trier!

Das müde Kind faltete die Hände, dann eilte es freudig weiter -- nun noch um die Biegung der Straße – da lag das großmächtige Trier, beglänzt vom Abendstrahl, mit seinen grauen Dächern und Türmen, jenseits der Brücke, die sich in steinernem Bogen über den Fluß schwang.

Und über die Brücke schob und drängte es. Fußgänger, vereinzelt und zusammengeschart, strebten eilig hinüber, Wagen rasselten in langen Reihen, Fahnen wehten; das war ein Wandern, ein Treiben hinein in die begnadigte Stadt, daß dem einsamen Mädchen das Herz stockte. Nein, da ging sie noch nicht hinein, da blieb sie die Nacht doch lieber hier, diesseits der Mosel, wo nicht so viele Häuser standen.

Ein einzelnes Wirtshaus lag am Weg, da wollte sie einkehren. Ihre Hand tastete nach den wenigen Groschen im Sack, sie hatte ja Geld, sie konnte zahlen; und nun schritt sie näher herzu auf dem kleinen Pfad, der seitab zu der Herberge führte. Fast wäre sie wieder umgekehrt, ein wüstes Stimmengewirr tönte ihr entgegen; aus den offenen Fenstern schallte Gesang, Gejohle und Gelächter. Im Hof stand eine Wagenburg aufgefahren, Aufwärter und Mägde eilten geschäftig hin und her. Schüchtern trat sie in die Tür, niemand kümmerte sich um sie; sie legte ihr Bündel auf das noch unbesetzte Eckchen einer Bank und klemmte sich daneben, die Hand fest auf ihre Habseligkeiten gelegt. Es schwindelte ihr. Was war das für ein Lärmen und Geschrei! Da war kein Plätzchen unbesetzt, jeder trieb, was er wollte; hier spielten ihrer drei Karten, hier zankten zwei und drohten sich mit den Fäusten, hier saßen ein paar und beteten ihren Rosenkranz, dort hatte sich schon einer auf die Streu geworfen und schnarchte laut, da in der Ecke saß die hübsche Person im roten Unterrock, der Margret auf der Straße begegnet war, und schäkerte mit ein paar Burschen.

Ob sie die mal fragte? Die schien doch recht freundlich! Errötend trat sie näher: »Maacht Ihr auch nao Trier zom heiligen Rock?«

»Ei jao!«

»Bleiwt Ihr de Nacht hei? Ech mechten aach gaor e su gären dao bleiwen« – sie zog ihre Groschen aus der Tasche – »dao, zaohlen kann ech – äwer allein graulen ech e su!«

Die Angeredete hatte erst ruhig zugehört, nun stieß sie einen ihrer Begleiter in die Seite, zwinkerte dem andern zu, und alle drei brachen in ein nicht endenwollendes Gelächter aus.

»Dau kannst jao bei mir bleiwen«, rief der eine Bursche und zwirbelte den Schnurrbart unternehmend in die Höh, »dann is 't dir net graulich!«

Er wollte Margret umfassen, sie stieß ihn zurück, faßte blitzgeschwind ihr Bündel und war zur Tür hinaus, so flink wie ein Eidechschen. Wie gepeitscht rannte sie von dannen; erst, als sie eine weite Strecke fort war und der Lärm des Wirtshauses längst verklungen, hielt sie hochatmend inne. –

Was nun? Zurück in's Wirtshaus zu den vielen Menschen, in den Lärm, das Geschrei? Nein, o nein! Weit lieber hier draußen unter Gottes freiem Himmel, wo die Sterne gleich freundlichen Augen herunterglitzerten und die Grillen im Grase traulich zirpten. Da stand hinter den Büschen eine niedrige Strohhütte, die gehörte wohl dem Obstpächter, der von hier aus seine Bäume bewachte. Ob jemand drinnen war? Vorsichtig guckte Margret hinein, die Hütte war leer und halbverfallen; mit einem Seufzer der Erleichterung kroch sie unter das niedrige Dach. Sie langte ihr letztes Stück Brot vor, und als das verzehrt war, schob sie ihr Bündel als Kissen unter, zog ihr Kleid über dem Kopf zusammen und schlief ein. –

Strahlend und golden stand die Sonne schon am Himmel, als Margret aus tiefem Schlaf erwachte. Verwirrt schaute sie um sich; wie ein Traum schien ihr der gestrige Tag, und sie selbst kam sich anders vor, wunderbar fremd und unbekannt. Ja, da lag das großmächtige Trier, da war die Mosel, da das Wirtshaus, aus dem sie geflohen – und sie selbst? Ei, sie war doch die Margret, die zum heiligen Rock wanderte! Nun galt's! Hurtig schlüpfte sie hinunter zur Mosel hinter das dichte Weidengebüsch, niemand sah sie; sie streifte das Kleid ab, badete Gesicht, Hals und Arme in der frischen Flut und ließ die klaren Wellchen über ihre nackten Füße rieseln. Ihre langen Zöpfe flocht sie auf und strählte sie mit Wasser, daß sie hübsch glatt und gedrechselt hinter den rosigen Ohren lagen; nun noch den silbernen Pfeil hindurch, Schuh und Strümpfe angezogen, die köstliche Schürze vorgebunden – fertig war sie. –

Die Straße entlang zogen die Scharen von Wandrern; mancher schaute wohlgefällig hinter dem jungen Bauernmädchen drein, das schmuck und lenzesfrisch, frommen Glauben in den Augen, dem heiligen Rock entgegenging. War gestern schon Gedränge auf der Brücke gewesen, so war's heute noch tausendmal mehr. Wie ein Ameisenhaufen kribbelte und wibbelte es, die Luft erzitterte von dem eintönigen Gemurmel: »Heiliger Rock bitt' für uns.« Eine Prozession nach der anderen schob sich über die uralten Steinbogen.

»Heiliger Rock bitt für uns« – »heiliger Rock bitt für uns!« Es summt wie ein Bienenschwarm, es wälzt sich durch die engen Gassen, die in festlichem Schmuck glänzen. Da ist kein Haus, kein Häuschen, hoch noch niedrig, in dessen Fenstern nicht bunte Teppiche hängen, Fähnchen wehen, Heiligenbilder hinter brennenden Kerzen prangen, andächtige und neugierige Zuschauer sich drängen. Je näher dem Dom, desto größer das Getriebe! Auf den Plätzen, in den Buden preisen kreischende Verkäufer ihre Waren an: »Rosenkränze – frische Brezeln kauft!

Pilgerstäbe – leckere Wurst – Beschreibung der Domreliquien, als da sind: Zahn des Petrus, Hand der heiligen Anna, Splitter und Nagel vom Kreuz – kauft, kauft! Einzig wahre und getreue Abbildung des heiligen Rocks – unerhört billig, zehn Pfennig das Stück!« – Heiliger Rock, heiliger Rock, wohin man sieht, wohin man hört ein ohrenbetäubender Lärm, ein sinnverwirrendes Durcheinander; und durch das Chaos von Farben und Tönen, Staub, Dunst, Betrug und Wahrheit, Glauben und Unglauben, zieht sich wie ein leitender Faden das eintönige Murmeln der Prozessionen, das dumpfe Läuten der Glocken.

Margret war schier betäubt. In einem Bäckerladen hatte sie eine Semmel verzehrt, die freundliche Frau hatte sie zurechtgewiesen; nun stand sie verloren auf der Gasse, ihr Bündel fest unter den Arm gepreßt.

Eine neue Prozession kam daher; sie drängte sich hinter eine der letzten Frauen im Zug und strebte mit vorwärts. Die eifrig Betende sah sich unwillig um: »Gegrüßet seist du, Maria, voll der Gnaden, der Herr ist – Mädchen, wat willste?«

»In den Duhm, zom heiligen Rock!«

»Wat fällt dir ein? Hei, dat is onse Pression, kost ons vill Geld – maach, dat de wegkömmst!« Das Weib stieß sie grob mit dem Ellenbogen. Weiter zogen die frommen Beter, und tränenden Auges sah ihnen Margret nach. Da gingen sie hin, die Glücklichen, die Auserkorenen! Die kamen nun zuerst dran, denen gab der heilige Rock schon alles, für sie blieb nichts mehr übrig, und sie hatte doch eine kranke Mutter zu Haus – oh! Eilig lief sie nach.

Da war sie am Domplatz, aber eine ungeheure, vieltausendköpfige Menschenmasse trennte sie von dem grauen Portal, das, weit geöffnet, die strömenden Scharen kaum fassen konnte. Die Domschweizer in ihren roten Gewändern mit den langen Stäben standen wie feurige Cherubim am Eingang zum Paradiese und ordneten die Reihen und wiesen zurecht. Langsam schob sich die Menge vorwärts. Ganz hinten stand Margret, eingepreßt und eingeengt. Endlich gab die Mauer vor ihr etwas nach, sie schlüpfte durch, nicht achtend der Knüffe und Stöße – nun war sie nahe am Portal – nun ging's nicht weiter, dicht gestaut stand die Menge. Da gab's kein Vor und Zurück, auch hielten die Schweizer die Stäbe vor. Keiner kam mehr durch.

Mit lautem, klingendem Seufzer schlossen die Glocken; brausende Orgelklänge ertönten. Weihrauchdüfte wehten. »O vestis inconsutilis« klang's, wie von Engelstimmen gesungen, heraus aus der Kirche in die sonndurchflimmerte Luft, feierlich, getragen über die Köpfe der unabsehbaren, schauernden Gemeinde. Wie ein reifes Ährenfeld, durch das der Wind streicht, so neigten sich die Häupter; ein jeder sank in's Knie und schlug an seine Brust. »O vestis inconsutilis« kam's wie ein Hauch von tausend Lippen. Jeder lauschte in der weiten Runde. Im Dom schwieg der Gesang, man hörte die hallende Stimme des Priesters – dann ward alles still. – »Nun zeigen sie den Rock! Nun rühren sie daran!« flüsterte es um Margret. »Nun werden sie all ihre Sünden los und die Kranken gesund!« – Ach die Glücklichen! – – –

Über Margret's Wangen rollten dicke Tränen. So weit war sie gewandert mit müden Füßen, nun stand sie dicht vor der Tür und konnte nicht zum heiligen Rock. Ihre Brust hob sich in bitterlichem Schluchzen. Ein paar feingekleidete Herren neben ihr wurden aufmerksam. »Mädchen, warum weinst du?« fragte der eine ganz freundlich. Erst erschrak sie, dann stammelte sie: »Ech – ech kommen e su weid här – owen von der Eifel – ech haon derhäm en kranke Modder, hei es er Hemd« – sie zog's ein wenig aus dem Bündel – »dat sollten dän heiligen Rock anröhren, on nau kaonn ech net erein zo em – oa Jeß – oa – oa on nau werd mein Modder net gesond!«

Der Herr biß sich auf die Lippen und stieß seinen Gefährten an; der hielt den Hut vor's Gesicht und drehte sich rasch um. Da sagte der erste wieder: »Liebes Kind, weine nur nicht; das tut gar nicht not, daß du in den Dom kommst. Tritt nur hierher zu mir; stell dich mal auf die Zehen – siehst du da drinnen in der Kirche, vorn am Altar das Rote? Das ist der heilige Rock. Jetzt bewegt sich's – paß nur auf – siehst du ihn?«

O, das Rote, das war's? So schön grell und bunt, schier wie der Rock des Mädchens bei den Wallfahrern. Laut atmend stand Margret auf den Zehen und reckte die Hände: »Heiliger Rock – mein' Modder!«

»St«, – der fremde Herr zog sie nieder. »Siehst du wohl, nun hast du ihn gesehen, und er dich auch; hören kann er dich bis hierher. Nun bete du, was du kannst, und wenn sie drinnen im Dom wieder singen und läuten, dann wird deine Mutter gesund!«

Margret verbarg ihr Gesicht in den Händen – o, beten wollte sie schon, was sie konnte! Und sie betete aus Leibeskräften, daß ihr der Schweiß auf der Stirn perlte, betete alle Gebete, die sie gelernt hatte, und zum Schluß immer das eine: »Heiliger Rock, heiliger Rock, maach mein' Modder gesond!«

Drinnen im Dom hub wieder die Orgel an, und die seligen Stimmen schwebten vom Chor: »Ecclesia missa est.« Mit einer großen Zuversicht, mit einer heiligen Freude im Herzen erhob sich Margret von den Knien – ja, die Mutter ward gesund!

Als sie umherblickte, war von dem freundlichen Herrn nichts mehr zu sehen; die Menge zerstreute sich. Nun fühlte sie erst, wie müde und hungrig sie war. Die Knie zitterten ihr; auch brannte die Sonne heiß und stechend, und weiße Wolken ballten sich, es konnte wohl ein Wetter aufziehen.

Sie mußte ein wenig ruhen, aber nicht hier drinnen in der dunstigen Stadt, draußen vor dem Tor, im Grünen; dann wollte sie gestärkt den Heimweg antreten.

Ungehindert wanderte sie die Straßen zurück, die sie gekommen; von den letzten Groschen kaufte sie Brot und etwas Obst. Dann eilte sie mit ihren Schätzen über die alte Brücke hinaus zu den heimlichen Weiden am Moselufer. Der Lärm der Stadt blieb zurück; nichts regte sich, nichts rührte sich hier, als der Windhauch in den Büschen und die blauen surrenden Fliegen in der Luft. In der Mosel sprang ab und zu ein Fisch schnalzend in die Höhe und fiel plätschernd zurück ins erquickende Naß. Eine traumhafte Stille umwob das müde Kind; kein Glockenhall, kein Menschenruf, kein Laut der Welt.

Das Brot war verzehrt, die Früchte auch. Margret saß unter den schattenden Weidenbüschen, der Kopf sank auf den Arm – nur ein halbes Stündchen! –

Ob sie gar geschlafen und wie lange, das wußte sie nicht; ein lautes Lachen schreckte sie auf. Vor ihr standen die beiden

Herren, die sie vom Dom her kannte. »Das nenne ich Glück«, meinte der eine, »so ein Gänschen trifft trifft man nicht alle Tage! Du bist wohl sehr erleuchtet, Kleine?«

»Laß sie doch«, erwiderte der Freundliche, »sie ist zu niedlich! – Nun, liebes Kind«, sagte er darauf und faßte sie unter's Kinn, »einen Dank bist du mir aber noch schuldig. Ohne mich hättest du den heiligen Rock nicht gesehen und deine Mutter würde nicht gesund – na, was gibst du mir?«

»Och, guder Hähr«, die Kleine knixte und faßte zutraulich seine Hand, »ech danken Eich auch vill dausendmaol! On wann ich wößt, wuh Ihr wohnen däht, ech mechten Eich e su gären Tannäppel bringen zom Feier anfänken, on Beeren, on for Eier liewe Madam gären ummesunst spinnen!«

»Ich danke dir, Kind«, der Herr verzog den Mund, »das ist zu weitläufig. Aber einen Kuß kannst du mir geben, oder auch zwei – he?«

»Und mir auch«, lachte der andere, »wir sind Freunde und teilen uns drein!«

Das erschrockene Mädchen starrte von einem zum andern; es zog mit der Linken seine Röcke an sich und hielt den rechten Arm abwehrend vor. »Ne – ene!«

»Doch, doch – hab' dich nicht so, Kleine!«

Das Gesicht des Freundlichen war lange nicht mehr so nett; er streckte die Arme aus und preßte die Widerstrebende an sich. Mit einem gellenden Schrei riß sie sich los und sprang zurück.

Da rauschte es in den Büschen. Eine kräftige Männergestalt trat zwischen sie und ihre Verfolger. »Laoßt dat Mädche gehn – auf der Stell« – der Neuangekommene schwang einen derben Knotenstock – »oder ich ziehn' Euch eins üwer, Ihr – –«

Die Beiden machten sofort kehrt, etwas murmelnd von »ungeschliffenem Bauernbengel« oder dergleichen.

Margret stand wie angewurzelt, sie war so erschrocken, daß sie zitterte.

»Komm!« sagte der Bursche und faßte nach ihrer Hand.

Willenlos folgte sie auf die Straße, die sie am Tage vorher gekommen war. Eine Weile schritten sie nun nebeneinander her, ohne zu sprechen; schüchtern ruhten die Augen des Mädchens auf der Gestalt des Burschen. Wie schlank und kräftig er war, und wie hübsch kraus sein Haar, und so keck das blonde Schnurrbärtchen! Eine tiefe Röte breitete sich über Margret's Wangen; leise zog sie ihre Finger aus der sie sanft umschließenden Hand und trat hinüber auf die andere Seite der Straße. Nun gingen sie, er hüben, sie drüben; und nur zuweilen glitten die Blicke verstohlen von rechts nach links. Der Himmel hatte sich verfinstert, die stechende Sonne sich längst verkrochen; von jeweiligen Windstößen beugten sich die Bäume am Straßenrain und ließen einen Schauer von Blättern und reifen Früchten herunterfallen. Die Stadt war hinter einem Schleier von wirbelndem Staub verschwunden; ganz in der Ferne grollte leiser Donner, ängstlich flatterten die Vögel und suchten piepend ein Versteck. Die Berge fingen an, graue Nebelkappen überzuziehen, und die Luft roch nach Kühle und Regen.

»Et gitt schlächt Wedder«, sagte endlich der Bursche und sah prüfend zum Himmel auf.

»Jao«, sagte Margret.

Richtig! Da fiel auch schon der erste Tropfen, dick und unverschämt.

»Wuh biste här?« fragte der Bursche.

»Owen von der Eifel bei Kyllburg!«

»Zo Kyllburg sein ich auch daohäm – dat trifft sich jao gud, dao kennen mer zosammengiehn!«

»Oa jao«, sagte Margret und atmete erleichtert auf. Ihr war recht wohl neben dem stattlichen Begleiter; nun konnte ihr keiner was antun, nun brauchte sie sich nicht zu graulen durch die Nacht und den Wald zu gehen.

»Ech sein dän Valentin Rohles; mein Vadder es dud, ech wertschaften met meiner Modder allein – äwer die es als e su ald!«

»O jao«, sagte Margret wiederum. Sie kannte den Namen, er war einer der besten im Ort, aber den Burschen hatte sie nie gesehen; die Mädchen in Kyllburg hatten sich wohl gefreut, wenn der hübsche Rohles von den Soldaten heimkäm, aber was ging die Häuslerstochter der Bauernsohn an? Was die Mädchen in Kyllburg wohl sagen würden, wenn sie jetzt sehen könnten, wie freundlich der reiche Bursche mit der armen Margret sprach?!

Sie guckte an sich nieder – war ihr Anzug auch noch schön in Ordnung? Dann sah sie mit den klaren Augen dankbar und vertrauensvoll zu ihrem Begleiter hinüber.

»Ech sein et Margret von Balduin's Häuschen! Ihr könnt dat von Kyllburg aus owen am Berg liege siehn!«

»On wat wolltste zo Trier? Biste aach zom heiligen Rock gewest?«

Ja, das war's eben. Und nun sprudelte über Margrets Lippen die ganze Geschichte ihrer Leiden und Freuden; es tat ihr so gut, einer Menschenseele anzuvertrauen, was ihr Herz belastete und bewegte. Im Eifer der Rede kam sie von ihrer Straßenseite herüber, dicht neben den Burschen, und legte mehr als einmal die braunen verarbeiteten Finger auf seinen feinen blauen Tuchrockärmel. »Äwer eweil es alles gud«, schloß sie, »mein' Modder wird gesond – o du heiliger Rock!« Sie jauchzte vor Freuden und hüpfte wie ein Reh über die Pfützen der Straße.

Sie hatte nicht acht, daß während ihrer Erzählung mehr als einmal ein halb spöttisches, halb gutmütiges Lächeln um die Lippen ihres Zuhörers glitt. Er räusperte sich zuweilen; seine Augen sahen mit merkwürdig schelmischem Zwinkern auf sie nieder, um dann fest auf ihrem vom Eifer geröteten, lieblichen Gesicht zu ruhen. Die offenen braunen Augensterne und die schalkhaften blauen begegneten sich in einem langen Blick; sie hafteten ineinander, bis das Mädchen, plötzlich errötend, die seinen niederschlug und der Bursche mit verlegenem Schmunzeln sagte:

»Bis en gudes Mädchen, Margret, gib mer als immer widder dein Hand!«

Es regnete stärker, ja, es goß. Margret schlug ihren Rock über den Kopf und hielt ihn fest zusammen. Was war natürlicher, als daß der Bursche den Arm um ihre Schultern legte und sie leitete, ging sie doch halbblind durch die Welt, und einzig und allein die Nasenspitze guckte wie ein rosiger Punkt aus der schwarzen Umhüllung .

Der Abend dämmerte schon; früher als sonst sank er nieder in Wolken- und Regenschauern. Der Boden war aufgeweicht und klebte an den Sohlen, aber trotz alledem war's nicht häßlich zu wandern; der Bursche machte große Schritte, und die Mädchenfüße eilten vergnügt, wie beschwingt, nebenher. Was schadeten Dunkelheit und Nässe, wenn sich's so behaglich schwatzte! Und in ihren Herzen saß eine heimliche große Freude, die vor den Füßen herlief, den Weg mit Rosen bestreute und den grauen Himmel blau anglänzte. Die ganze schmutzige, verregnete Welt schien zum leuchtenden Paradiesgarten umgewandelt. Was der heilige Rock nicht alles schafft! –

Stunden flossen vorüber. In dem einsamen Wirtshaus, das an der Wegscheide liegt, wo der Eifelbewohner die Mosel verläßt, um aufwärts in seine Berge zu steigen, kehrten sie ein. Seit Mittag waren sie nun gewandert; Margret biß mit Wonne in ein kräftiges Butterbrot und trank in langen Zügen aus dem Glase, das ihr der Bursche hinhielt. Wie das schmeckte! Der feurige Landwein rollte ihr erwärmend durch die Glieder und versetzte sie in einen seligen Taumel.

Der Valentin sagte: »De kannst als immer ›du‹ for mech saon!«

Das tat sie denn auch; so leicht und flüssig glitt das ›du‹ über die Lippen, als hätte sie's ihr Lebtag zu ihm gesagt.

Nachdem sie eine Stunde gerastet, brachen sie wieder auf. Der Regen hatte aufgehört, die volle Mondscheibe schimmerte mit hellem Licht hinter zerrissenen Wolken. Der Weg wurde steinig und mühsam; große Furchen hatte das strömende Wasser ins Erdreich gerissen, der Fuß rutschte aus, mehr als einmal mußte der kräftige Arm des Mannes das strauchelnde Mädchen umschlingen.

Margret wurde sehr müde, ihr Plaudern hatte aufgehört; wie ein verschüchtertes Vögelchen duckte sie sich an den starken Gefährten. Wie gut der war! Er führte sie wie ein Kind, er hob sie über Wasser und Steine, und ab und zu sprach er tröstend: »Baal sein mer derhäm!« Das ›Bald‹ war eigentlich ›Rechtlange‹; zuletzt trug er sie mehr, als er sie führte. Margret empfand alles wie im Traum; sie hielt die Augen geschlossen, sie dachte in seligem Vertrauen, es gehe so in die Ewigkeit weiter. Sie fuhr fast erschrocken zusammen, als der Bursche plötzlich stehenblieb und mit der Hand in die Ferne wies, wo im grauen Nebel hie und da noch ein Lichtlein glänzte.

»Kyllburg!«

Sie schlugen den schmalen Pfad seitab und bergaufwärts ein; Margret war wieder wach. Hier dieser Weg, der führte zur einsamen Hütte droben auf kahler Höh', bald war sie zu Haus, die alte Margret – und der Traum hatte ein End'! Sie eilte nun vor dem Burschen her, hier kannte sie jeden Tritt, jeden Stein, jedes Rinnsal. In ihrem Herzen ging es hin und her, auf und nieder, Bedauern und Freude; Bedauern um's Scheiden von dem Begleiter, Freude auf's Wiedersehen mit der Mutter. Sie wußte selbst nicht, wie das so seltsam war.

Nun hielten sie inne. Da war die Hütte, dunkel und still, mit dem Grasrain davor und den dicken Sonnenblumen; da stand der Brunnen und der verfallene Ziegenstall, und der Mond übergoß alles mit silbernem Licht.

»Ech danken dir aach vill dausendmaol«, sprach sie leise und griff nach der Hand des Burschen.

Der war merkwürdig still geworden; nun sagte er: »Hm – dau – hm. Dem Hähr unnen zo Trier wolltste ke Küßche geben, äwer mir könnste doch – Margret, wat maanste?!«

Halb lächelnd, halb bittend beugte er sich nieder zu ihrem Gesicht. Ja, was war denn das?! Margret, die kleine schüchterne Margret schlang beide Arme um seinen Hals und gab ihm einen rechten, echten, wahrhaftigen Kuß, mitten auf den Mund! Dann riß sie sich los und sprang in die Hüttentür.

Der Bursche stand auf dem feuchten Rasen und wartete, bis drinnen in Balduin's Häuschen ein Lichtlein erglommen. Dann sprach er laut und fest vor sich hin: »Die will ech!«

So endigte Margret's Wallfahrt.

*　　*　　*　　*　　*

Clara-Viebig-Gesellschaft und Clara-Viebig-Pavillon e.V. Bad Bertrich

Die Dichterin Clara Viebig (geboren 1860 in Trier – verstorben 1952 in Berlin) gehörte um die Jahrhundertwende zu den meistgelesenen deutschen Autoren. Die Kritik geizte nicht mit Lob, pries sie als »deutsche Zolaïde« und stellte sie auf eine Stufe mit Gerhard Hauptmann und Thomas Mann. Heute ist das umfangreiche Werk, das aus über 30 Romanen, Novellen und Dramen besteht, in der Öffentlichkeit kaum mehr bekannt. Und bei denen, die sie und ihr Werk noch kennen, ist ihr Ansehen oft durch Klischees und Vorurteile herabgesetzt.
Diesen Zustand zu verbessern, hat sich die Clara-Viebig-Gesellschaft zum Ziel gesetzt. Clara Viebigs Werk soll durch Neuausgaben, durch Sammlung von Primär- und Sekundärliteratur, durch die Einrichtung eines Archivs und einer Bibliothek, durch Ausstellungen, Vorträge und Seminare der Öffentlichkeit wieder bekannt gemacht werden.

Informationen:

Clara-Viebig-Gesellschaft und Clara-Viebig-Pavillon e.V. Bad Bertrich
Kurfürstenstraße 21, 56864 Bad Bertrich
Tel.: 06542/963331, Fax: 06542/61158
clara-viebig@r-m-v.de – www.clara-viebig-gesellschaft.de

Clara Viebig im Rhein-Mosel-Verlag

Clara Viebig war eine der meistgelesenen Autorinnen ihrer Zeit. Ihre Werke werden vom Rhein-Mosel-Verlag wieder aufgelegt:

»Das Weiberdorf«
»Vom Müller Hannes«
»Die goldenen Berge«
»Heimat«
»Einer Mutter Sohn«
»Naturgewalten«
»Unter dem Freiheitsbaum«
»Das Kreuz im Venn«
»Kinder der Eifel«
»Prinzen, Prälaten und Sansculotten«
»Die Wacht am Rhein«
»Die heilige Einfalt«
»Berliner Novellen«
»Novellen aus Trier und dem Moselland«
»Rheinlandstöchter«
»Die Osterglocken«
»Wildfeuer«
(Alle Bücher auch als eBook erhältlich)